答えがない難問と困難に
きみはどう立ち向かうか

HARD THINGS

ハード・シングス

THE HARD THING ABOUT HARD THINGS
Building a Business When There Are No Easy Answers

ベン・ホロウィッツ 著
滑川海彦、高橋信夫 訳
小澤隆生 日本語版序文

日経BP社

の社員が知らないうちに自分の会社に入社することになり、親友が激怒している――読むだけで吐き気がしてしまうのは、同じような困難に直面したときの自分自身の情景がありありとよみがえってくるからなのだ。

これほどの圧倒的なリアリティがあるのは、著者であるベン・ホロウィッツが実際の経験を包み隠さず、格好もつけず赤裸々に記しているからだ。著者本人も書いているが、たいていの本は成功した話をあとから分析して紹介するというものが多い。一方、本書がすばらしいのは、次々と深刻な困難に直面した著者が、うまくいかないときにどう考えたか、どう切り抜けたかを紹介しているところだ。旅行にたとえるなら、本書は「楽しい旅行のためのガイドブック」ではない。「旅先で起きるトラブル対策ガイドブック」である。ただ、旅行と徹底的に違うのは、トラブルのない旅行は普通だが、起業や新規事業はほぼトラブルだらけであることだ。

私の持論であり、おそらく事実だと思うのだが、起業にしても、企業の中で取り組む新規事業にしても、たいていのことはうまくいかない。ゼロから何かを生み出そうと思ったら、予定通りに進まないのは当たり前だと思ったほうがいい。むしろ、うまくいってないときのほうが普通である。やっとの思いでひとつの問題を解決したと思ったら、別の方向から問題がまたむくむくとわき出て来る。

だから何かを生み出す人、リーダー、起業家となる人には、ふたつの能力が必要になる。ひとつは、現状を正しく把握する力。雨雲が立ち込めて雨がパラパラと降ってきたら、すぐにやむ雨なのか、嵐になるのかを見極めなくてはいけない。ふたつ目は、困難の嵐がやってきたときに、次々と手を打つ能力だ。傘をさすのか、雨宿りをするのか、雨雲を避けるよう移動するのかをその時々のコンディションと自分の能力などを鑑みて、的確に判断し行動しなければならない。

かなり難しいことのように思えるが、このふたつの能力は天才でなくても経験と訓練次第で、ある程度は身に着けられる。本書が良いのは、著者のベン・ホロウィッツがスティーブ・ジョブズのような天才ではないことだ。次々と襲う嵐に、すべてを解決する天才的な対策ではなく、とにかくいろいろな手を打ちまくって乗り切る。そして、最終的には困難の嵐を切り抜けて大成功する。凡人であるわれわれにとっては、ベン・ホロウィッツの考え方や手法は非常に参考になる。

本書は、起業やビジネスで直面する困難にはどんなものがあるのか、切り抜け方にはどんな方法があるのかを教えてくれる。その方法はもちろん万能ではないが、新しいことをしようとしている人たちの道しるべとしては非常に貴重である。そして何より、著者本人が困難を克服して、最後にはＨＰに16億ドル以上で会社を売却するという大成功を収めたことが、われわれに勇気を与えてくれる。

起業家を強力にサポートするアンドリーセン・ホロウィッツ

私は著者と同じく起業家を経て、現在はヤフーグループのベンチャーキャピタルであるＹＪ

キャピタルで投資活動をしている。そもそも、私が個人投資家という枠を超えて、職業としてのベンチャーキャピタリストとして活動したいと思ったのは、アンドリーセン・ホロウィッツの存在があったからだ。それまでも個人として、数百万円規模で若い起業家に投資はしていたが、アンドリーセン・ホロウィッツが大規模の投資をし、そしてド派手に成功しているのを見て、私自身もチャレンジしたくなったのだ。

マーク・アンドリーセンは、世界初のブラウザであるモザイクを発明してネットスケープを創業し、ネット界の天才と呼ばれてきたスーパースターだ。私と同世代だが、その活躍ぶりは20代から世界的に知られていた。そのアンドリーセンが、起業家として成功したあとに、その経験を生かして大規模なベンチャーキャピタルを運営するというのは、とってもかっこよく思えたのだ。そして日本でも同じようなモデルがあってもいいじゃないか、と思った。

その後、アンドリーセン・ホロウィッツを詳しく調べているうちに、創業者やパートナーたちが自らの起業経験を生かしてメンターとして機能したり、専門家グループが投資先に対して実践的なサポートをしたりしていることがよくわかってきた。本書の第9章に書かれているように、ベン・ホロウィッツの部下としてオプスウェア時代に一緒に働いていた優秀なマーケティング、セールス、リサーチなどの専門家が、アンドリーセン・ホロウィッツに所属して投資先の企業や起業家をサポートしているのだ。そして、これだけの困難を切り抜けてきたベン・ホロウィッツがいるのだから、サポート力は最強になるはずだ。だからこそ、ベンチャーキャピタルとしても大成功しているのだろう。

私自身の経験から言っても、起業家というのは毎日知らないことばかりに取り組まなくてはいけないものだ。私が最初につくった会社の代表をしていた２０００年ころは、投資してくれていたネットエイジの西川潔さん、グロービスの堀義人さんや仮屋薗聡一さん、アマゾンジャパンを立ち上げた西野伸一郎さん、楽天の三木谷浩史さんなどに、なにかわからないことがあるたび、「どうすればいいんですか？」と考えを聞きに行き、教えを請うていた。時には「それくらいは自分で考えろ」と叱られたこともある。それでも懲りずに聞きに行っていた。

今ではそんな私も、投資先の若い起業家たちの相談にのったり、サポートをしたりしているが、それは先輩たちに過去にサポートしてもらったことを後輩に引き継ぎたいという気持ちがあるからだ。また、ベンチャーキャピタルは事業として取り組んではいるが、やはり投資している投資していないにかかわらず、できるだけ多くの起業家に成功してもらいたいという気持ちがある。これは、ベン・ホロウィッツもマーク・アンドリーセンも共通するところなのではないかと思う。

必ず起きてしまうネガティブな事象に上手に取り組むための本

ここまで起業家の話が多くなったが、本書の読者をベンチャー業界の人たちに限定するのは、あまりにもったいない。起業家だけではなく、組織のつくり方、運営の仕方という意味であらゆる組織、ビジネス、プロジェクトの実行に対して実践的で非常に役に立つからだ。

繰り返しになるが、特に新規のプロジェクト、事業においてはうまくいっているときよりも、うまくいっていないことのほうが多い。そのような組織のリーダーはもちろん手を打たなければならない。

事業として見た場合、どこにうまくいっていない要因があるのか、それは自分の意思決定の間違いに基づくのか、環境の問題なのか。それを見極められたとして、どういった解決策があり得て、どう実践するのか。

もし問題が人事に関する問題であれば、人事的な手を打たなければならない。たとえば本書にあるように、誰かを降格させなくてはいけないときに本人の能力不足やミスだと伝えるのではなく、リーダー側の管理ミスという説明も加える、フィードバックで小言を言うときには褒めるのもセットにする、そしてそこから自分のスタイルをつくるといった考え方は、どんな組織でも実践的に役立つだろう。また、責任あるリーダーこそが問題をもっとも重大に受け止めてしまうものだから、チームメンバーには気休めを言うのではなく、困難を共有して共に戦うほうがよいという話もおもしろい。

本書の特徴は、どんなプロジェクトにでも発生するであろう、なにかしらこういったネガティブな事象に取り組むための効果的な対処法が極めて豊富な点である。ベンチャーでも、大企業でも、中小企業でも、ひとりでも部下がいる人に特にお勧めしたい。新しいことに取り組む多くの人が本書を参考にして困難をうまく切り抜け、ベン・ホロウィッツのように最終的には大きな成功を収めていただければ幸いだ。

目次

日本語版序文　小澤 隆生……1

イントロダクション……10

第1章　妻のフェリシア、パートナーのマーク・アンドリーセンと出会う……13

第2章　生き残ってやる……39

第3章　直感を信じる……69

第4章　物事がうまくいかなくなるとき……93

悪戦苦闘／CEOはありのままを語るべき／人を正しく解雇する方法／幹部を解雇する準備／親友を降格させるとき／敗者が口にするウソ／鉛の弾丸を大量に使う／やるべきことに集中する

第5章 人、製品、利益を大切にする——この順番で……137

働きやすい場所をつくる／なぜ部下を教育すべきなのか／友達の会社から採用してもよいか／大企業の幹部が小さな会社で活躍できない理由／幹部の採用—未経験の仕事でも適任者を見つける／社員がマネジャーを誤解するとき／経営的負債／経営の品質管理

第6章 事業継続に必須な要素……203

社内政治を最小限に／正しい野心／肩書と昇進／優秀な人材が最悪の社員になる場合／経験ある大人／個人面談／自分自身の企業文化を構築する／会社を急速に拡大（スケーリング）させる秘訣／成長期待の誤り

第7章 やるべきことに全力で集中する……273

CEOとしてもっとも困難なスキル／恐怖と勇気は紙一重／「ワン」型CEOと「ツー」型CEO／リーダーに続け／平時のCEOと戦時のCEO／自身をCEOとして鍛える／CEOを評価する

第8章　起業家のための第一法則——困難な問題を解決する法則はない……333

責任追及と創造性のパラドックス／対立部門の責任者を入れ替える／最高を維持する／会社を売却すべきか

第9章　わが人生の始まりの終わり……361

謝辞……378

訳者あとがき……382

イントロダクション

マネジメントについての自己啓発書を読むたびに、私は「なるほど。しかし、本当に難しいのはそこじゃないんだ」と感じ続けてきた。

本当に難しいのは、大きく大胆な目標を設定することではない。本当に難しいのは、大きな目標を達成しそこなったときに社員をレイオフ（解雇）することだ。本当に難しいのは、優秀な人々を採用することではない。本当に難しいのは、その優秀な人々が既得権にあぐらをかいて、不当な要求をし始めたときに対処することだ。本当に難しいのは、会社の組織をデザインすることではない。本当に難しいのは、そうして組織をデザインした会社で人々を意思疎通させることだ。本当に難しいのは、大きく夢見ることではない。その夢が悪夢に変わり、冷や汗を流しながら深夜に目覚めるときが本当につらいのだ。

経営の自己啓発書は、そもそも対処法が存在しない問題に、対処法を教えようとするところに問題がある。非常に複雑で流動的な問題には、決まった対処法はない。ハイテク企業をつくるマニュアルなどない。人々を困難から脱出させるためのマニュアルもない。曲を次々にヒットさせるマニュアルがないのと同じことだ。プロフットボール・チームでクオーターバックとして成功するためのマニュアルはない。大統領選を戦うマニュアルはない。会社が失敗のどん底に落ち込んだときに、社員の士気を取り戻すためのマニュアルもない。困難なことの中でももっとも困難なことには、一般に適用できるマニュアルなんてないのだ。

ただし、こういう困難な経験から得られる教訓もあるし、有益な助言もある。

私はこの本で難しい問題への対処法やマニュアルを提供するつもりはない。その代わりに、私がどんな困難（ＨＡＲＤ ＴＨＩＮＧＳ）（ハード・シングス）に直面したかを語ろうと思う。私は起業家、ＣＥＯ（最高経営責任者）を経て現在はベンチャーキャピタリストだが、過去の体験から得た教訓を日々生かしている。特に新世代の若い創業者ＣＥＯを助けるときに役立っている。会社を立ち上げれば窮地に陥り、厳しい状況に追い込まれるときが必ずある。私はそういう状況を経験し、切り抜けてきた。具体的な状況はさまざまであっても、そこには深いレベルで共通し、響きあうパターンがある。

ここ数年私はマネジメントの教訓をブログでまとめて公開し、数百万の読者が読んでくれた。すると多くの読者が、「教訓を得た背景を教えてほしい」と言ってきた。この本は、私が得た教訓とその教訓を得るに至った事情をまとめたもので、その多くはここで初めて公開するものだ。

私はこれまでの人生を通じて家族、友人、助言者、そしてヒップホップ・ミュージックに助けられてきた。ヒップホップのアーティストたちはミュージシャンであると同時に、起業家としての成功を目指してきた。彼らの多くは自らを起業家と考えている。だからヒップホップ・

ミュージックのテーマには、競争すること、金を儲けること、誤解されることが繰り返し現れる。その中に、本当に困難でつらいことに対する深い洞察が含まれている。

ゼロから何かをつくり上げようとして、苦闘している人々にこの本を捧げよう。私の経験が少しでも何かの手がかり、インスピレーションとなるよう祈っている。

第1章
妻のフェリシア、パートナーのマーク・アンドリーセンと出会う

FROM COMMUNIST TO
VENTURE CAPITALIST

しばらく前に、100人近くの親しい友達を呼んで庭で盛大なバーベキュー・パーティを開いた。私はこういうイベントを時々開いている。義弟カーシューと私は、昔から一緒にバーベキューをやってきた。私のバーベキューはアフリカ系アメリカ人の義弟の仲間うちで高く評価され、「バーベキューのジャッキー・ロビンソン」というあだ名をもらったほどだ〔訳注：ジャッキー・ロビンソンは大リーグ野球で初のアフリカ系選手。ここでは「白人で初めてのバーベキューの達人」というジョーク〕。バーベキューで人種の壁を越えたわけだ。この日のバーベキューで、われわれは偉大なラッパー、ナズのことを話し始めた。

アフリカ系の若い起業家の友人、トリスタン・ウォーカーは「ナズはクイーンズブリッジのスラム団地から出てあそこまでになったんだぜ」と誇らしげに言った。クイーンズブリッジというのはニューヨークの巨大な公営住宅で、アメリカのこの種の団地として最大級だ。それを聞いて73歳になる私の父が、「クイーンズブリッジに行ったことがあるんだ」と言い出した。白人の老人である父がそんな場所に行ったことがあるとは信じられないトリスタンは、「それはクイーンズ区のことじゃない？　クイーンズブリッジは団地だよ。それもとんでもなく物騒な地区だ」と返した。

しかし私の父は「いや、間違いない。クイーンズブリッジだ」と譲らなかった。私はトリスタンに「パパはクイーンズ区で育ったから間違えるはずはないよ」と言った。それから私は父に「クイーンズブリッジにいったい何をしに行ったの？」と尋ねた。「11歳のとき、共産党のパンフレットを配りに行ったんだ。あのときのことはよく覚えている。母は共産党が私をそんな場所に行かせたというので、ものすごく怒ったからね。小さい子供には危険すぎると思ったんだ」と父は説明した。

私の祖父母はアメリカ共産党の正規党員だった。マッカーシーの赤狩り時代に祖父は共産党員だったせいで教師の職を追われた。父は共産主義者の一家に生まれ、物心つく前から左翼政治思想を呼吸して育った。1968年に父は家族を連れてカリフォルニア州バークレーに移り、『ランパーツ』という有名な新左翼雑誌の編集長の職を得た。

おかげで私は「バークレー人民共和国」と親しみを込めて呼ばれるリベラルな空気の町で育つことになった。子供のころの私は、まったくひどい人見知りだった。母が私を初めて保育園に連れて行ったとき、母が帰ると私は泣き出したという。保育園の先生は母に「これは普通のことです。心配ないのでお帰りください」と言った。しかし、母、エリッサ・ホロウィッツが3時間後に戻ってみると、私は涙でずぶ濡れになって泣き続けていた。先生は私がどうやっても泣き止まず、それで服も濡れてしまったのだと説明した。結局、私はそのまま保育園を追い出された。母がこの上なく辛抱強い人間でなかったら、私は学校教育を受けそこなっていたに違いない。この子供には心理療法が必要だという声が周囲では強かったそうだが、母は私の気持ちが落ち着くまで、無限に長い時間を待ってくれた。

われわれは寝室がひとつしかない家に住んでいたのだが、私が5歳になるころには6人家族にはいくらなんでも狭すぎるようになり、ボニタ・アベニューのもう少し広い家に引っ越した。ボニタというのは、バークレー風の中流地区だった。つまり典型的なアメリカの中流地区に比べると風変わりな点があった。われわれのご近所には、いかれたヒッピーなどの変人たち、勤勉に働いて階級を上がってきた労働者階級、麻薬が自由に手に入るのに引き寄せられてきた上層階級などの人々が入り混じって住んでいた。

ある日、兄のジョナサンの友達で、ロジャー（仮名）という少年が家にやってきた。ロジャーは通りの向こうでおもちゃの赤い車に乗って遊んでいるアフリカ系の子供を指差した。ロジャーは「あそこへ行って、あのガキに車をよこせって言ってこい。つべこべ言ったら、顔にツバを吐いて『ニガーめ』と言え」と私を脅した。

ここで少し背景を説明しておかねばならない。われわれはバークレーに住んでいたので、「ニガー」などという言葉を普段は聞いていなかった。実際、私はその言葉をこのときに初めて聞いた。それでも、褒め言葉でないことぐらいはわかった。また、ロジャーは人種差別主義者というわけではなかった。ロジャーの父親はカリフォルニア大学バークレー校の教授で、母親ともどもとてもいい人達で、きちんとした家に育っていた。後にロジャーは統合失調症にかかっていることがわかったが、彼の歪んだ精神はこのときに争いを見たがっていたのだった。

ロジャーの命令は、私を苦しい立場に追い込んだ。私はロジャーが恐ろしくて仕方がなかった。言うことを聞かなければロジャーは私をひどく殴るだろうとわかっていた。しかし、見知らぬ子供に車をよこせと言うのも怖かった。いや、当時の私は何もかもが怖かったのだ。ともかく私は、ロジャーの側にいるのが怖いあまり、通りの向こうの子供のほうに歩き出した。距離はおそらく30メートルぐらいだったはずだが、私には30キロ以上にも思えた。

とうとう相手に近づいたものの、そのまま身動きできなくなった。なんと言ったらいいかわからないので、私はべらべらとしゃべり始めた。「その車に乗らせてもらえるかな？」と私は言った。それは私がやっと言えた言葉だった。相手の子供、ジョエル・クラーク・ジュニアは「いいよ」と答えた。私が振り返ってみると、ロジャーはいなくなっていた。どうやら彼の暗い側面が種切れになって、何かほかのことをしに行ったらしかった。ジョエルと私は一日中一緒に遊び、以来われわれは親友になった。18年後、ジョエルは私の結婚式で新郎付き添い役を務めてくれた。

実はジョエルと知り合った事情は、これまで誰にも話したことがない。しかしこの事件は私の人生を形づくる上で大きな役割を果たした。私は脅されて怖がったが、だからといって正しいことをする根性がなかったわけではない。私がジョエルに話しかける言葉によって、私は英雄にも臆病者にもなった。もし私がロジャーに命じられた通りに「ニガー」と罵(ののし)っていたら、もちろんジョエルと私は親友になっていなかった。

この経験は何事であれ、表面で判断してはならないことを私に教えた。人でも物事でも、よく知る努力をしない限り、何も知ることはできない。知ることに近道はない。特に個人的な経験によって得られる知識に近道はない。努力なしの近道や手垢のついた常識に頼るくらいなら、何も知らないほうがよほどましだ。

辞めちまえ！

私はこれまで長い間、第一印象や先入観に目を曇らされないよう努力してきた。バークレーというたいへんにリベラルな町では、フットボールは「あまりに好戦的」だとして冷たい目で見られがちだ。私はバークレー高校で優等生だったので、フットボールを始めるタイプからは一番遠かった。しかし、なぜか私はバークレー高校のフットボール・チームに入った。これも私にとって大きな転機になった。それ以前に少年チームでプレーしたことは一度もなく、これがまさに最初のフットボール体験だった。ここでも、先に述べたような体験は大いに私の役に立った。高校のフットボールでは恐怖心を克服することが一番大事だ。

チコ・メンドーサ監督の最初の訓示は、一生忘れられないものだった。メンドーサ監督はタフなベテランで、テキサス・クリスチャン大学のフットボール・チーム、「ホーンド・フロッグス」の監督を務めたことがあった。メンドーサ監督は開口一番、こう怒鳴った。

「お前らの中には、いい加減な気持ちでここへ来た者がいるはずだ。そういうヤツらは、べらべらと愚にもつかんクソな無駄話をして、クソな時間を潰し、まともなことはやらん。フットボールのユニフォームを着ればかっこよく見えるだろうなんて思っている。そんなヤツらはどうなるか知っているか？　辞めちまえ！」

メンドーサ監督はどんな行動が受け入れられないものかを詳しく説明した。

「練習に遅れて来る？　辞めちまえ！　ぶつかり合いが嫌だ？　辞めちまえ！　全力で走らな

い？　辞めちまえ！　オレをチコと呼ぶ？　辞めちまえ！」

これはそれまで私が聞いた中で最高に強烈な、詩的でさえあるスピーチだった。私は一発で気に入った。私は家に帰るなり、母親にこの話をした。母親は仰天し、恐ろしく思ったようだが、私はともかくこのスピーチが気に入った。後で考えると、これが私がリーダーシップというものを学んだ最初だった。コリン・パウエル元国務長官は「リーダーシップというのはたとえ好奇心からにせよ、人を自分の後に続かせる能力だ」と言った。私はメンドーサ監督が次に何を言うのか興味津々で、後に続くことを決めたのだった。

フットボール・チームには、数学の成績がトップクラスという生徒は私以外にはおらず、普段の授業の同級生とチームメイトはほとんど重ならなかった。そのため私はふたつの大きく異なる社会的サークルを往復することになった。そしてこのふたつのグループの生徒たちは、ものの見方がまったく違うことを学んだ。世の中で起きるさまざまな出来事の受け取り方は、社会階層によってまったく違う。たとえばヒップホップのRun－DMCが「ハードタイムズ」という強烈なバスドラムが印象的な曲を出したとき、フットボール・チームには地震のような衝撃が走った。しかし数学のクラスでは、さざ波すら立たなかった。逆に、当時盛んだったロナルド・レーガンのSDI（戦略防衛構想）は技術的に不可能なはずだとして科学のクラスでは強い反発を呼んでいた。一方、フットボール・チームはこんな話題にはまったく無関心だった。

こうして異なるレンズで世界を見ることに慣れたため、私は現実とその見かけを区別することを覚えた。この能力は私が起業家となり、CEOとなってから、信じられないほど役に立った。特に状況が悪化してあらゆる「事実」が恐ろしい結果を指し示していると思えるとき、まったく異なった立場に身を置いてみる能力は、状況の見方を根本的に変え、別の結果があり得ることを気づかせてくれた。単に、物事の成り行きについて別の有効なシナリオがあることを示すだけで、わが社の社員の間に希望の火を灯せたことが何度もあった。

ブラインド・デートでの出会い

1986年の夏休み、私はコロンビア大学の2年生を終えたところで、ロサンゼルスの父の家に戻っていた。高校のフットボールのチームメイトのクロード・ショーが、私をブラインド・デートに誘ってくれた。クロードはガールフレンドのジャッキー・ウィリアムズに加えて、私のデート相手としてフェリシア・ワイリーを呼んだ。

われわれはデートのために凝ったディナーを準備した。一日がかりで立ち働き、約束の午後7時にはTボーンステーキが完璧な焼き上がりで皿に乗っていた。しかしデートの相手は現れなかった。1時間経ってもふたりは来なかった。ジャッキーは几帳面なことで知られていたから、最初はわれわれも心配していなかった。しかしさらに2時間が経って、さすがにクロードもどうなっているのか電話で確認することにした。すっかり冷めてしまった料理を前に私は耳をすまして話を聞き、強いショックを受けた。私の相手のフェリシアは「とても疲れているので来られない」のだという。ええっ？　なんて無礼な断り方だろう！

私はクロードに電話を代わるように頼んだ。私は「ハイ、僕はベンだ。きみのブラインド・デートの相手だよ」と名乗った。そして次のようなやりとりになった。

フェリシア：悪いけど、疲れているし、もう遅いから。

ベン　：遅いのは、きみが遅れたからじゃないか。

フェリシア：そうだけど、とっても疲れているから行けないわ。

そこで私は、フェリシアの共感を呼ぶ努力をすることにした。

ベン　：それは気の毒だけど、僕らは一日中かけてディナーの準備をしたんだから、もう少し早く連絡してくれてもよかったじゃないか。こうなったらもうとにかくすぐ車に乗ってこっちへ来いよ。そうでないと、とっても失礼なヤツだという印象になるぜ。

もしフェリシアが本当に自己中心的なら（そう見えなくもなかったが）、こう言ったところで何の効果もないだろう。しかし、万一、何か理由があって来たくないのなら、こうやって強く説得することで何かが起きるかもしれない。

フェリシア：オーケー。じゃあ行くわね。

1時間半後に、フェリシアは白いショートパンツ姿で現れた。そしてこのうえなく美しかった。実は、デートへの期待と準備で興奮したあまり、私はその前の日に殴り合いのケンカをしたことをすっかり忘れていた。サンフェルナンド・バレーで、仲間内の寄せ集めチーム同士でバスケットの試合をしていたら、クルーカットでカモフラージュ柄のスウェット上下を着た有名大学のスポーツ選手タイプの188センチもある男が私の兄にボールをわざとぶつけた。兄のジョナサンはミュージシャンで長髪にしていて、当時は70キロあるかないかだった。一方私はフットボール選手だったから格闘には慣れていて、ケンカならいつでも受けて立つという気構えだった。私は兄がボールをぶつけられたと思ったとたん、エリート風大学生に飛びかかっていた。そこで小競り合いになった。私もかなりいいパンチを2、3発お見舞いしたが、左目の下にいい右フックをもらってしまった。これはかなりのアザになった。相手の選手は、兄を特にいじめるつもりではなく、ファウルにちょっといら立っただけだったのかもしれない。ともかく第一印象で行動した結果が、目のアザだった。相手の行動の真意は永遠のナゾだ。

ともかくそういうわけで、私がドアを開けると同時に、フェリシアのこのうえなく美しいグリーンの瞳は、私の目の下のアザに吸い寄せられてしまった。（あとで聞いたところによると）フェリシアの頭に最初に浮かんだのは「とんでもないゴロツキだわ。やっぱり来るんじゃなかった」というものだったそうだ。

幸いなことにフェリシアは第一印象にとらわれることがなかった。その後われわれは幸福に25年の結婚生活を送り、すばらしい3人の子供たちに恵まれている。

シリコンバレーで働き詰め

大学の夏休みに私はシリコン・グラフィックス（SGI）という会社でエンジニアとしてインターンをしたことがある。その経験は私をすっかり魅了した。SGIは現代のコンピュータ・グラフィックスを創造したパイオニアで、映画『ターミネーター2』の特殊効果に使われたソフトウェアからリアルなフライトシミュレーターまで、ありとあらゆる驚くべき製品を開発していた。社員は全員が優秀だった。製品はものすごくクールだった。私はSGIでずっと働きたいと願うようになった。

大学の学部とコンピュータ科学の大学院を出たあと、私はSGIで働き始めた。まさに夢が実現したという気分だった。入社から1年が過ぎたころ、私はSGIの元マーケティング部長だったロゼリー・ブオノナウロに会った。彼女はスタートアップ（ベンチャー）を経営していた。ロゼリーはSGIで働いている娘から、私のことを聞いたのだった。彼女は私をスカウトしようと熱心に口説いた。とうとう私は説得されて彼女の会社、ネットラボで働き始めた。

この転職は、結局大失敗だった。ネットラボは元ヒューレット・パッカード（HP）の幹部で、もっと重要なことにロゼリーの夫であるアンドレ・シュワガーによって経営されていた。

アンドレとロゼリーは株主であるベンチャーキャピタリストたちによって「経営のプロ」として会社に送り込まれた。ところが、ロゼリーたちは製品についてもテクノロジーについてもほとんど知識がなく、会社はあらぬ方向に右往左往するばかりだった。この出来事から私は、会社は創業者によって経営されるべきだと学んだ。

ちょうどそのころ、私のふたり目の子供、マリアが自閉症と診断され、状況をさらに困難にした。この状態で私がスタートアップで働き詰めになるというのは、家族に非常に大きな負担を強いることになった。

ある暑い夏の日に、父が私を訪ねてきた。われわれはエアコンが買えず、父と私が40度の暑さの中で汗を流して座っている間、3人の子供たちは泣き続けていた。

父は私のほうに向いてこう言った。「お前、何が安い買い物か知ってるか?」

父が何を言おうとしているのか見当がつかず、私は「わからないよ。何だい?」と答えた。

「花さ。花はまったくお買い得だ。それに引き換え、おそろしく高くつくものは何だと思う?」。

私はこれにもわからないと答えた。

「離婚だ」と父は言った。

このジョークは実際のところ、ジョークではなかった。私はこのままでは時間切れになってしまうのを思い知らされた。そのときまで、私は本当に真剣な選択をしたことがなかった。自分には無限の時間と無限の能力があって、やりたいことは何でもできるとぼんやり考えていた。しかし父のジョークのお陰で私は、このままでは家族を失いかねないと気づかされた。ありとあらゆる努力をしながら、私はもっとも大切なことを忘れていた。自分がしたいことではなく、何が大切なのかという優先順位で、世界を見ることをこのときに初めて学んだ。

私は自分のキャリアを追求すると同時に、家族も育んでいけると考えていた。さらに悪いことに、私はいつも自分のことを第一に考えていた。家族、いや何らかの重要なグループの一員であるときに、こういう考え方はトラブルの源だ。私は深刻なトラブルにはまり込んでいることに気づいた。私は自分を良い人間で自己中心的な性格ではないと考えていた。しかし、私の行動はその反対だった。私はいいかげん子供であることをやめ、大人にならなくてはならなかった。とにかく一番大切なことを一番にしなければならない。自分のことを考えるより先に、私にとって大切な人たちのことを考えなくてはならない。

私は翌日、ネットラボを辞めた。そしてロータス・ディベロップメントで、家庭生活を正常化できるような職を見つけることができた。私は自分が何をしたいかではなく、家族にとって一番良いことは何かを考えるようになった。このころから、自分がなりたいと思っていた人物像に少しずつ近づけるようになった。

天才アンドリーセンの面接を経てネットスケープに入社

ロータスで働いているときに、ある日同僚が「モザイク」という新しいソフトウェアを見せてくれた。イリノイ大学のある学生が開発したものだという。モザイクは簡単にいえばインターネットに対するグラフィカルなユーザーインタフェースだった。当時、インターネットというのは大学や研究所だけで使われるテクノロジーだった。モザイクに私は圧倒された。これが未来だというのは、このうえなく明白だった。インターネット以外のことに時間を費やすのは無駄だと明らかに思えた。

数カ月後、シリコン・グラフィックスの創業者、ジム・クラークとモザイクの開発者マーク・アンドリーセンがネットスケープというスタートアップを共同で創業したという記事を読んだ。私は即座に面接を受けると決めた。ネットスケープで働いている知り合いに電話して、就職のために面接を受けたいと伝えた。彼は、親切に面接の手配をしてくれた。

最初の面接で私は、製品マネジメントチームの全員と会った。面接はうまく行ったと思ったのだが、その晩家に帰ってみると妻のフェリシアが涙にくれていた。ネットスケープの採用担当者が電話してきて、私が不在だったのでフェリシアが話を聞いた（携帯電話がわれわれをどこまでも追いかけてくるようになる前の話だ）。採用担当者は、私が採用される見込みは薄いと伝えた。彼らが求めているのはスタンフォードかハーバードでMBAを取った連中だというのだ。フェリシアは「大学に戻ってMBAを取ったら？」と言ってくれた。しかし子供を3人抱えた私に、それは非現実的な選択だった。だからフェリシアは泣いていたのだった。私は「採用担当者がすべてを決めるわけじゃない。それにビジネススクールを出ていないからといって、採用されないとは限らないよ」と慰めた。

翌日人事担当マネジャーが電話してきて、共同創業者でCTO（最高技術責任者）のマーク・アンドリーセンの面接を受けるようにと言った。マークは当時22歳だった。

後知恵で振り返れば、インターネットとウェブブラウザの普及は必然だったと思える。しかし、マークの活動がなかったら今の世界はよほど違ったものになっていただろう。当時、インターネットは科学者、研究者でなければ使えないものと思われていた。インターネットは使い方が難しく、セキュリティはないも同然、しかも遅すぎてビジネスには到底利用できないというのが普通の考えだった。最初のインターネットブラウザ、モザイクの登場後も、インターネットが科学者のコミュニティの外で使われるようになるとは誰ひとり予想していなかった。

コンピュータ業界のリーダー各社はそれぞれ独自のコンピュータ・ネットワークづくりに忙しかった。当時はアメリカ中に光ファイバー回線を張り巡らせるという「情報スーパーハイウェイ構想」が熱心に語られており、その有力候補はオラクルやマイクロソフトのような大企業が開発した独自規格のテクノロジーだろうと考えられていた。この予想にはそれなりに理由があった。当時コンピュータ・ネットワークにTCP／IP（インターネット基盤となる接続規格）を採用している企業などほとんどなかった。この時期、広く使われていたのはAppleTalk、NetBIOS、SNAといった独自規格だった。

1995年11月になってビル・ゲイツは、『ビル・ゲイツ未来を語る』（アスキー）という著書の中で、やがて「情報スーパーハイウェイがすべての企業と消費者を単一のネットワークで結びつける」と予想し、「インターネットに取って代わって、コミュニケーションの世界を制覇することは論理的な必然だ」と書いている。ゲイツは後になって「情報スーパーハイウェイ」を「インターネット」と書き直した。しかしオリジナル版ではそうではなかったのだ。

一企業が開発した独自規格がコンピュータ・ネットワークを支配するという未来は、企業にとっても消費者にとっても、決して好ましいものではなかった。ビル・ゲイツやラリー・エリソンといった野心家のビジョンでは、情報スーパーハイウェイを征した企業はどんどん通行税を取り立てられる（少なくとも当時のマイクロソフトCTO、ネイサン・ミアボルドはそう語っている）。

情報スーパーハイウェイ構想と独自のコンピュータ・ネットワーク規格が、当時どれほど猛威を振るっていたか、いくら強調してもしすぎることはない。モザイクを開発した当のマーク・アンドリーセンと共同創業者のジム・クラークでさえ、ビデオ配信にはインターネットではなく独自規格のどれかを使わなくてはならないだろうと考えていたほどだ。ブラウザの機能、セキュリティ、ユーザーインタフェースを改良していけば、インターネットが未来のコンピュータ・ネットワークの中心になるとわれわれが確信するようになったのは、かなり後のことだ。そしてこれこそが、ネットスケープの使命となり、輝かしい成功を収めることとなった。

さて、マークとの採用面接に話を戻そう。それは今まで私が経験したどんな採用面接とも違っていた。履歴書について聞かれることはなかった。前職についても、職務に取り組む心構えについても、聞かれなかった。マークはメールの歴史、コラボレーション・ソフトウェア、コンピュータ・ネットワークの未来といったテーマについて、次々と質問を浴びせてきた。

私はそうした問題の専門家だった。それまでの数年、その分野でパイオニア的製品の開発に携わっていたからだ。しかし私が驚かされたのは、たった22歳のマークがこんなにコンピュータ・ビジネスの歴史に詳しいことだった。私はこれまでとびきり優秀な若者にたくさん会ってきたが、マークのような若きテクノロジー歴史家には、その後も会ったことがない。マークの豊富な歴史的知識は私を驚かせたが、レプリケーションなどコンピュータ・テクノロジーそのものに関するひらめきも鋭く、かつ的確なものだった。面接が終わって私は兄に電話し、「マーク・アンドリーセンと話したが、僕が会った中で最高に頭がいいと思った」と言った。

一週間後、私はネットスケープに採用された。私は感激した。仕事の内容や雇用条件などどくに気に留めなかった。マークとネットスケープは世界を変えるとわかっていたし、私はなんとしてもそれに加わりたかったからだ。仕事を始めるのが待ちきれなかった。

ネットスケープに入ると、エンタープライズ・ウェブサーバーの開発事業を任された。この事業にはふたつの製品があった。ひとつは通常のウェブサーバーで価格は1200ドル。もうひとつはセキュリティを高めたセキュア・ウェブサーバーで価格は5000ドルだった。このセキュア・サーバーにはネットスケープが独自に開発したSSL（セキュア・ソケット・レイヤー）というセキュリティ・プロトコルが組み込まれていた。私が参加したとき、ふたりのエンジニアがウェブサーバーの開発に携わっていた。ひとりはNCSAウェブサーバーを開発したロブ・マッコールで、もうひとりは双子の兄弟のマイク・マッコールだった。

ネットスケープが上場した1995年8月には、ウェブサーバー・チームのエンジニアは9人に増えていた。ネットスケープの株式上場は、当時華々しい話題になっただけでなく、歴史をつくるものだった。公開時の株価は当初14ドルが予定されていたが、直前になって28ドルと2倍に引き上げられた。取引が始まると、いきなり1株75ドルまで値上がりした。上場初日の値上がりとしては新記録だった。初日の終値は58ドルで、ネットスケープの株式時価総額は30億ドル近くを記録した。それにはとどまらず、ネットスケープの上場はビジネス界にとって大地震のような衝撃をもたらした。このときの市場の熱狂を評して、友人の投資銀行家のフランク・クアトローネは、「ネットスケープの上場に乗り遅れたと後々孫に語らねばならないようになるのをみんなが恐れていた」と言った。

この上場がすべてを変えた。マイクロソフトが株式を公開したのは設立から10年以上経ってからだった。ネットスケープはスタートしてから1年4カ月しか経っていなかった。ネットスケープの上場を機に、ビジネスは「新興経済」と「旧経済」に二分されるようになった。そして新興経済が世界を制覇していった。ニューヨーク・タイムズ紙は、「ネットスケープの株式上場は世界を震撼させた」と評した。

強敵マイクロソフトの反撃

しかし、われわれの鎧（よろい）には危険なヒビが入っていた。マイクロソフトが画期的な次世代ＯＳ、ウィンドウズ95にインターネット・エクスプローラーというウェブブラウザを無料でバンドルすると発表したのだ。これはネットスケープに深刻な問題を引き起こした。われわれの売上のほとんどは、ブラウザの販売収入だった。一方でマイクロソフトのOSはパーソナル・コンピュータ市場の95パーセントを握っていた。われわれは株主に対して「ネットスケープはウェブサーバーの販売を主な収益源とする」と説明した。

2カ月後、われわれはマイクロソフトが近く公開するウェブサーバー、インターネット・インフォメーション・サーバー（IIS）の評価版を入手できた。IISを詳細にテストしてみると、セキュリティ機能を含めてネットスケープがハイエンド製品に組み込んでいた機能が、すべて含まれていると判明した。しかも処理速度が5倍も速いのだ。

さあ大変だ。

マイクロソフトがIISを一般公開するまであと5カ月ほどあると私は計算した。ネットスケープがその間に追いつけなければ、われわれは破滅だ。「旧経済」の時代には、製品サイクルは平均して1年半ぐらいだった。しかし「新経済」では、このサイクルは大幅に速められていた。私は事業部長のマイク・ホーナーと話をした。

マークを別にすれば、マイク・ホーナーはネットスケープでもっともクリエイティブで頭の良い幹部だった。さらに重要なことだが、マイクは状況が悪化すればするほど強みを発揮した。ライバルから激烈な競争を仕掛けられると、普通の経営幹部はマスコミを避けて逃げ隠れするようになる。マイクは逆に、そういうときもまっすぐに矢面に立つのだった。マイクロソフトがあの悪名高い「囲い込んで拡張する」戦略をネットスケープに向けて適用し始めたとき、マイクはマスコミからの電話にすべて答えた。時には両手に受話器を握ってふたりの記者の取材

私がこのメールを受け取った日、たまたまマークは裸足で頭に王冠を乗せた姿でタイム誌の表紙を飾った。それまでにタイム誌の表紙になった人物に会ったことなんてなかったから、この表紙を見て私は感激した。そこへこのメールだ。私は絶望で吐き気がしてきた。私はタイム誌とメールの両方を家に持って帰り、妻のフェリシアの意見を聞いた。私の憂慮は深刻だった。私は29歳で妻と3人の子供がいた。職を失うわけにはいかなかった。フェリシアはメールとタイム誌を見比べ、「新しい職を探し始めたほうがいいわね」と言った。

しかし私はクビにならず、次の2年でスイートスポットはゼロから年商4億ドルの事業に成長した。さらに驚いたことに、結局マークと私は親友になった。以来、現在までわれわれは友人として、ビジネスパートナーとして仕事を続けている。

――マーク

マークと私が3社、18年にわたって共同経営を続けてこられた秘密は何か、とよく尋ねられる。ビジネス上の関係は、緊張が強すぎて長続きしないか、緊張がなさすぎてわざわざ続けていく必要がなくなってしまうか、どちらかに終わることが多い。ビジネスパートナーはお互いに批判が厳しすぎて嫌い合うようになってしまうか、互いの意見を気に留めず、パートナーであることに意味がなくなってしまうかしがちだ。18年経った今でも、マークは毎日のように私の考え方に誤りを見つけて私を当惑させる。しかし、私もマークに対して同じことをしている。われわれにとってこれが実に効果的なのだ。

会社を始める

１９９８年の末、われわれはマイクロソフトからのすさまじい圧力を受けていた。マイクロソフトはＯＳ市場を事実上独占している強みを最大限に生かして、あらゆるジャンルのソフトウェアをウィンドウズに無料でバンドルし、ライバルを叩き潰しにかかっていた。ネットスケープもその攻撃をまともに浴びた一社だった。

われわれはアメリカオンライン（ＡＯＬ）に会社を売却した。ＡＯＬのネットスケープ買収は、最大の脅威をはるかに危険性の少ない会社の傘下に追いやったのだから、短期的にはマイクロソフトの大勝利だった。しかし長期的に見ると、ネットスケープはマイクロソフトのコンピューティング独占戦略に取り返しのつかない打撃を与えていた。ネットスケープ・ブラウザの登場によって、デベロッパーはマイクロソフトの独自プラットフォーム、Ｗｉｎ32ＡＰＩを捨てて、インターネットの採用に走った。ネットスケープ以後、デベロッパーがコンピューティングに新たな機能を追加するとすればインターネットという環境に対してであり、マイクロソフトの独自規格に対してではなくなった。

デベロッパー・コミュニティはインターネットとワールドワイドウェブの規格をインタフェースの標準として採用した。マイクロソフトがデベロッパーをコントロールできなくなったことが、ＯＳ市場の独占を失わせる端緒となった。その間、ネットスケープはＪａｖａＳｃｒｉ pt、SSL、クッキーといった数々のインターネット基盤テクノロジーを世に出した。

AOLに買収されたあと、私はeコマース・プラットフォームの開発責任者に、マークはCTOに、それぞれ任命された。数カ月経つと、AOLは本質的にテクノロジー企業ではなく、メディア企業であることに、われわれふたりとも気づかざるを得なかった。テクノロジーはさまざまなニューメディアを可能にする。しかし、これはあくまでメディア戦略であり、CEOのボブ・ピットマンは優秀だが、やはりメディア業界人だった。メディア企業は面白いストーリーを生み出すのが好きだ。一方、テクノロジー企業は物事のやり方の改善が好きなのである。われわれはさまざまな新しいアイデアを持っていたので、新しい会社をスタートさせることを考えるようになった。

この時期にわれわれは、共同創業者になりそうなふたりの人物を議論に引き込んだ。そのひとりはティモシー・ハウズ博士で、LDAP(ライトウェイト・ディレクトリ・アクセス・プロトコル)の共同発明者だった。これは複雑で処理が重いDAP(X・500)を大幅に軽量化、高速化するディレクトリ・アクセス・テクノロジーだ。ネットスケープはティムを1996年に採用し、われわれはLDAPをインターネットの標準的な機能に組み込むことに成功した。今日でも、プログラムがインターネット上の情報にアクセスするときには、LDAPを経由するのが普通だ。

われわれがチームに引き込んだふたり目は、インシク・リー。彼はアプリケーション・サーバーのスタートアップ、キバ・システムズを創業し、買収されてネットスケープに加わった。

インシクは私が責任者を務めていたｅコマース事業部のＣＴＯで、パートナー企業がＡＯＬのプラットフォームを適切に利用できるよう、企業と密接に協力していた。

われわれ４人が集まってアイデアを出し合っているとき、インシクが「パートナー企業のサイトをＡＯＬのｅプラットフォームに接続すると、パートナーのサイトがクラッシュすることがたびたびある。ＡＯＬからのトラフィックの負荷を処理できないんだ」とこぼした。ソフトウェアを何百万人というユーザーに対して公開するのは、数千人に対して公開するのとはまったく違う。ともかくおそろしく込み入った話になるのだ。

「そうか、ならばそういう問題を解決するサービスを提供する会社があってもいいわけだ」とわれわれは思いついた。

この考えを広げていくうちに、われわれは「コンピューティング・クラウド」というコンセプトにたどり着いた。「クラウド」という用語は、それまで通信業界で「スマート・クラウド」などという場面で使われていた。スマート・クラウドというのは、回線のルーティングや課金などの複雑な処理を行うサービスで、単純なダム端末を接続すると高度な処理結果が返ってくる。われわれはこのコンセプトをコンピューティングに適用できると考えた。

トラフィック増大に対応するスケーリング、セキュリティ、トラブルからの復旧といった処理を提供するサービスがあれば、ソフトウェアのデベロッパーは機能開発だけに専念できる。もしそういうクラウドサービスをつくるのであれば、それは非常に大きなスケールでなければならない。

そこでわれわれは、新しい会社の名前をラウドクラウドとすることに決めた。面白いことに、ラウドクラウドで現在まで残ったのは社名だけだった。ラウドクラウドの登場後、初めてクラウドという単語がコンピューティング・プラットフォームを指すようになった。

われわれは会社を設立し、資金調達にかかった。それは1999年のことだった。

第2章
生き残ってやる

"I WILL SURVIVE"

ネットスケープの成功のおかげで、マーク・アンドリーセンはシリコンバレーの主要ベンチャーキャピタリストを全員知っていたので、会社設立にあたって紹介してもらう必要はなかった。残念だったのは、ネットスケープを支援したベンチャーキャピタル、クライナーパーキンスがすでに、競合する可能性のある会社に出資していたことだった。われわれはほかの一流投資家全員と話し、ベンチマーク・キャピタルのアンディ・ラクレフと共に進むことを決めた。

一言でアンディを説明するなら、ジェントルマンだろう。聡明かつ洗練され、控え目なアンディは、抽象的思考に卓越しており、複雑な戦略を簡潔な文章に難なく要約できた。ベンチマークは、投資前評価額4500万ドルで、われわれに1500万ドルを出資すると言った。アンドリーセンは自ら600万ドル出資し、保有現金を含めて会社の総評価額を6600万ドルへと増やし、「常勤取締役会長」に就いた。そして、ティム・ハウズが最高技術責任者になり、私はCEOになった。ラウドクラウドが生まれて2カ月のときだった。

評価額と投資額の大きさはこの時代の象徴であり、同じように資金豊富なクラウドのライバルより先に大きくなって、市場を支配せよという意図があった。アンディは私にこう言った。

「ベン、資金がいくらでも自由になるなら、どう会社を経営するか考えてみてほしい」

2カ月後、われわれはさらに4500万ドルを、モルガン・スタンレーから担保なし、3年間返済なしの借入れによって調達したので、アンディの質問は案外現実的だった。とはいえ、「もし資金が自由になったら？」という質問は、起業家に尋ねるには危険すぎる。太った人に「もしアイスクリームの栄養価がブロッコリーと同じだったらどうする？」と聞くようなものだ。この質問が引き起こす考えは、著しく危険なものになりかねない。

もちろん私は危険な質問に答えて、突っ走った。われわれは手早くクラウド基盤を構築し、急速に顧客を増やし始めた。設立から７カ月で、すでに１０００万ドル分の契約を受注していた。ラウドクラウドは離陸しつつあったが、われわれは時間とライバルとのレースの中にいた。それは、最高の人材を雇い、最大のクラウドサービスを提供し、さらに大量の資金が必要という意味だった。

９人目に雇ったのは、リクルーターだった。そして従業員が12人になったとき、人事担当者を雇った。月に30人のペースで採用し、シリコンバレーでもっとも優秀な人たちをラウドクラウドがさらっていった。ある社員は２カ月間登山をするためにＡＯＬを辞め、その後入社した。別の社員は、元の会社をＩＰＯ（新規上場）当日に辞めて数百万ドルをふいにし、ラウドクラウドに参加した。半年が過ぎたころには２００人近い社員がいた。

シリコンバレーは絶頂に達し、ラウドクラウドは、ワイアード誌の特集記事で「マーク・アンドリーセンの再臨」と書き立てられた。電子レンジとコーヒーメーカーを同時に使うとブレーカーが落ちた最初のオフィスから、サニーベールの１万５０００平方フィートの倉庫に移転したが、入居したころにはすでに狭くなっていた。

５００万ドルを費やし、新築の３階建てスタッコ仕上げに翡翠（ひすい）色のタイルをあしらったビルに移ったわれわれは、そこを「タージ」（タージ・マハールにちなんで）と呼んだ。このビルも狂乱の採用ペースに追いつけず、社員は通路に座っていた。近くに３番目の駐車場を借り、オフィスまでシャトルバスを走らせた（近隣には嫌われていた）。キッチンにはコストコのような在庫があり、おやつ納入業者に会社の冷蔵庫をいっぱいにしろと言って責めたところ、株式を要求された。

そういう時代だった。

次の四半期、われわれは2700万ドル分の新規契約を結んだが、まだ設立から9カ月も経っていなかった。自分たちは史上最高のビジネスを構築しているように思えた。ところがそこに、あの悲惨なドットコム・バブルの破裂が起きた。ナスダック指数は2000年3月10日に、1年前の2倍以上に相当する5048・62の最高値を記録していたが、10日後には10パーセント暴落した。経済誌「バロンズ」は、特集記事で暴落を予言していた。4月に政府がマイクロソフトは市場を独占していると断定すると、ナスダック指数はさらに急降下した。スタートアップは膨大な企業価値を失い、投資家は膨大な資産を失い、そして一時は新たな経済の前触れだと歓待されたドットコム企業は、文字通り一夜にして廃業に追い込まれ、ドットボム（ドット爆弾）と呼ばれることになった。最終的にナスダック指数は1200を割り、ピーク時の80パーセント安を記録した。

当時、われわれは自分たちのビジネスが史上最速で成長しているのではないかと考えていた。それは良いニュースだった。悪いニュースは、この壊滅的状態の中で、さらに追加資金を調達しなければならないことだった。株式と債券によって調達した6600万ドルのほぼ全額は、ナンバーワンのクラウドサービスをつくり、急増していたユーザーをサポートするために、すでに全額が使われてしまっていた。

ドットコム不況は投資家たちを怖じ気づかせ、資金調達は容易ではなかった。われわれの顧客の大半がドットコム・スタートアップだったから、なおさらだ。これが明確になったのは、日本のベンチャーキャピタル、ソフトバンク・キャピタルに売り込みに行ったときだった。私の友人でラウドクラウドの取締役を務めるビル・キャンベルは、ソフトバンクの人々をよく知っていたので、売り込みが終わったあと、「裏ルート」の情報を聞かされた。アシスタントにビルからの電話だと告げられた私は、すぐに電話を取った。私は早く現状を知りたくて仕方がなかったのだ。


「ビル、彼らは何と言っていたんだ？」と私は尋ねた。ビルはそのしゃがれた声で、「ベン、実は正直なところ、彼らはきみが悪いクスリをやっていると思っていた」と言った。３００人近い社員とほんのわずかな現金を手に、私はこれから死んでいくように感じていた。ラウドクラウドのＣＥＯとしてそんなことを感じたのはそのときが初めてだった。ただし、その後は何度も感じるようになった。

このとき私は、資金を個別調達する際のもっとも大切なルールを学んだ。「ひとりの投資家を探せ」だ。投資しようという投資家はひとりいればよい。だから、「ノー」と言う残りの30人は無視したほうがよい。最終的にわれわれは、7億ドルという驚くべき「投資前」評価額でシリーズＣラウンドの投資家を集め、1億２０００万ドルの資金を調達した。その四半期の売上予測は1億ドルとなり、物事はつつがなく進んでいるように見えた。以前の予測が実力を過少評価していたことを踏まえ、今回の売上予測は達成できると私は確信していた。そしておそらく、ラウドクラウドの顧客基盤からドットコム爆弾を切り離し、より安定した伝統的企業、当時最大顧客だったナイキのような企業へと、スムーズに移行できるだろうと考えていた。

ところがそこで、何かがおかしくなった。

われわれは2000年第3四半期を、売上3700万ドルで終えた――予測した1億ドルに届かなかったのだ。ドットコム崩壊は、われわれの予測をはるかに上回る惨状だった。それに気づいたのは、新規顧客を見込んでクラウド基盤構築のために現金の大半を投入してしまった後だった。

歓喜と恐怖

またも資金調達が必要になった。今回は状況がさらに悪くなっていた。2000年の第4四半期に、私は可能性が少しでもある資金源はすべてあたり、その中にはサウジアラビアのアル・ワリード・ビン・タラール王子も含まれていたが、誰ひとりとしていかなる評価額でも投資する意思を見せなかった。シリコンバレーでもっとも勢いのあるスタートアップだったわれわれが、たった半年のうちに投資対象ですらなくなっていた。477人の社員と時限爆弾にも似たビジネスを抱えながら、私は答えを探し求めた。

完全に資金が底をついたら何が起こるかを考えていると――あれだけ注意深く選んで雇った

社員を全員解雇し、投資家の金をすべて失い、われわれを信じてビジネスを託してくれた顧客を危険にさらす――将来の可能性に集中することなど困難だった。マーク・アンドリーセンは、その場ではあまり笑えないジョークで私を元気づけようとした。

マーク：スタートアップで一番良いことはなんだか知ってるかい？
ベン　：なに？
マーク：2種類の感情しか体験しないこと。歓喜と恐怖さ。しかも、寝不足がその両方を促進するんだ。

時間が押し迫る中、面白くはないが、興味をかき立てられる案が浮上した。上場すればいいんじゃないか。当時の奇妙な現象として、われわれのような会社に民間出資市場は閉ざされていたが、公開市場はまだごくわずかながら開かれていた。狂気の沙汰だと思うだろうし、実際その通りだったのだが、個別投資が完全に渋っている一方で、公開市場はまだ余裕があった。ほかに選択肢がない中、私は取締役会に上場を提案するしかなかった。その準備のために、私はＩＰＯに対する賛成、反対それぞれの意見をリストにした。

ビル・キャンベルが反対することはわかっていたので、なんとしてでも彼を説得しなくてはならなかった。ビルはわが社の取締役の中で唯一、上場企業でＣＥＯを務めた経験があった。彼は誰よりも上場するメリットとデメリットを知っていた。何より重要なのは、この種の厄介な状況では誰もがビルに判断を任せる傾向にあることだった。ビルは一種独特の素養を持っていた。

当時、ビルは白髪でしゃがれ声の60代だったが、20歳のエネルギーを持っていた。彼の経歴は大学のフットボール・コーチに始まり、40歳になるまでビジネスの世界には入らなかった。その遅いスタートにもかかわらず、ビルはインテュイットの会長兼CEOにまで登りつめた。その後、彼はIT業界のレジェンドとして、アップルのスティーブ・ジョブズ、アマゾンのジェフ・ベゾス、グーグルのエリック・シュミットといった偉大なCEOの良き相談役を務めた。

ビルは驚くほど聡明で、超カリスマ的で、経営のエリートであるが、彼の成功の鍵はそういう特質を超えたところにある。どんな状況においても――10年以上務めたアップルの取締役会であれ、委員長を務めたコロンビア大学評議員会であれ、コーチを務めた女子学生フットボールチームであれ――ビルは必然的に全員に好かれていた。

ビルがなぜそこまで高く評価されるのか、みんなが多くの理由を語る。しかし、私の経験から言うと極めて単純だ。どんな人間にとっても、人生で2種類の友達が必要だ。ひとつは、何かいいことが起きたときにその人を呼べば自分のために感動してくれる人。嫉妬を隠すための偽りの感動ではなく、本物の感動だ。必要なのは、自分に起きたこと以上に、あなたのために感動してくれる人だ。ふたつ目は、何か悲惨な状態になったとき、たとえば生死の境にいて、一度だけ電話がかけられるときに呼び出せる人。それは誰だろうか。ビル・キャンベルはその両方なのだ。私は自分の考えを次のようにキャンベルに伝えた。

「われわれは民間市場では出資者を見つけられていない。今ある選択肢は、民間投資を探し続けるか、上場の準備をするかだ」。民間投資家から資金を調達できる見込みはほとんどないが、上場にも次のように数多くの課題があった。

■ラウドクラウドの販売プロセスは確立しておらず、どの状況においても予測が難しい。
■ラウドクラウドの状況は急速に下降を続け、底があるかわからない状況に置かれている。
■顧客は驚くべきペース、かつ予測不能なペースで次々と倒産している。
■ラウドクラウドは赤字であり、今後も当分赤字が続く。
■われわれの運営状態は健全とは言えない。
■総合的に見て、上場は時期尚早である。

取締役会は私の説明に注意深く耳を傾けていた。彼らの表情には、私が挙げた課題に関する強い懸念が見られ、重苦しい沈黙が続いた。予想通り、ビルが沈黙を破った。

「ベン、問題は金じゃない」

私は奇妙な安心感を覚えた。上場する必要はないのかもしれない。資金問題を重く考えすぎたのかもしれない。きっと、ほかに方法があるのだろう。

再びビルが口を開いた。「並外れた金だ」

そう、われわれは上場するのだ。

った。

私は、前者は問題ないだろうと思ったが、果たして後者のニュースがどう受け取られるのか心配だった。1株当たりの価格を上場に十分な数字にするには、株の併合が必要だった。理論上、株式併合は何の問題にもならないはずだ。従業員は、それぞれ会社の一定の割合を保有していた。会社には決められた総数の株があった。総株数に割合を掛ければ、その従業員の持ち株数になる。総株数を半分に減らせば、それぞれの持ち株数も半分になるが、依然として同じ割合だけ会社を保有している。何も変わっていない。

しかし、そうではなかった。18カ月以内で社員数がゼロから600人に増える間に、大言壮語も増えていた。一部の舞い上がったマネジャーたちは、夢を大げさに言いふらした。彼らは、持ち株比率ではなく持ち株数だけで話をしながら、1株当たり100ドルになる可能性の物語を広めた。社員たちは、空想の株価に基づいて、自分がいくら儲かるかを計算していた。そういうことが起きていると私も知っていたが、株式併合など夢にも思っていなかったので、心配もしなかった。しかし、私は心配すべきだったのだ。

妻のフェリシアは、いつも通り全社ミーティングに来ていた。このときは彼女の両親も町を訪れていたので、一緒に参加した。ミーティングは順調には進まなかった。みんなは会社がどれほど極限状態にあるか気づいていなかったので、IPOのニュースを誰も喜ばなかった。株式併合のニュースに彼らは不満を持った。いや、実際には激高した。私は従業員の夢の数字を文字通り半分に切った。彼らにはそれが不満だった。直接私に厳しいことを言う者はいなかったが、義理の両親はすべてを聞いた。義父の言葉を借りると「悪口だけというわけじゃなかった」そうだ。

義母のロレッタは妻に、「どうしてみんなベンのことがあんなに嫌いなの？」と聞いた。フェリシアは、いつもは誰よりも活発で外交的なのだか、ヘルニアの手術を終えたばかりだったので、ふだんの陽気な彼女ではなかった。妻は落胆していた。義父母も落ち込んでいた。従業員は腹を立てていた。私には果たして資金を調達できるのかどうか見当もつかなかった。何というロードショウのスタートだろうか。本来もっと華々しいイベントのはずなのに。

そしてロードショウは、残酷だった。株式市場は連日暴落し、IT株はやり玉にあがっていた。投資家たちは、われわれが到着すると、拷問室から出てきたような様子だった。ある投資信託のファンドマネジャーは、マークと私に面と向かってこう言った。

「何しに来たんですか？　今世界でいったい何が起きているかご存知ですか？」

私はもう、資金調達は無理だと覚悟した。間違いなく会社は倒産する。私は3週間のロードショウツアー全体で、合わせて2時間しか眠れなかった。

ツアーの3日目、私は義父からの電話を受けた。義父のジョン・ワイリーは、71年間の人生で数多くの経験を積んできた人だ。少年時代、彼の父親はテキサス州で殺害された。生きて行くために、彼と母親は、意地の悪い男とその9人の子供のところに身を寄せた。そこでジョンは虐待され、ほかの子供たちが夕食を食べている間、納屋に動物たちと一緒に置かれた。ついにジョンと母は、虐待から逃れるために、持ち物全部を抱え、泥道を3日間歩き続けた。ジョンは、その旅のことを生涯を通じて鮮明に思い出すという。若きジョンは、高校を終える前に朝鮮戦争で戦うために家を出た。母親を養うためだった。5人の子供の若い父親として、考えつくあらゆる職に就いて家族を支えた。バナナボートの荷下ろしも、アラスカのパイプライン建設現場での仕事もした。彼は不幸にも、60歳になる前にふたりの子供を亡くした。そうした苦難の生活を送った彼は、悪い知らせに慣れていた。

ジョン・ワイリーは、めったなことで私に電話をかけてこない。かけてくるときは深刻な、いやひどく深刻な理由に違いない。

ベン　：もしもし。

ジョン：ベン、会社にはきみを邪魔するなと言われたんだが、どうしても知らせたいことがある。フェリシアの呼吸が止まった。でも、死ぬわけではない。

ベン　：死なないって？　えっ？　いったい何が起こったのです？

信じられなかった。私はあまりにも仕事に集中しすぎた結果、唯一本当に大切なものを見失っていたのだ。またしても、一番気にかけるべきことを、気にかけていなかった。

ベン　：何が起きたのですか？

ジョン：医者が薬を与えたら、彼女がアレルギー反応を起こして呼吸が止まった。でも、今は大丈夫だ。

ベン　：いつのことですか？

ジョン：昨日だ。

ベン　：えっ？　どうして教えてくれなかったんです。

ジョン：きみが忙しいことはわかっていたし、私が見たミーティングで大変なことになっていたからね。

ベン　：帰ったほうがいいですか？

ジョン：その必要はない。フェリシアの面倒は私たちがみる。きみは、きみのすべきことをしなさい。

私は、愕然とした。激しく汗をかき始め、電話を切ったあと、すぐに着替えなければならなかったほどだった。どうしていいか、見当もつかなかった。もし私が家へ帰れば、会社は間違いなく倒産する。もし、ここに残れば……そんなことができるか？　私は電話をかけてフェリシアを出してもらった。

ベン　：僕が必要なら、家に帰るよ。

フェリシア：いいえ。ＩＰＯを成功させて。あなたと会社に、明日はないのだから。私なら大丈夫。

私は残りのロードショウの間中、完全に混乱して失敗のし通しだった。ある日はスーツの上下をバラバラに着てしまい、会議の途中でマークに指摘された。一日の半分は自分がどこにいたのか覚えていない。ツアーに出ていたその3週間、同業の同じような企業は価値を半分に落としていた。つまり、1株当たり10ドルという株価は、現行基準のおよそ2倍だった。銀行は、初期提示価格を6ドルに下げて現実を反映させるべきと言ったが、それで取引が成立するとは保証しなかった。そして上場前日、インターネットブームの火付け役であったヤフーは、CEOのティム・クーグルの辞任を発表した。われわれは、ドットコム崩壊のどん底に落ちた。

結局、ラウドクラウドは公募価格6ドルで売り出され、われわれは1億6250万ドルを調達したが、祝福もパーティもなにもなかった。幹事会社のゴールドマン・サックスとモルガン・スタンレーは、伝統的な打ち上げディナーにさえわれわれを誘わなかった。あれは、史上もっとも祝福されないIPOだったかもしれない。しかし、フェリシアは快方に向かい、私たちはなんとか乗り切ることができた。帰路に向かう機内のホッとしたわずかな時間に、私は財務部長のスコット・クーパーに向かってこう言った。「やったな!」。彼は、こう返答した。

「えー、まだめちゃくちゃですけどね」

何年も経った2012年、ヤフーがCEOのスコット・トムソンをクビにしたとき、フェリシアがつぶやいた。「クーグルを戻すべきだったのかしら?」。私は「ティム・クーグルのことかい? なぜ、ティム・クーグルなんか知っているんだ?」と聞いた。すると彼女は、11年前のふたりの会話を再現した。それは、こんな風だった。

ベン：もう、めちゃくちゃだ。
フェリシア：どういう意味、何が起こったの？
ベン：ヤフーがクーグルをクビにした。もうおしまいだ。何もかも終わりだ。
フェリシア：クーグルって誰？
ベン：ヤフーのCEOだった男さ。もうどうにもならない。私は会社を畳むしかない。
フェリシア：本気で言っているの？
ベン：聞こえなかったのか？ ヤツらはクーグルを切ったんだ。もうおしまいなんだ。

私があれほど落ち込んでいるのを初めて見たフェリシアは、その時のことを決して忘れなかった。ほとんどのCEOにとって、上場前夜は最大の見せ場だ。私の場合は、最悪の日だった。

くそを食らわば一口で

ロードショウの最中、マーク・アンドリーセンは緊張をほぐそうと、こんなことを言った。「いいかベン、物事は一番黒くなったあと、必ず完全な真っ黒になるんだ」。彼はジョークを言ったのだが、上場企業として最初の四半期に突入するにつれて、マークの言葉が予言に思えてきた。顧客は逃げ続け、マクロ経済環境はさらに悪化し、ラウドクラウドの売上予測は下降した。初の投資家との収支決算電話会見が近づき、私は徹底的にレビューをして、われわれが今も収支予測に沿っていることを確かめた。

良いニュースは、この四半期には予測を達成できる見込みだったことだ。悪いニュースは、年間予測はほとんど達成できない見込みだったことだ。通常、投資家は少なくとも初年度の予測を達成できないような企業が上場するとは考えない。当時は例外的な時期ではあったが、初めての収支報告会見で予測を修正するのは、やはり非常に印象が悪かった。

予測をどう修正するかについて投資家と議論するうちに、われわれは厳しい選択を迫られた。初期ダメージを最小にするために、下方修正をできるだけ小さくするべきか、それとも再度修正するリスクを最小にするべきか——。大きく数字を引き下げれば、株価が崩壊するかもしれない。一方、十分に下げて修正しなければ、再び修正する羽目になり、残された信用を失うことになるかもしれない。業務担当者のデイブ・コンテが手を挙げて、決定的なアドバイスをした。

「われわれが何を言っても、いずれ死にます。予測を下方修正した途端、投資家の信用を失うのですから、全部の痛みを今、受け入れるべきです。楽観的な予測など、どうせ誰も信じません。くそを食らうときは一口でないと」

そしてわれわれは、年間予測を修正し、当初の売上予測7500万ドルを、5500万ドルに引き下げた。

売上予測の修正は、同時に出費予測の修正を意味し、それは人員削減を意味していた。スタートアップ業界の寵児だったわれわれは今、従業員の15パーセントをクビにしなくてはならないのだ。それは、私が失敗しつつあることを明確に表していた。投資家を失望させ、従業員を失望させ、そして私自身を失望させる。

予測修正後、上場の幹事会社だったゴールドマン・サックスとモルガン・スタンレーは、いずれも調査対象からラウドクラウドを外した。アナリストが顧客である投資家に代わって実施するその会社の状況調査をやめるという意味だった。これは強烈な一撃であり、以前の約束を大きく裏切る行為だったが、あらゆる意味で厳しい時期であり、われわれが助けを求める術はなかった。幹事会社による決議と、売上予測の下方修正によって、株価は6ドルから2ドルへと急降下した。

そうした巨大な負の勢いにもかかわらず、われわれは辛抱強くがんばり続け、2001年の第3四半期にはかなり好調な結果を残した。そして9月11日、テロリストが4機のジェット旅客機を乗っ取り、2機をワールドトレードセンターへ、1機をペンタゴンへ突入させ、ついには世界中を大混乱に陥れた。結局、その四半期で最大の取引相手は英国政府だった。それは取引高の3分の1を占め、この取引がなければ四半期目標を大幅に下回るところだった。あるとき電話があり、トニー・ブレア首相はこの契約のための予算を軍資金——文字通りの意味——に回したと伝えてきた。しかし、わが社のセールス責任者がトニー・ブレアのスタッフのひとりを奇跡的に説得でき、取引はわれわれの手に戻り、四半期を乗り切ることができた。

とはいえ、そんな危機一髪はラウドクラウドの事業全体の脆弱性を表していた。さらに、最大のライバルであるエクソドスが、9月25日に破産申請した。この会社は1年ちょっと前には500億ドルの価値があり、破産は本当に驚きだった。しかもエクソドスは、わずか9カ月前に、「十分な資金計画」によって、8億ドルを調達したところだった。のちにエクソドスの幹部が私にこんなジョークを漏らした。「われわれが崖から落ちたとき、タイヤ痕はなかった」。エクソドスが時価総額500億ドルと現金8億ドルを失ったということは、私の事業にも代替策が必要という意味だった。

最初の「プランB」の試みとして、データ・リターン社の買収を検討した。われわれと似た会社だが、わが社がUNIXアプリケーションに重点を置いているのに対して、データ・リターンはウィンドウズアプリケーションが中心だった。数週間かけて検討し、互いの似ている部分をモデル化して、提供する製品を比較し、コスト削減効果を見極めた。当時わが社のCFO(最高財務責任者)はこの取引に非常に乗り気だった。それは彼が得意とするスキルを生かせるからだった——コスト削減である。

買収手続きが終わりに近づいたとき、私は二日間の休暇を取り、オレゴン州アシュランドで過ごした。私が到着するのとほぼ同時に、ジョン・オファレルから緊急の電話がかかってきた。経営企画と事業開発の責任者だ。

ジョン:ベン、休み中に申し訳ない。たった今データ・リターンとミーティングをしたのですが、私は買収を進めるべきではないと思います。
ベン：なぜだ？
ジョン：ざっくばらんに言って、われわれのビジネスはトラブル状態で、先方のビジネスもトラブル状態なので、合わせれば二重のトラブルになるだけです。
ベン：私もまったく同じことを考えていた。

実際、データ・リターンのビジネスを見れば、買収してもラウドクラウドに良い結果を招かないことは火を見るより明らかだった。自分たちのことよりも、他人のほうがずっと冷静に見えることもある。データ・リターンを見ていると、ラウドクラウドの将来が見え、それは美しいものではなかった。

われわれの運命を考えると、とても眠るどころではなかった。私はなんとか気分を高めようと、こう自問してみた。「起き得る最悪のことは何か？」。返ってくる答えはいつも同じだった。「倒産し、母を含めて全員の財産を失い、ひどい不景気の中で一生懸命働いてくれた人たちを全員レイオフしなければならず、私を信じてくれた顧客全員が困難に陥り、私の評判は地に堕ちる」。もちろん、その質問で気分が楽になったことなど一度もなかった。

平時のCEOから戦時のCEOへ

そしてある日、私は別の質問を自分にぶつけてみた。「もし倒産したら、私は何をするだろうか?」。思いついた答えに、私自身が驚いた。「ラウドクラウドで動作しているソフトウェア、オプスウェアを残存資産から私が買い上げ、新しいソフトウェア会社を興す」。オプスウェアは、クラウドを運営するためのさまざまなタスクを自動化するためにわれわれが開発したソフトウェアだった。サーバーとネットワーク機器の設定、災害時の環境復帰などを実施する。そして私はもうひとつ自分に質問をした。「倒産せずにそれをやる方法はあるのか?」

私の頭の中で、ソフトウェアビジネスに移行するさまざまなシナリオが駆け巡った。どのシナリオも、第一ステップはオプスウェアをラウドクラウドから切り離すことだった。オプスウェアは、ラウドクラウド上で動作するためだけに開発されたため、ほかの環境で動作できない制約が数多くあった。私は共同創業者でCTOのティム・ハウズに、オプスウェアをラウドクラウドから切り離すのにどれだけ時間がかかるかと尋ねた。彼は約9カ月だと言ったが、のちにそれはかなり楽観的だったことがわかった。ただちに私は、エンジニア10名のチームを立ち上げ、「オキサイド」と名づけたそのプロジェクトを開始させた。

この時点で、会社のビジネスはまだクラウドであり、ほかのスタッフにはそんな新しいアイデアがあるそぶりは一切見せなかった。スタッフに知られたら、唯一のビジネスを今すぐ破滅させることになりかねない。誰だって過去より未来のために働きたいだろう。オキサイドについては、単なる新しい製品ラインだと言っていた。

ところがこの発言が、ふたりの従業員を深く心配させた。ふたりともスタンフォード・ビジネススクールの出身だった。彼らは私のアポを取り、オキサイドを立ち上げるという私の決定が非現実的で、見当外れで愚かだと詳しく説明するプレゼンをした。彼らはそれを、会社の中核ビジネスから貴重なリソースを奪い、間違いなく失敗する製品を推進しようとするものだと主張した。私は、一切質問もせずに、彼らの45枚のスライドを最後まで見届けた。プレゼンが終わると私はこう言った。

「こんなプレゼンなんか頼んだ覚えはないぞ」。それは、私が平時のCEOから戦時のCEOへと変遷を遂げたあと、最初に発した言葉だった。

私がCEOであり、ラウドクラウドが上場企業であったために私以外には全体像が見えていなかった。私は、会社が極めて深刻なトラブルに陥っているとわかっていた。私以外にこのトラブルから会社を救える者はいないし、私はすべての事情を理解していない人たちからのアドバイスに聞き入っていたのだ。私にはあらゆるデータと情報が必要だったが、会社の方向性に関する提言はいらなかった。今は戦時なのだ。会社が生きるも死ぬも、私の決断の質次第であり、その責任を回避したり、緩和したりする術はなかった。私が雇い、会社に命を預けた人たち全員が、何の成果も出ないまま家に帰されるようなことがあれば、私にできる言い訳など何もない。

「ひどい経済環境だった」「アドバイスが悪かった」「物事の移り変わりが速すぎた」などとい

うセリフは許されない。選択肢は、生き残るか、完全崩壊のどちらかだ。たしかに、ほとんどの物事は委託できたし、ほとんどのマネジャーにはそれぞれの専門分野で判断を下す権限が与えられていたが、どうすればラウドクラウドが生き残れるのかという根本的な問題は私の問題であり、私にしか答えられないものなのだ。

われわれは2001年第4四半期をなんとか乗り切り、年間売上は5700万ドルと、予測の5500万ドルを上回った。大きな勝利ではなかったが、その年の目標を達成した会社はほとんどなかったので、私は小さな勝利と解釈した。株価はゆっくりと4ドルまで上がり、クラウドビジネスをやっていけそうに思えた。

ただし、もっと現金が必要だった。われわれは注意深く財務計画を立て、キャッシュフローが損益ゼロ、つまり資金調達をしなくても済むためには、あと5000万ドルが必要だと判断した。市場でのラウドクラウドの勢いを踏まえると、資金調達はほとんど不可能であり、唯一の方法は滅多に使われないPIPE（注）という方式での資金調達だった。

われわれはモルガン・スタンレーの協力のもと、調達目標を5000万ドルとして、投資家を列挙した。月曜日の朝、翌日にPIPEによる調達を開始する準備が整ったところに、電話がかかってきた。「ベン、エイトリアクス社のCEOから電話です。つなぎましょうか？」。エイトリアクスというのは、シティバンクとドイツ銀行が出資したオンライン外国為替サービスで、ラウドクラウドの最大の顧客だった。エイトリアクスは毎月100万ドル以上をわれわれに支払い、2年保証付きの契約を交わしていた。私は、人事担当副社長のデブ・カサドスとミーティング中だったが、「つないでくれ」と言った。

そのＣＥＯは、エイトリアクスが倒産し、未払い金の２５００万ドルを支払えないことを私に伝えた。その瞬間、まるで地球が回るのを止めたかのようだった。私はその場に座ったまま、副社長のデブが声をかけるまで放心状態だった。「ベン、ベン、ベン、このミーティングは後にしたほうがいいですか？」「ああ」と私は答え、ゆっくりとＣＦＯの部屋へ行き、損害を評価した。それは思っていた以上にひどかった。

最大の顧客を失ったことと、財務計画から２５００万ドルが消えたことを公表せずに、資金調達はできなかった。われわれはＰＩＰＥロードショウを延期し、プレスリリースを発行した。株価はただちに50パーセントも下がり、急落した1億６０００万ドルの時価総額では、ＰＩＰＥで５０００万ドルを集めることは不可能だった。収支ゼロに５０００万ドル足りなかった計画は、エイトリアクスを失ったことによって７５００万ドルの不足となり、その差を埋める術は見当たらなかった。

ラウドクラウドは万策尽きた。新プロジェクトのオキサイドを展開するしかなかった。

事態は複雑だった。なぜなら従業員４５０人のうち、４４０人がクラウドビジネスに従事しており、クラウドビジネスはわれわれの全顧客を抱え、全売上を生んでいたからだ。私は従業

注　Private Investment in Public Equity。株式の募集・売り出しの際に、限定された投資家に対して募集・売り出しをする私募の方式。

員たちに、いや経営幹部たちにさえ、クラウドビジネスの断念を考えているとは言えなかった。そんなことを言ったら株価は暴落し、会社を売って倒産を免がれる望みが断たれるからだ。

私にとって必要でかつ信用できる人物のひとりは、ジョン・オファレルだった。ジョンは事業と経営企画を見ていたが、彼は私が知る中でもっとも偉大な人物だった。仮にあなたが信心深い人だったとしよう。説明のための仮定の話だ。あなたは人生の終末を迎え、創造主の最終判決を待っている。さらに、あなたの運命は永遠に決定されるものであり、あなたは自分の代わりに交渉してくれる人物をひとり与えられている。あなたは誰を選ぶだろうか？ そう、私ならあのアイルランド人、ジョン・オファレルを指名する。

私はジョンに、彼と私とで非常事態計画を実行する必要があり、今すぐ始めなければならないと伝えた。これはふたりプロジェクトとしてスタートし、それ以外の全員はラウドクラウドの現金消費を減らすという目の前の仕事に集中する必要があった。次に私はビル・キャンベルに電話をかけ、われわれがクラウドビジネスをやめようと考える理由を説明した。

ビルは危機がどんなものかを理解した。１９９０年代初めにゴー・コーポレーションのＣＥＯだったからだ。ゴーは１９９２年にｉＰｈｏｎｅのようなデバイスをつくろうとして、結果的に史上最大のベンチャーキャピタル損失のひとつとなった。私はビルに、私の論理を説明した。倒産せずにクラウドビジネスをやめる唯一の方法は、売上を伸ばすことである。なぜなら、仮に従業員全員をレイオフしても、急激な売上成長がなければ、結局、設備費で会社が潰れるからだ。さらに私は、現金残高の減少によって顧客の信頼を失い、それが売上に悪影響を及ぼし、その結果、現金残高がさらに落ち込むことを説明した。彼はただ「悪循環」とだけ言った。私には彼が理解したことがわかった。

ジョンと私は、エコシステムの綿密な計画を立て、どの会社がラウドクラウドのビジネスの買収に関心があるかを調査した。残念ながら、買い手候補の多くは、自分自身が苦境に立たされていた。大手通信会社のクエストとワールドコムは、不正会計裁判の渦中にあり、エクソドスはすでに倒産していた。われわれは、可能性がもっとも高い買い手3社に的を絞った。IBM、ケーブル・アンド・ワイヤレス、EDSだ。

気心の知れたジム・コーゲル率いるIBMのホスティング・ビジネスは、すぐに強い関心を示した。ジムはラウドクラウドのブランドと技術的優位性を評価していた。一方、EDSはまったく関心を示さなかった。このことは、両社の公開資料をすべて当たるうちに、私を強く不安にさせた。EDSのほうがIBMよりはるかにラウドクラウドを必要としていたからだ。合併と買収において、「ニーズ」は常に「ウォンツ」に勝る。

ジョンが私に言った。「ベン、EDSからは手を引いて、もっと確率の高いターゲットに集中するほうがいいと思う」。私はジョンにもう一度EDSの組織図を洗い直すように頼み、EDSに影響力があり、われわれがまだアプローチしていない人物を探すことにした。組織図を見て、私は尋ねた。「ジェフ・ケリーというのは誰だ？」。ジョンは一呼吸おいてから、「そうか、ジェフとはまだ話していないが、彼ならこの決断を下せるかもしれない」

案の定、ジェフは興味を示した。入札希望者がふたりになったら、ことを動かさなくてはならない。ジョンと私は必死に働きかけ、ＩＢＭとＥＤＳの両方に切迫感を抱かせた。時間が迫っていたからだ。両社を会社に招待し、時には廊下ですれ違わせた。ジョンが巧みに仕込んだセールステクニックだ。最後のステップは、大詰めの時間軸を決めることだった。ジョンと私は最良の方法を求めて議論を重ねた。決めようとしていたデッドラインは完全に恣意的なものだった。私はテキサス州プレイノへ行く途中、ＥＤＳ本社のあるロサンゼルスに立ち寄り、マイケル・オービッツのアドバイスをもらおうと提案した。

マイケルはラウドクラウドの取締役であるだけでなく、多くの評論家の間で「ハリウッドでもっとも力を持つ人物」として知られていた。マイケルは28歳のとき、クリエイティブ・アーティスト・エージェンシー（ＣＡＡ）というタレント・エージェンシーを設立した。ＣＡＡの成長と共にマイケルの影響力は高まり、それまで実現したことのない契約を次々にまとめていった。

われわれが彼のオフィスに到着すると、場内は騒然としていた。マイケルは、10種類のやりとりに関わっているように見えたが、やがてジョンと私のところに来た。われわれは状況を説明した。時間との戦いの中にいて、入札者はふたりいるが、プロセスを早く終わらせるインセンティブは特にない。マイケルはしばらく考えたあと、アドバイスをくれた。

「私は数多くの取引の過程である方法を確立した。物事を進める方法、いや哲学と言ってもいい。その哲学の中で、私には確固たる信念がいくつかある。私は『恣意的に設定するデッドライン』の効果を信じている。私は競り合わせ効果を信じているのだ。契約のためなら、法や人の道に外れない限り、どんなことでもすべきだと私は信じている」

マイケルは、物事を極端にはっきりさせる方法を知っていた。われわれは礼を言って空港に向かった。EDSとIBMの両方に電話をかけ、今後8週間のうちに手続きを終え、ラウドクラウドを誰かに売るつもりだと伝えた。このスケジュールで動くか、今すぐ手を引くかしかない。マイケル・オービッツの恣意的なデッドラインは絶大な効果を発揮した。マイケルはわれわれに、デッドラインを過ぎることは設定しないより良い行動だと確信させてくれた。

7週間後、われわれはEDSと合意した。彼らはラウドクラウドを現金6350万ドルで買収し、事業継承に伴う責任と現金消費率を受け入れた。われわれは、知的財産とオプスウェアを引き続き保有し、ソフトウェア会社になった。そしてEDSは、われわれのソフトウェアをライセンスし、ラウドクラウドとさらに大規模なEDSのプラットフォーム上で、年間2000万ドルを支払って動かすことになった。これは、EDSにとっても、われわれにとってもすばらしい取引だと私は思った。倒産よりはるかに良かったことは間違いない。私は70キロは軽くなった気がした。18カ月ぶりに、大きく深呼吸することができた。それでも、簡単には行かなかった。ラウドクラウドを売ることは、約150人の社員をEDSに渡し、さらに140人をレイオフすることを意味していた。

私はビル・キャンベルにEDSとの合意という良いニュースを伝えた。契約の署名が済み、月曜日にニューヨークで発表する予定だ。ところがビルは、「残念ながら、きみはニューヨークの発表会には参加できない。マークに行ってもらう」と言った。

「どういう意味です？」と私は尋ねた。「きみは会社に残り、全員の立場を理解していることを確かめなきゃいけない。一日も待てない。いや、むしろ1分だって待てない。従業員たちは、自分がきみのために働くのか、EDSに行くのか、いまいましい職探しをするのかを知る必要がある」とビルは答えた。ビルは正しかった。

ニューヨークにはマーク・アンドリーセンに行ってもらい、私は従業員みんなに状況を説明する準備をした。このビルからの小さなアドバイスは、会社の建て直しに必要な土台になった。去っていく人たちを公正に扱わなければ、残った人たちは二度と私を信用しなかっただろう。恐ろしい、身の毛もよだつ、壊滅的な状況を何度か経験してきたCEOだけが、あのときのあのアドバイスを知っていたのだ。

第 3 章
直感を信じる

THIS TIME WITH FEELING

EDSへの売却が完了したあと、新会社のオプスウェアは順調のように思えたが、株主たちはそうは考えていなかった。私は全顧客、全売上、全事業を売却した。そのため大口投資家はわれわれの株をすべて売り払い、株価は1株当たり35セントまで下がった。われわれが銀行に保有していたキャッシュの約半分に相当する企業価値が消えた。私もほかのみんなも、どれだけ悪いことが起きたのかわからなかったし、私以外には誰も未来を信じていないとわかった。私は従業員を外へ連れ出し、この機会に改めて会社に残るよう説得することにした。

サンタ・クルーズの一番安いモーテルを40室借りて、80人の社員を連れて行き、一夜は飲み、次の日はオプスウェアで働く条件を説明した。私はできる限り誠実に、かつ人間らしく振る舞うよう努めた。

「きみたちの目の前にあるチャンスについて、私が知っていることすべてを話した。ウォール街は、オプスウェアを良い事業だと思っていないが、私は思っている。ただ、きみたちがそう思えなくても、私はそれを理解できる。私から聞きたいのは、きみたちが今日辞めるのをやめたかどうかだ。真新しい会社だし、真新しい挑戦なので、今日は全員に新しい株式を付与する。私から聞きたいのは、きみたちが今日辞めるのをやめたかどうかだけだ。辞めるとしても、きみたちをただ送り出すつもりはない——私が職探しを手伝う。しかし、その前に今のわれわれの立場を知っておく必要があるだろう。誰が仲間で、誰を頼れるかを把握する必要がある。われわれはゆっくり血を流して死んでいくわけにはいかない。きみたちはチームメイトに正直でなければならない。自分の立場をみんなに教えてほしい」

その日、ふたりが辞めた。ほかの78人中、ふたりを除く全員が、5年後にHPにオプスウェアを売却するまで在籍した。

社外ミーティングのあと、私が最初にしなければならなかったのは、株価を上げることだった。ナスダックは素っ気ない手紙を私に寄こして、株価を1ドル以上に上げられないなら上場を廃止し、株価1ドル未満のペニーストックという名の煉獄（れんごく）に送り込むと言ってきた。取締役会では株式併合、買い戻し、その他の選択肢というように最良の方法を議論したが、私はただ、われわれのストーリーを伝えるだけでいいと感じていた。

ストーリーは単純だった。オプスウェアにはすばらしいチームがあり、銀行には6000万ドルがあり、EDSとは年間2000万ドルの契約があり、いくつかの重要な知的財産がある。私が史上最悪のCEOでない限り、会社の価値は3000万ドルを下らないはずだった。ストーリーは人々の心に届き、株価は1ドルを超えた。

次に、製品を出荷しなければならなかった。オプスウェアはラウドクラウドのためにつくられ、ラウドクラウド上でしか動作しなかった。まだ、世界を目指す準備もできていなかった。実際、コードの一部は、われわれのビルにあるハードウェア向けに固定化されていた。さらにユーザーインタフェースも、表舞台に出すにはほど遠い品質だった。ネットワークの管理機能は、でたらめを意味する「ジャイブ」と呼ばれていて、メイン画面には紫色の怪しげな帽子が描かれていた。プロジェクト・オキサイドは動き始めたが、エンジニアたちは不安だった。彼らは、製品を市場に出す前にしておくべき作業の長いリストを私のところに持ってきた。そして、より洗練された競合製品の名前を挙げた。

延々と続くエンジニアたちの反論を聞いていると、彼らが加えたがっている機能はいずれもEDSの要求だと気づいた。たとえつらくても、正しい製品をつくる知識を得るには、もっと広い市場に出る必要があった。逆説的ではあるが、その唯一の方法は、間違った製品でもいいからまず売ってみることだった。無残に失敗する危険はあるが、生き残りに必要なことをいち早く学べるはずだ。

最後に経営陣を刷新する必要があった。会社には、ソフトウェアの経理を知らないCFO、ソフトウェアを売ったことがないセールス責任者、われわれの市場を知らないマーケティング責任者がいた。いずれも元の仕事では優れた人材だったが、新しい仕事に就く資格を持っていなかった。彼らが去るところを見るのはつらかったが、必要なことだった。

戦略とチームが一体となることで、ビジネスが動き出した。着実に新規顧客を増やし、株価は底値の35セントから7ドル以上へとはね上がった。ついに困難を脱したように感じた。

もちろん、それは間違いだった。

60日の命

オプスウェアで何度目かの四半期が過ぎたあと、最大顧客のEDSから悪い知らせが入った。EDSは単なる「最大顧客」ではなく、売上の90パーセントを占めていた。その顧客が不満を持っている。EDSでのオプスウェアの展開は複数の技術的な問題が原因で停滞し、目標を達成できていなかった。ＥＤＳは契約を解除して返金するよう求めてきた。返金したら、オプスウェアは終わる。10パーセントを除く全売上を占める顧客と大きな論争になることもまた、オプスウェアの終わりを意味していた。再び窮地に追い込まれた。

私はＥＤＳ担当のふたりを呼び、ミーティングを開いた。

ジェイソン・ローゼンソールは、私が雇った最初の社員であり、会社で一番のマネジャーだった。スタンフォードのＭＢＡで完璧な記憶力と複雑なプロジェクトを細かく管理する天才的な能力を持ち、ＥＤＳを受け持っていた。もうひとりのアンソニー・ライトはピッツバーグの治安の悪い地域で育った。伝説的ストリートファイター、ジョン・ライトの息子で、彼自身もいくつかの格闘技で黒帯を取得していた。独立心が強く、確固たる意思を持ち、失敗を嫌うアンソニーは、人々の性格や動機を即座に読み取る神秘的な能力を備えていた──「犬に魔法をかけて肉屋のトラックから引き離す能力」と、チームメンバーはライトの能力を表現した。アンソニーはＥＤＳの顧客関係マネジャーだった。

まず、いったい何が起きたのかを調べた。そして、さまざまなことが起きていたことがわかった。ＥＤＳの環境は異常で混沌としていた。一度でも登録したユーザーのネットワーク環境は全世代分継承していた。また、彼らのデータセンターは56キロビット／秒の回線で接続され、顧客に至ってはその20分の1の遅さでしか接続されていなかった。さらに、ＥＤＳで動いているＯＳのバージョンはあまりにも古く、スレッドのように基本的な機能でさえ、サポートしていなかった。つまり、われわれのソフトウェアはＥＤＳの環境では動かないということだ。

そして、EDSで働いているのは、われわれの従業員ではなかった。データセンターでは、午後2時に寝ている従業員もいた。彼らにモチベーションはなく、概してあまり幸せそうではなかった。オプスウェア製品も完璧にはほど遠く、多くのバグや欠陥を抱えていた。

私はしばらく間をおいて、頭を抱えたあと、指示を出し始めた。注意深く言葉を選んだ。

「事態の難しさはわかっているし、何よりもこれまでの努力に深く感謝している。しかし、われわれが置かれている状況を私自身が明確に理解しているとは思えない。それでも、言い訳が通用するような事態ではない。絶対に勝たなければいけない戦いだ。EDSに逃げられたら、オプスウェアは崩壊する、もう終わりだ。われわれが死んだら、IPOも、オプスウェアの破産を回避したことも、レイオフも、痛みも、全部無意味になる。つまり、選択肢は勝利しかない。これに負けるわけにはいかないんだ。

ジェイソン、会社の運命はきみにかかっている。必要なものはなんでも、私が必ず手に入れる。アンソニー、ジェイソンはEDSが期待するものすべてを提供しようとしているが、失敗するだろう。ジェイソンは、期待に100パーセント応えようとして失敗するから、今からきみの使命は、EDSが期待していないけれど欲しがっているものを見つけることだ。きみの仕事はそんなワクワクする価値を見つけ出すことだ。きみが見つけたら、われわれが実行する」

ジェイソンとアンソニーは、EDSの担当者と会うために、テキサス州プレイノへ向かった。EDSで誰が決定権を持つのかわからなかったが、山ほどのミーティングと困難のあと、私はフランク・ジョンソン（仮名）と呼ぶ人物と接触する方法を見つけ出した。オクラホマの油田で育ったその大男は、ウェストポイント陸軍士官学校を卒業して現在はEDSのどのサーバーであれ、それに触われる人間全員を仕切っていた。アンソニーとジェイソンは、オプスウェアのテクノロジーとコスト削限の可能性をしつこく売り込んだ。

少し話を聞いたあと、フランクは座っていた椅子を引き、立ち上がってこう叫んだ。

「私がオプスウェアをどう思っているか知りたいんだって？　あれはどうしようもないクソったれな代物だと思っている。朝から晩まで、どれだけあれがダメな製品かという話ばかり聞かされている。ここからきみたちを追い払うためなら、どんなことでもするつもりだ」

フランクは、今すぐわれわれのソフトウェアを撤去し、全額返金を要求するつもりだと明かした。紛れもなく本気だった。アンソニーは冷静さを保ち、フランクの目を見ながら言った。

「フランクさん、おっしゃる通りにするつもりです。お話はよくわかりました。これは、お互いにとって最悪の時間です。電話を貸していただければ、ベン・ホロウィッツにあなたの指示を伝えましょう。しかしその前に、ひとつ伺いたいことがあります。弊社がこれらの問題を修正すると保証したら、どれだけ時間をいただけますか？」

「60日」とフランクは答えた。アンソニーは、「時計は今動き始めた」と告げると、すぐに部屋を出て行った。それは良い知らせだった。問題をすべて修正するための時間は、60日ちょうどだった。もしできなければ、われわれは終わりだ。われわれの命はあと60日になった。

私の経歴の中で早くに学んだ教訓は、大企業でプロジェクト全体が遅れる原因は、必ずひとりの人間に帰着するということだった。エンジニアが決断を待って立ち往生しているかもしれないし、マネジャーが重要な購買の権限が自分にはないと思っているかもしれない。そういう小さな、一見些細なためらいが、致命的な遅れの原因になりかねない。私には一切のためらいも許されなかったので、アンソニーとジェイソンとチーム全員によるミーティングを毎日設定した——ただし、彼らの拠点はテキサス州プレイノで、私はシリコンバレーにいた。目的は、あらゆる障害を取り除くことだった。いかなる理由で停滞していたとしても、それを24時間以上続けてはならない——次のミーティングまでの時間だ。

一方アンソニーは、われわれがEDSに提案できるワクワクする価値を必死になって探していた。まず、われわれの運命は変えられないが、重要な手掛かりとなる小さなことから始めた。EDSの主要幹部であるフランクを飛行機に乗せ、わが社きってのエンジニアとアーキテクトに引き合わせた。出張を手配する際にアンソニーは、フランクが空港での乗り継ぎ時間をできる限り長くするよう要求してきたと伝えた。私は聞き間違いかと思った。

ベン：えっ、乗り継ぎ時間を長くしろだって？
アンソニー：はい。
ベン：空港で長く待ちたい人間がどこいるんだ。
アンソニー：どうやらフランクは、乗り継ぎの間に空港のバーで過ごすのが好きらしい。
ベン：なぜそんなことが好きなんだろう。
アンソニー：私も同じ質問をしました。フランクはこう言ったんです。「仕事も家族も大嫌いだからだ」

なんということだ。その時まで、自分が誰と仕事をしているかまったくわかっていなかった。フランクの世界観が、オプスウェアの連中とどれほど違っているかがわかり、私の頭の中は見通しがよくなった。フランクは、われわれにめちゃくちゃにされると思っていたのだ。それが彼の仕事にも、おそらくプライベートにも、常に起きていることだったのだろう。彼の心理を打ち砕くために、何かドラマチックなことが必要だった。付き合うべき相手は、空港のバーであって、彼の仕事でも家族でもない。

そのころジェイソンは、チームを率いて容赦のない正確さで開発を進めていた。プロジェクトに突入してから1カ月が過ぎたころには、サンノゼ‐ダラス間のフライトに乗務していたサウスウエスト航空のクルーがジェイソンとチーム全員の名前を覚えているほど行き来していた。進捗は順調だったが、まだ十分ではなかった。EDSの全面展開は60日では終わりそうにない——だからアンソニーにワクワクする価値を提示してもらう必要があった。

私がオフィスで急展開を期待していると、携帯電話が鳴った。アンソニーからだった。

アンソニー：ベン、やったと思う。

ベン　：やったって何を？

アンソニー：ワクワクさせる価値があるのは、タングラムです。

ベン：なんだって？

アンソニー：タングラムですよ。ＥＤＳはハードウェアとソフトウェアの在庫管理に、タングラムという会社の製品を使っているんです。フランクはこれを大いに気に入っていますが、購買部門はそれをコンピュータ・アソシエイツ（ＣＡ）の同等品に乗り換えさせようとしています。なぜなら、ＥＤＳとＣＡとの契約の一環として無料で使えるから。フランクはＣＡ製品を忌み嫌っています。フランクはまたひどい目にあわされると思っているんです。

ベン：それで、うちに何ができる？

アンソニー：タングラムがオプスウェアに無料で付いてくれれば、フランクはうちを大好きになるでしょう。

ベン：それは経済的に不可能だろう。オプスウェアがタングラムのライセンスを買ってＥＤＳに譲るとなると、すごい金額になる。そんなことはウォール街に説明できない。

アンソニー：あなたはＥＤＳが本当に欲しがっているものを探してこいと言いました。彼らはタングラムを欲しくてたまらないのです。

ベン：わかった。

私はタングラムを知らなかったので、すぐに調べてみた。ノースカロライナ州ケーリーの小さな会社だが、ナスダックに上場していた。タングラムの時価総額を調べたところ、何かの間違いかと思った。タングラム・エンタープライズ・ソリューションズは、ヤフー・ファイナンスによると、時価総額600万ドルだった。こんなに安い上場企業は聞いたことがなかった。すぐに私は、事業開発部長のジョン・オファレルを呼び、タングラムを買収したいこと、あらゆる手続きを極端に速く進める必要があることを伝えた。タングラムの買収は、EDSの60日間の窓が閉じる前に完了させなければならなかった。

タングラムは、暫定CEOのノーム・フェルプスが率いていた。それは会社を売りたがっているというすばらしい兆候だった。なぜなら、ほとんどの取締役はサイコロを振って新しいCEOを雇うよりも、会社を売却するほうをずっと好むからだ。ジョンがタングラムと接触すると先方はすぐに興味を示した。われわれはチームを編成してデューディリジェンスと呼ばれる会社評価手続きと並行して買収交渉を始めた。デューディリジェンスが終わると、私はチームを連れ戻した。チームメンバーは声をそろえて、タングラム買収は悪いアイデアだと言った。テクノロジーの統合は困難だし、その価値もないと言うのだ。ノースカロライナ州にある15年経った会社で、テクノロジーも古かった。財務チームは、この買収を金の無駄だと考えた。私は話を聞き、そして、何ひとつとして気にならないと言った。われわれはタングラムを買収する。チームはショックを受けたようだったが、異論を挟む者はいなかった。

ジョンと私はタングラムを現金および株式1000万ドルで買う交渉を進めた。そして、EDSの60日の期限が来る前に契約を締結した。私はEDSのフランクに電話をかけ、取引が完了したらタングラムのソフトウェア一式を、オプスウェアの契約の一環として無料で提供すると伝えた。フランクは有頂天になった。これでフランクのタングラム問題が片づいた。フラン

した。

また始まった。競争力のない製品、下降する株価、そして疲弊したチーム――。会社は間違いなく窮地に立たされていた。さらに悪いことに、ラウドクラウドとオプスウェアで、「常勤取締役会長」としていつも共に働いていたマーク・アンドリーセンが、ニングという新会社を設立する決断をした。その時点でのオプスウェアの成否は、開発チームと私にかかっていたものの、この決断はタイミングが悪すぎた。会社に死期が迫っているだけでなく、顔の広いマークという広報責任者が別のことを始めようとしている。何ということだ。あれだけの出来事のあと、また別の未踏の険しい山に登れなんて誰が言えるだろうか。私だって自分自身を鼓舞することさえ、おぼつかない。

もはや、ストーリーも、話すべきスピーチも、かけ声すらなくなった気がした。私はチームにすべてを打ち明けることにした。エンジニアリング・ミーティングを開き、こう語った。

「いくつか悪い知らせがある。ブレードロジックにやられている。これは製品の問題だ。これが続けば、会社を叩き売らなくちゃならない。勝てる製品を持たない限り、生き残る道はない。そのために、きみたち全員にがんばってもらう必要がある。今晩家に帰ったら、奥さんやご主人、大切な人、誰であれきみたちのことを一番気にかけている人と真剣に話し合って、こう言ってもらいたい。『ベンが向こう半年間、私を必要としている』。会社に朝早く来て、遅くまでいてもらいたい。夕食はおごる。私も一緒にここにいる。失敗は許されない。銃には一発だけ弾が残っていて、標的に命中させなくてはならない」

チームにまたも大きな犠牲を強いるのは、つらかった。しかし驚いたことに、この本を書いているうちに、私はいい気分でいるべきだったと気づいた。最高のエンジニアのひとり、テッド・クロスマンが当時について、そしてその名もふさわしいダーウィン・プロジェクトの立ち上げについて、何年もあとにこう話した。

ラウドクラウドとオプスウェアで、ダーウィン・プロジェクトは一番楽しく、一番大変なプロジェクトだった。週7日間、朝8時から夜10時まで、6カ月間休みなく働き続けた。あれはとんでもなかった。週に一度、妻と夜にデートをして、午後6時から深夜0時まで全神経を妻に集中させた。そして翌日、それが土曜日であっても、午前8時に会社に戻り、夕食まで会社で過ごした。家に帰るのは10時から11時だった。毎晩だ。そして、それは私だけではなかった。社員全員がそうだった。

われわれに期待されていた技術的な仕様はすばらしいものだった。どうやって実現するかブレインストーミングを重ね、それを実際の製品へと落とし込んでいった。

大変だった。しかし楽しかった。その間に誰かがいなくなった記憶はない。あれはまるで、「やるしかない。やらなければここにいられない。ほかの仕事を探さなくちゃならない」という雰囲気だった。それは、固い絆で結ばれたグループだった。多くの未熟な連中が、本当に一段成長した。海に放り込まれて「さあ泳げ」と言われたことは、彼らの成長にとってすばらしい経験だった。

6カ月後、突如として会社は、これまでになかった概念実証の契約が取れるようになった。プロジェクトの実現可能性を示すための実験の契約だ。ベンはすばらしい仕事をした。われわれにフィードバックを返し、終わったときにはみんなの背中を軽くたたいてねぎらった。

8年後、テッドのこの文章を読んで、私は泣いた。泣いたのは、私が何もわかっていなかったからだ。すべてをわかっていると思っていたが、実際にはそうではなかった。私は、みんなに多くを望みすぎていると思っていた。ラウドクラウドをやっとのことで救った直後に、次に生きるか死ぬかのプロジェクトを成し遂げる者などいないと思っていた。ああ、今わかっていることを、あのころにわかっていれば……。

次には、製品仕様の定義という難物が待っていた。製品計画は、既存顧客からの何百という要求に足を引っ張られた。製品管理チームは、ブレードロジックに勝てそうな機能よりも、良い機能となりそうな機能を優先させることにアレルギー反応を示した。製品管理チームは、「正しいとわかっている要望に背を向け、役に立つかもしれない何かを追求するなんてできない」と言う。

このやりとりは製品戦略のすべてを物語っている。正しい製品を見極めるのはイノベーターの仕事であり、顧客のすることではない。顧客にわかるのは、自分が現行製品の経験に基づいて欲しいと思っている機能だけだ。イノベーターは、可能なことはすべて取り入れられるが、顧客が真実だと信じていることを無視しなければならないことも多い。つまり、イノベーターには知識、スキル、そして勇気が必要になる。時として、創業者だけがデータを無視する勇気を持ち合わせていることがある。時間がなかったので、私が介入する必要があった。

「元からある要求は気にしなくていい。きみたちには、製品を再発明してもらわなくてはならない。そして、勝たなくちゃならないんだ」

9カ月後に新製品をリリースしたとき、われわれはどんな契約でも取れた。新製品で武装したセールス部門の責任者のマーク・クラニーは、戦場に出かけていったのだ。

最強のセールス部隊を編成したクラニーは、販売プロセスを全面的に見直し、セールス担当者全員を過酷で妥協のない訓練プログラムに送り込んだ。クラニーは熟練を求めた。技術、技巧、知識におけるどんな不手際も、クラニーの容赦ない批判の的になった。

毎週開催される販売会議では、クラニーが全契約をセールス部隊全員の150人の前で確認した。ある日の会議で、セールス担当者のひとりが交渉中の契約を詳しく説明した。

セールス担当：私の担当顧客とその直属の上司である副社長、それに購買責任者から打診が来ています。担当者は、四半期末までに契約できると請け合っています。

クラニー　　：ネットワーク部門の責任者とは話したのか？

セールス担当：ああ、いいえ、まだです。

クラニー　　：副社長とは直接話をしたか？

セールス担当：いいえ。

クラニー　‥わかった。よく聞け。きみがやるべきことはこれだ。まず、そのバラ色のメガネを外せ。次に綿棒で耳垢を掃除しろ。最後に、ピンクのパンツを脱いで、今すぐその副社長殿と話してこい。なぜなら、その契約はまだまるきり取れていないからだ。

クラニーは正しかった。実は、副社長が妨害していたために、契約の見込みはなかったのだ。われわれは最終的に、副社長とミーティングでき、契約を勝ち取った。さらに重要だったのは、クラニーの打ち出した方針だった――「手抜きは絶対に許されない」

競争力を取り戻したわれわれは、攻撃に転じた。私が主催する週間ミーティングのアジェンダに、「われわれが、今やっていないことは何か?」という項目を追加した。通常のスタッフミーティングでは、多くの時間をかけて、今やっていることすべてを見直し、評価、改善を行う。製品の開発、製品の販売、顧客のサポート、従業員の採用などだ。しかし、時としてやっていないことこそ、本来集中すべきことである場合がある。

ある日のミーティングで、その質問をしたところ、スタッフ全員の意見が一致した。それは、「ネットワーク運用管理の自動化に対応できていない」。ラウドクラウドで使っていたオプスウェアの最初のバージョンでは、ネットワーク管理を自動化していたが、ソフトウェアは不安定でユーザーインタフェースはけばけばしかった。ソフトウェア会社に移行してからも、サーバー構築の自動化に集中してその方針を見直すことはなかった。このときわれわれは、ネットワーク運用管理の自動化ツールを商品化する機会を得たのだった。

残念ながら、ソフトウェアは優れたコードではなく、商品化は困難だった。私の選択肢は、（1）新しいプロジェクトを始める、（2）既存のネットワーク自動化ツールを販売している企業を買収する——のどちらかだった。私がエンジニアとして働き始めたころに学んだ教訓は、客観的な判断は、コードの1行目を書くまでしかできないということだった。その後のすべての決断は感情的になる。しかも、業界最高のM&A交渉人であるジョン・オファレルがいたので、社内での開発を考える前に他社を調査することにした。

驚いたことに、既存のネットワーク自動化ツールをつくっていた4社のうち、一番優れた製品アーキテクチャを持っているとわれわれが考えていたレンディション・ネットワークスは、売上が最低だった。このため一部の経営陣は、われわれの技術評価を疑問視した。しかし、私に何か学んだことがあるとすれば、それは社会通念と真実の間には何の関係もなく、効率的市場仮説［市場は効率的であり、どのような情報を利用しても、他人より高いパフォーマンスを一貫して上げることはできないという説］がインチキだということだった。それ以外にどうやって、年間2000万ドルの契約と、世界一賢いエンジニア50人を抱えるオプスウェアが、保有現金の半分の価値で取引されていることを説明できるだろうか。市場は「効率的に」真実を見つけるのではない。結論——しばしば誤った結論——に落ちつくのが効率的なだけだ。

買収のほうが自社開発より有利だと確認したあと、われわれはレンディション・ネットワークスを3300万ドルで買収する契約を結んだ。買収契約締結から3カ月以内に、ジョンは世界最大のネットワーク会社であるシスコと交渉し、当社製品の再販契約を結んだ。契約には、上級ライセンスの前払い金3000万ドルを当社に支払う内容が含まれていた。こうして、シスコとの契約だけで、買収コストの90パーセント以上を回収できた。

自分へのメモ「やっていないことは何か？」を聞くのは良いアイデアだ。

究極の決断

幅広い製品群を送り出すにつれ、オプスウェアの勢いは強まっていった。われわれは、廃虚の中から年商1億5000万ドルになろうとするソフトウェアビジネスをつくり上げた。売上と並んで、株価も底値の0・35ドルから、6~8ドルへと上がり、時価総額が8億ドルを超えることもあった。

それでも、何もかもがバラ色ではなかった。どの四半期も厳しく、ライバルの状況やテクノロジー環境は急速な変化を続けた。仮想化と呼ばれるテクノロジーが、嵐のように市場を席巻し、システム環境の自動化への顧客の考え方を一変させた。実際私は、仮想化こそがクラウドコンピュータのビジネスモデルをようやく実現させる技術的なブレークスルーになるのではないかと恐れていた。それに加えて、上場企業でいることが楽になる気配はなかった。あるとき、レイチェル・ハイマンという物言う株主が、私のエゴは制御不能だと決めつけ、私を退陣させ、今すぐ会社を売却するよう取締役会に要求した。ハイマンの買い値の10倍である7ドルで株が取引されているという事実にもかかわらず、起こした出来事だった。

それでもなお、私は出口戦略を考えていなかった。買収を持ちかけられるたびに、「わが社は売りに出ていない」答えていた。これはうまい回答だった。なぜなら、売る準備が整っていないことを伝えると同時に、特に積極的な買収先には門戸を開いているという表現だからだ。「売りに出ていない」は、オファーに耳を貸さないという意味ではなく、単にこちらからは会社を売ろうとしていないという意味だ。だからBMCが当社を買いたいというそぶりを見せたときも、私はまったく気にとめなかった。当時オプスウェアは、1株6・50ドルで取引されていたが、そんな値段で売るつもりはなかった。しかし、今回はオファーのニュースが流れ、株価が9・50ドルに急騰したため、経済方程式が変わった。しかも、まったく誤った理由で株価が上昇していた。

皮肉なことに、株価が上がれば上がるほど、オプスウェアを買いにくる会社は多くなった。翌月までに、11社が興味を示した。ビジネスが不安定であったことと、倍増する収入を考えると、彼らの関心は無視するには大きすぎた。

手始めに、ジョンと私はマイケル・オービッツに電話でアドバイスを求めた。買い手候補のひとつ、オラクルが高値を付ける可能性は低いとわれわれは考えていた。なぜなら、財務分析が恐ろしく厳重な会社だったからだ。そのことをマイケルに伝え、オラクルと交渉すべきかどうか尋ねた。彼の返答には千金の価値があった。「いいかきみたち、ドッグレースをやるつもりなら、前を走るウサギが必要だろう。オラクルは、この上なくすごいウサギだ」

その戦略を手に、われわれは幅広い入札案をつくった。すべて1株当たり10ドルから11ドルの間で、最高値は現在の株価に38パーセント上乗せしていた。これはありがたい上乗せではあったが、この会社を1株当たり11ドルで売ることには抵抗があった。チームは働きすぎるほど働き、最高の結果を遂げ、われわれはこの上なくすばらしい会社だった。独立企業でいることのリスクは小さくなかったが、それでも私には自分たちのチームに賭けたい気持ちがあった。私は取締役会に、会社を売らないことを提言した。

取締役会は驚いたが、協力的だった。しかし彼らには、株主に対する受託者責任として、厳しい質問をする必要があった。「1株当たり11ドルで売る意思がないとしたら、いくらなら売るつもりなのか」。この質問には、しばらく考えさせられた。私はチームのみんなに、この会社が大きな市場でナンバーワン企業になれるなら、売るつもりはないと約束していた。われわれはナンバーワンだった。しかし、市場はどれほど大きかったのだろうか。チームは本当に続けたかったのか、それとも続けたかったのは私だけだったのか。会社をパニック状態にすることなく、そんなことがわかるのか。そして、自分自身への非常に長い問いかけが始まった。

それは死ぬまで続く、自分対自分の議論だった。一方で私は、仮想化によって仮想サーバーのインスタンスが大量発生すれば、われわれのやり方が以前にも増して重要になると主張した。しかし次の瞬間私は、それは真実かもしれないが、アーキテクチャを変更すれば、オプスウェアの立場は危うくなると思い直した。

私は何週間も自分と戦った末、物事の動きはあまりにも速く、トップであり続けるには、製品アーキテクチャに大幅な変更を加える必要があるという結論に達した。究極の質問に答えるための鍵は、チームの状態を知ることだった。彼らにもう一度巨大な挑戦に立ち向かう気力があるのか、それとも限界なのか。私は直属の部下たちを巻き込み、彼らの考えを聞いた。答えは明快だった。目前にあるチャンスはまだ相当大きいと感じたひとりを除き、全員が売ることを選んだ。残るは金額の問題だ。しかし、いくらだろうか。

ジョン・オファレルとの長い話し合いの末、この会社の売却に適正な価格は、1株当たり14ドル、評価額にして約16億ドルという決断を下した。その数字を持って、取締役会に臨んだ。取締役たちはこの金額は極端に高く、そんな水準の提示があるとは思えないと考えたようだったが、それでも協力的だった。私は購入希望者全員に電話をかけ、14ドル以上の価格しか検討するつもりがないことを伝えた。そして、買い手は現れなかった。

何の連絡もないまま1カ月が過ぎた時点で、私はM&Aの話は終わったと悟った。そして、競争力を保つために必要な変更を、どうやって施すかに再度集中しはじめた。そんなとき、BMCソフトウェアのCEO、ボブ・ビーチャンプから電話がかかってきた。彼は1株当たり13・25ドルを提示した。私は譲らなかった。「ボブ、すばらしい提案だが、1株当たり14ドルなんだ」。ボブは、考えてみると言った。2日後、また電話があり、彼は1株当たり14ドルを提案してきた。やった！　犬がおとりのウサギに首尾よく飛びついてくれたのだ。

ジョンと私は、すぐにほかの求婚者全員に電話をかけ、受入予定額の提示を受けたと知らせた。HPは興味を示し、1株13・50ドルで提案して、私のはったりでないことを確かめようとした。私は上場企業のCEOとして、低い額の提案は受けられないと答えた。最終的にHPは

1株14・25ドル、総額16億5000万ドルを現金で払うと申し出た。取引成立だ。

ついに買収交渉が終わったとき――ラウドクラウドからオプスウェアまでの長い道のりだった――8年の歳月と私の全生命力を投じたものを売ってしまったことが、私には信じられなかった。なぜ、そんなことをしたのか。私は落ち込んだ。私は眠れず、冷や汗をかき、もどし、そして泣いた。そして、この売却が自分のキャリアの中でもっとも賢明な行動だと気づいた。われわれはゼロからなにかをつくり、再びゼロになりかけたところから、16億5000万ドルのビジネスを再構築したのだ。

あの時点で、私は自分のビジネス人生が終わったように感じていた。私は、知り合いや見つけられる限りで最高の人たちを雇い、設立から上場から売却に至るまで、会社のあらゆる段階を乗り越えてきた。そのどれをとっても、もう一度やりたいとは決して思わない。しかし、実に多くのことを学んだ。まったく違うことを始めるのはひどく無駄なことのようにも思えた。そのとき私は、新しいタイプのベンチャーキャピタルをつくるというアイデアを思いついた。

このアイデアについては第9章で詳しく説明するが、その前に第4章から第8章では、この時点までに私が学んだことのほぼすべてに加え、ラウドクラウドとオプスウェアを経営した経験の中から、思い出話をいくつか紹介したい。

第 4 章

物事がうまくいかなくなるとき

WHEN THINGS FALL APART

ラウドクラウドのクラウドコンピューティング部門の売却を考えていた当時、私は最新状況を説明するため、ビル・キャンベルに会いに行った。この売却は決定的に重要で、この契約がなければ会社はほぼ間違いなく倒産していた。興味を示していたＩＢＭとＥＤＳ両社との状況について私が説明すると、ビルはしばらく考え込んだ。彼は私の目を見てこう言った。

「ベン、この契約を進めること以外にやるべきことがある。それは、顧問弁護士ときみのふたりだけで進める必要がある。会社倒産の準備をするんだ」

他人が聞いたら、ビルが用心深く私に危機管理計画を立てるようアドバイスしているように聞こえるかもしれない。しかし、彼の声と目の中の何かが、そうではないと語っていた。緊急時の対応計画こそが、今用意すべき計画なのだと語っていた。

ビルはこう言いたかったのだろう。われわれは売却契約をまとめようと歩き回っているものの、実はもう死んでいて、そのことに気づいていないだけだ。ビルは非常に言いづらかったが、そんな残酷なニュースを伝えられるのは無二の親友だけだ。避けられない葬儀に向けて、私自身の心の準備と会社の財務的準備をしておくように伝えたのだ。ＩＴ企業極寒の冬に、われわれを救う売却話がまとまる可能性はゼロに等しかった。おそらく私は、死んでいた。

しかし私は、その危機管理計画をつくらなかった。不可能と思われたラウドクラウドのシリーズＣの調達ラウンドとＩＰＯ手続きを通じて、私はある重要な教訓を得た――スタートアップのＣＥＯは確率を考えてはいけない。会社の運営では、答えがあると信じなきゃいけない。答えが見つかる確率を考えてはいけない。とにかく見つけるしかない。可能性が10に9つであろうと1000にひとつであろうと、する仕事は変わらない。

最終的に私は答えを見つけた。われわれはEDSへの事業の譲渡契約を成功させて、会社は倒産せずに済んだ。それでも、私はビルがあのとき倒産する確率が高いという真実を教えてくれたことを心から感謝している。それでも私は統計を信じない。


「成功するCEOの秘訣は何か」とよく聞かれるが、残念ながら秘訣はない。ただし、際立ったスキルがひとつあるとすれば、良い手がないときに集中して最善の手を打つ能力だ。逃げたり死んだりしてしまいたいと思う瞬間こそ、CEOとして最大の違いを見せられるときである。本章では、辞めたり吐いたりすることなく、困難を乗り切るための知恵をいくつか授けよう。

多くの経営書は、物事を正しく処理して失敗しないために何をすべきかに焦点を絞るが、ここでは大失敗したあとに何をすべきかについて考えよう。良いニュースは、私自身もほかのCEOも、大失敗の経験を豊富に持っていることだ。

この章では経営陣のクビを切ったり、社員をレイオフしたりする方法といった深刻な話題も扱うが、私はあえて大失敗のあとの悪戦苦闘という課題を最初に持ってきた。そうするために、私は「武士道」――戦士のとるべき道――の第一原則に従う。それは、「常に死を意識せよ」だ。

戦士が常に死を意識し、毎日が最後の日であるかのように生きていれば、自分のあらゆる行動を正しく実行できる。同じように、CEOがこの章で紹介する教えを守っていれば、雇用、教育、企業文化の形成において、常に視点を正しく保てるだろう。

悪戦苦闘

どの起業家も、成功への明快なビジョンを持って会社を立ち上げる。驚くような環境をつくり、もっとも優秀な人材を集めてくる。力を合わせて顧客を喜ばせ、世界をほんの少しだけ良くするすばらしい製品をつくる。どこから見ても最高だ。

そして、ビジョンを現実にするために昼夜を問わず働き、ある朝目覚めると、物事が計画通りに進んでいないことに気づく。あなたの会社は、会社を始めるときに聞いたツイッター創業者のジャック・ドーシーの基調講演のようには回っていない。製品は、非常に修正しにくい困難な問題を抱えている。市場は、本来あるべき状態になっていない。自信を失い、辞める社員もいる。辞めた社員のうちの何人かは非常に賢い人なので、残った社員は居残る意味があるのか疑問を抱き始める。現金は底をつき始め、ベンチャーキャピタリストは、迫り来る経済不況の中、資金調達は困難だとあなたに言う。ライバルとの戦いに敗れる。上得意の顧客を失う。卓越した社員を失う。八方塞がりだ。どこで間違えたのだろうか。なぜ会社は思い通り動かないのだろう。自分には経営能力があるのだろうか。夢が悪夢へと変わり、あなたは苦闘の中にいる。

人生は苦闘だ。

――哲学者　カール・マルクス

苦闘とは、そもそもなぜ会社を始めたのだろうと思うこと。苦闘とは、あなたはなぜ辞めないのかと聞かれ、その答えを自分もわからないこと。苦闘とは、社員があなたはウソをついていると思い、あなたも彼らがたぶん正しいと思うこと。

苦闘とは、料理の味がわからなくなること。苦闘とは、自分自身がCEOであるべきだと思えないこと。苦闘とは、自分の能力を超えた状況だとわかっていながら、代わりが誰もいないこと。苦闘とは、全員があなたをろくでなしだと思っているのに、誰もあなたをクビにしないこと。苦闘とは、自信喪失が自己嫌悪に変わること。苦闘とは、苦しい話ばかり聞こえて、会話していても相手の声が聞こえないこと。苦闘とは、痛みが消えてほしいと思うとき。苦闘とは、不幸である。苦闘とは、気晴らしのために休暇を取って、前より落ち込んでしまうこと。苦闘とは、多くの人たちに囲まれていながら孤独なこと。苦闘は無慈悲である。

苦闘とは、破られた約束と壊れた夢がいっぱいの地。苦闘とは冷汗である。苦闘とは、はらわたが煮えくり返りすぎて血を吐きそうになること。苦闘は失敗ではないが、失敗を起こさせる。特にあなたが弱っているときにはそうだ。弱っているときは必ず。

ほとんどの人は、そこまで強くない。

スティーブ・ジョブズからマーク・ザッカーバーグまで、どんな偉大な起業家も苦闘に取り組み、困難を乗り越えてきた。だからあなたはひとりではない。

しかし、ひとりでないからといって、あなたが成功するという意味ではない。うまく行かないかもしれない。だからこそ、苦闘なのだ。苦闘は、偉大さが生まれる場所である。

つらいときに役に立つかもしれない知識

苦闘を乗り越えるための答えはないが、私の助けになったことをいくつか紹介しよう。

■**ひとりで背負い込んではいけない。**自分の困難は、仲間をもっと苦しめると思いがちだ。しかし、真実は逆だ。責任のもっともある人が、失うことをもっとも重く受け止めるものだ。重荷をすべて分かち合えないとしても、分けられる重荷はすべて分け合おう。最大数の頭脳を集めよ。オプスウェアで競合に負け続けていたとき、私は全社員を呼び、「オレたちはケツを蹴られていて、出血を止めなければ死んでいく」と話した。誰もまばたきひとつしなかった。チームは持ち直し、勝てる製品をつくって、私のあわれなケツを救ってくれた。

■**単純なゲームではない。**苦闘は戦略が必要なチェスだ。ＩＴビジネスは、とてつもなく複雑になってきた。テクノロジーが動くとライバルが動き、市場が動き、人が動く。その結果、スタートレックの3次元チェスのように常に打つ手はある。売上200万ドル、社員340人の会社を上場して、翌年7500万ドルを売り上げるという方法はどうだろうか。私の打った手がまさにそうだった。2001年、IT企業が上場するには史上最悪の時期だと誰もが考えていたとき、私はそうした。6週間分の現金しか残っていなかった。打つ手は必ずある。

■**長く戦っていれば、運をつかめるかもしれない。**テクノロジーゲームでは、明日は今日とまったく違う。明日まで生き延びれば、今日はないと思えた答えが見つかるかもしれない。

■**被害者意識を持つな。**困難は、おそらくすべてあなたの責任だろう。人を雇ったのも、決断したのもあなただ。あなたは、リスクがあることを知っていた。誰でも過ちを犯す。どのCEOも、無数の過ちを犯す。自分を評価して、「不可」を付けたところで慰めにもならない。

■**良い手がないときに最善の手を打つ。**偉大になりたいならこれこそが挑戦だ。偉大になりたくないのなら、あなたは会社を立ち上げるべきではなかった。

終わりに

苦闘の真っただ中にいるときは、簡単なことはなにもなく、すべてが間違っているように感じる。奈落の底に落ちたら、二度とはい上がれない。しかし私の体験では、予想外の幸運と助けによって、抜け出せた。

苦闘に悩む人たちが強さを身に着け、平和を見つけられますように。

CEOはありのままを語るべき

創業者・CEOにとって経営上もっとも重要な教訓は、直感に反したものだ。私のCEOとして唯一最大の改善は、前向きになりすぎるのをやめたときに実現した。

若きCEOとして、私はプレッシャーを感じていた。社員に頼られるプレッシャー、自分が何をしているかよくわかっていないというプレッシャー、何千万ドルもの他人の資金に責任を持つプレッシャーだ。こうしたプレッシャーの結果、私は失敗を極端なほど深刻に受け止めていた。顧客の獲得に失敗したり、スケジュールに遅れたり、しっくりこない製品を出荷したりすると、それが私自身に重くのしかかった。責任を社員に委譲すれば、問題が大きくなると思っていた。明るく前向きに振る舞って、重荷のないチームを勝利に導くべきだと思っていた。でも、私は完全に間違っていた。

自分の間違いに気づいたのは、義理の弟のカーシューと話しているときだった。当時カーシューはAT&Tの電線作業員（電柱に登っている人）として働いていた。AT&Tの重役――フレッド・ジョンソンと呼んでおく――に会ったばかりだった私は、ジョンソンを知っているか、とカーシューに興奮して尋ねた。カーシューはこう答えた。「ああ、フレッドなら知ってるよ。四半期に一度やってきては、くだらない景気付けを言ってるよ」。その瞬間に私は、自分が前向きになりすぎて会社をダメにしていることに気づいた。

自分の中では、プラスを強調し、マイナスを無視することによって、全員の士気を高めているつもりだった。しかし部下たちは、現実が私の説明よりも微妙な状況だと知っていた。しかも彼らは、世界が私の言うようにバラ色ではないことを知っているのに、全社ミーティングのたびに私のくだらない景気付けを聞かされていたのだ。

なぜ私はそんな間違いを犯したのか、そしてなぜあれほど大きな間違いだったのだろうか。

ポジティブな妄想

会社で最高位にある人間として、悪いニュースの扱いには自分が一番長けていると考えていた。しかし、真実は逆だった。悪いニュースを私ほど深刻に受け止める者はほかにいなかった。エンジニアたちは、私が一晩中眠れなかった問題を簡単に聞き流していた。結局私は創業者でCEOなのだ。私は会社と「結婚」した人間だった。何かがひどい状況になったとき、彼らはそれを放置できるが、私にはできない。その結果、社員のほうがずっとうまく失敗に対処していた。

もっと愚かなことに、私は会社の問題を心配することが自分の唯一の仕事だと思っていた。もっと秩序立てて考えていれば、心配しているのは私ひとりで、たとえば製品がどこかしっくり来ないのは私がプログラムを修正しないからだと考えるなんて意味がない、と気づいたはずだ。その問題を修正できるだけでなく、熱中して意義を感じられる人間に任せるほうがずっとよい。

もうひとつ例を挙げよう。大きな潜在顧客を失ったときは、組織全体がその理由を理解しなければならない。そうすれば、みんなが力を合わせて、製品やマーケティングや販売プロセスの間違いを修復できる。私ひとりで失敗を抱え込んでいたら、そのプロセスをスタートさせる術はない。

ありのままに伝えることが重要

会社の問題を隠さないほうがよい主な理由は次の3つだ。

1　信頼

信頼なくしてコミュニケーションは成り立たない。具体的にはこうだ。

あらゆる人間のやりとりにおいて、必要なコミュニケーションの量は、信頼のレベルに反比例する。

次の状況を考えてみてほしい。私があなたを全面的に信頼していれば、あなたの行動について何の説明もコミュニケーションも必要ない。なぜなら、あなたがすることは、私にとって最大の利益を生むからだ。逆に私があなたをまったく信頼していなければ、いかなる会話、説明、推論も、私に何の影響も及ぼさない。なぜなら、あなたが真実を言っていると思っていないからだ。

会社という環境において、これは決定的に重要なポイントだ。会社が大きくなるにつれて、コミュニケーションは最大の課題になる。社員が基本的にCEOを信頼していれば、コミュニケーションの効率は圧倒的によい。物事をありのままに伝えることは、この信頼を築く上で決定的に重要である。時間と共にこの信頼を築くCEOの能力が、好調な会社と混沌としている会社を分ける。

2　困難な問題に取り組む頭脳は多いほど良い

すばらしいテクノロジー企業を築くには、驚くほど賢い人々を大勢集めなくてはならない。たくさんの大きな脳を最大の問題に使わないのは、大いなる無駄遣いだ。脳は、たとえどんなに大きい脳でも、知らない問題は解決できない。オープンソースコミュニティがこう言っている。「十分な数の目玉があれば、どんなバグも洗い出される」

3　良い企業文化は、昔のRIPルーティングプロトコルに似ている――悪いニュースは速く伝わり、良いニュースは遅く伝わる

失敗した会社を調べてみると、多くの社員が、致命的問題が会社を死に至らしめるずっと前

から、その問題を知っていたと判明する。命取りになる問題に気づいていたのに、なぜ何も言わなかったのか。多くの場合、会社の文化が悪いニュースを広めることを妨げ、手遅れになるまで情報が眠っているからだ。

健全な企業文化は、悪いニュースの共有を促す。問題を隠し立てせずに自由に語れる会社は、迅速に問題を解決できる。問題を隠蔽（いんぺい）する会社は、関係者全員をいら立たせる。CEOは、問題があることを知らせた人を罰してはならない。問題を明らかにした人々に報酬が与えられる文化をつくる必要がある。

当然、社内での情報拡散を妨げる経営格言には要注意だ。たとえば、古い経営規範に、「問題を持ってくるなら、答えも一緒に持ってこい」という言葉がある。ただし、その社員が重要な問題を解決できないときはどうなるだろうか。たとえば、あるエンジニアが自社が販売している製品に重大な欠陥があることを発見したら。あなたは本当に、その情報を隠してほしいと思うだろうか。経営に関するこの手の決まり文句は、社員に観念的な目標を抱かせるには良いのかもしれないが、情報の自由な流れにとっては敵であり、それは会社の健全性にとって致命的かもしれない。

最後に

会社を経営していると、過度に前向きにならなくてはならないという心理的に大きなプレッシャーを経験することがあるだろう。重圧と戦い、恐怖と向き合って、ありのままを伝えてほしい。

人を正しく解雇する方法

われわれがオプスウェアをＨＰに売却して間もなく、私はセコイア・キャピタルの伝説的ベンチャーキャピタリスト、ダグ・レオーネと話す機会を得た。彼は、なぜわれわれが絶望の淵から資本再編成もなく16億ドルで売却できるまで変貌できたのか、そのストーリーを聞かせてほしいと言った。

私はことの詳細――一度ならず倒産寸前まで行ったこと、35セントの株価、マスコミの果てしない悪評、３回のレイオフ（解雇）で計４００名の社員を失ったことなど――を話した。レオーネが一番驚いたのは、レイオフだった。20年以上にわたるベンチャーキャピタリスト経験でも、レイオフを繰り返しながら10億ドル以上で売却されるまでに復活した企業を、彼は見たことがなかった。そしてレオーネは、レイオフにはいつも反対してきたと打ち明けた。私にとって唯一の経験が大いなる例外だったため、彼はもっと詳しく知りたがった。

私はレオーネに、なぜほかのスタートアップが失敗したのかを尋ねた。「レイオフが必然的に会社の文化を壊すからだ」と彼は答えた。友人がレイオフされるのを見たあと、社員は会社再生に必要な犠牲を払おうとはしない。レオーネは、「局所的なレイオフをして生き延びられても、大成功を収める会社は極めて例外的だ」と説明した。3回連続の大型レイオフと最悪なマスコミ報道（われわれは、ウォール・ストリート・ジャーナル紙とビジネスウィーク誌の両方の特集記事で酷評された）のあとに、価値ある会社を築いたわれわれの経験は、ベンチャーキャピタルの法則に完全に反している、とレオーネは付け加えた。彼は、われわれが復活をどう成し遂げたのかを知りたがった。この質問についてしばらく考えたあと、私はこう答えた。

あとになって考えると、われわれは企業文化を維持できたし、数回の大量レイオフにもかかわらず正しい方法で辞めてもらったため、最高の社員を留めておくことができた。ばかげた話に聞こえるかもしれない。いったい、レイオフのように根本的に間違ったことを「正しい方法」で実行できる方法なんてあるのか。その方法はこうだ。

ステップ1　自分の頭をしっかりさせる

会社の財務計画と現状との乖離（かいり）があまりにも大きくなり、膨大な時間と資金をかけて雇った社員を解雇せざるを得なくなると、ＣＥＯは重圧を受ける。私が最初のレイオフを実施したとき、ある社員グループ内のメールが転送されてきたことがあった。その中で、優秀な社員がこんなことを書いていた。「ベンはウソつきかバカか、その両方だ」。そのメールを読みながら、「私は間違いなくバカだ」と思ったことを思い出す。そういうときは、未来に心を注ぐことが難しくなる。なぜなら過去が自分にのしかかってくるからだ――しかし、こんなときこそ、未来を考えるべきなのだ。

ステップ2　実行を先送りしない

レイオフを敢行すると決断してから、決断を実行するまでの時間は、できる限り短いほうがよい。情報が漏れれば（実行が遅れると必然的に漏れる）、さらに新たな問題に直面することになる。社員はマネジャーに、いったいレイオフがあるのかないのかと詰め寄るだろう。マネジャーが知らなければ彼らはバカだと思われるし、知っていれば部下にウソをつくか、情報を漏らすか、黙っているほかなく、さらに動揺が増していく。ラウドクラウドとオプスウェアでは、最初のレイオフでこの対応を誤ったが、あとの2回では正しく対処できた。

ステップ3　レイオフの理由を自分の中で明確にしておく

レイオフ実行前、時として取締役会メンバーは、物事をポジティブに解釈してCEOの気持ちを楽にさせようとする。たとえば、「今回のレイオフは業績課題に取り組む良い機会になり、ビジネスをシンプルにするのに役立つかもしれない」などと言うかもしれない。それは真実かもしれないが、こんな言葉で自分の思考や社員に対するメッセージを曇らせてはならない。

CEOがレイオフするのは会社が計画を達成できなかったからだ。個人の業績が問題なら別の手段をとるはずだ。失敗したのは会社の業績だ。この区別は決定的に重要である。なぜなら、会社やレイオフされる個人に対するメッセージは、「よし、これで業績問題が片づく」であってはならないからだ。メッセージは、「会社が失敗したので、前へ進むために、優秀な人たちを手放さなくてはならない」というものであるべきだ。CEOが失敗を認めることは大したことではないと思うかもしれないが、実は大したことなのだ。

「私を信じてくれ」――これはCEOが毎日社員にかける言葉だ。「信じてほしい。われわれは良い会社になる」「信じてほしい。これはみんなにとって良いキャリアになる」「信じてほしい。これは、みんなの人生にとって良いことだ」

レイオフは、これまでの信頼を打ち崩す。信頼を取り戻すには、一部始終を伝えなければならない。

ステップ4　管理職を訓練する

レイオフ実行のもっとも大切なステップは、管理職を訓練することだ。超不安定な状況に訓練なしでマネジャーたちを送り出せば、ほとんどが失敗する。

訓練は、ある黄金律から始まる。それは、「マネジャーは自分自身で部下をレイオフしなくてはならない」だ。マネジャーはその仕事を人事部門や、サディスティックな同僚に委ねてはいけない。映画『マイレージ、マイライフ』のように、外部委託はできない。マネジャー全員が、自分自身で部下をレイオフしなければならないのだ。

なぜ、そこまで慎重になるのか？　なぜ、もっと好戦的なマネジャーに、全員の仕事を任せられないのか？　その理由は、人は働いた日々を全部覚えてはいないが、レイオフされた日のことは必ず覚えているからだ。レイオフされた日のことは細部にわたって覚えていて、その細部が大きな違いを生む。あなたの会社とマネジャーたちの評判は、あなたが毅然とした態度で自分を信じ、自分のために精いっぱい働いた社員たちと向かい合えるかどうかにかかっている。もし私があなたに雇われ、必死にあなたのために働いていたら、レイオフはあなたの口から知らされたい。

マネジャーに部下を解雇しなければならないと明確に伝えたら、今度はその準備をさせる必要がある。

1　何が起きたのか、そしてこれは個人ではなく会社の失敗であると簡潔に説明する。

2　社員には本人がレイオフの該当者であり、交渉の余地がないことを明確に伝える。

3　会社が提供する予定の給付金や支援について、すべて詳細に説明できるように準備する。

ステップ5　全社員に説明する

レイオフを実行する前に、ＣＥＯは全社員に話す必要がある。ＣＥＯは、状況を適切に説明する全体メッセージを伝えて、マネジャーのために上空支援をしなければならない。CEOが良い仕事をすれば、マネジャーは自分の仕事がずっとしやすくなるだろう。インテュイットの前CEO、ビル・キャンベルが私に言ったこの言葉を心に留めておいてほしい。「そのメッセージは、会社に残る人たちのためである」

会社に残る人たちは、CEOが同僚をどう扱うのか深く気にかけている。レイオフされる人たちの多くは、今後もあなたより会社に残る社員と親しく付き合うので、相応の敬意を払う必要がある。ただし、会社は前へ進まなければならないので、謝りすぎないことも大切だ。

ステップ6　みんなの前にいる

多くの仲間を手放すことを全社員に告げるスピーチをしたら、CEOは気軽に歩き回ったり、話しかけたりする気にならなくなる。バーへ行ってテキーラをボトルで飲みたくなるだろう。しかし、そんなことをしてはいけない。CEOは、オフィスにいること。見えるところにいること。人づきあいをよくすること。社員はCEOに会いたがっている。社員は、CEOが気にかけてくれているかどうかを知りたがっている。レイオフされた人たちは、今でもCEOや会社と自分は関係があるのかどうか知りたがるだろう。みんなと話すことが大事だ。レイオフされた人たちが車に荷物を運ぶのを手伝おう。彼らの努力に感謝している気持ちを伝えよう。

幹部を解雇する準備

幹部を雇うとき、ＣＥＯは会社の美しい未来を描く。オファーを受けることが、どれほど明るくすばらしいことか、他社に行くよりどれほど良いかをこと細かに説明する。しかしある日、その幹部をクビにしなければならなくなる。ＣＥＯは、これに折り合いをつけなくてはならない。

実は、幹部の解雇自体は、ほかの解雇よりも難しくない。幹部になるような人間は、プロ意識が強いので取り乱したりすることはない。しかし、幹部を「正しく」辞めさせる方法は、もう少し複雑で、かつ極めて重要である。正しい教訓を学ばないと、同じことを繰り返すはめになる。

多くの物事と同じく、正しく幹部を辞めさせる鍵は、準備にある。幹部を公正に扱い、会社を改善するための４ステップからなるプロセスを紹介しよう。

ステップ1　根本原因分析

幹部を不品行や能力不足、怠慢などを理由に解雇することもあり得るが、それは稀であり、比較的容易だ。残念ながら、あなたの雇用プロセスに恐ろしい欠陥がない限り、幹部の解雇に至った理由はおそらくほかにある。このレベルの採用になると、ほぼどの会社でも専門知識、動機、実績で選考している。そう、CEOがマーケティング責任者をクビにしなければならない理由は、彼がダメだからではなく、あなたがダメだからだ。

言い換えれば、幹部の解雇を幹部の失敗と考えるのは誤った見方であり、正しい見方は面接・融合プロセスの失敗だと認識することである。したがって、幹部を正しく解雇する第1ステップは、なぜ会社に不適切な人物を採用したかを解明することにある。へまをした原因はいろいろ考えられる。

■**役職の定義がそもそも間違っていた。**欲しいものがわからなければ、それを手に入れられる可能性は低い。CEOは抽象的な「こんな人物を採用したい」というイメージで採用し、採用した幹部がそのイメージに合う人物だと思い込んでしまうことがあまりにも多い。その後、採用した幹部が重要かつ必要とされる資質を持っていないとわかるのである。

■**長所ではなく、短所のなさを理由に採用した。**多数決の採用プロセスにありがちなケースだ。採用グループは、候補者の弱点はよく見つけるが、世界に通用する実力者が欲しいとCEO

が考える分野には、重きを置かない。その結果、明らかな弱点こそないが、最高であってほしい分野でパッとしない幹部を雇うことになる。必要とされる分野で世界に通用する強味を持っていなければ、世界に通用する会社にはなれない。

■**拡大（スケーリング）を急ぎすぎた。**完璧に間違っているアドバイスは、必要以上に「ビッグ」な人物を雇えというものだ。よく耳にする悪いアドバイスは、「今から3～5年後に、どれほど大きい会社になっているかを考えろ」だ。

大規模な組織を動かせる人物を採用できたら、それはすばらしい。組織を非常に速く成長させる方法を知っている人を迎え入れるのもすばらしい。しかしそれは、あなたが非常に速く会社を大きくする準備ができている場合の話だ。そのどちらでもないときに必要なのは、今後18カ月間のための仕事ができる人間だ。雇った人物が18カ月以降にすばらしい働きをするけれど、今から18カ月間は不十分な働きだったら、会社はその幹部が本領を発揮する前にクビにすることになる。

ほかの社員たちは不思議に思うだろう。何も貢献していない人間に、会社はなぜあれほどストックオプションを与えたのか？　この種の疑問は、一度持ち上がると消し去れない。つまるところ、ベンチャーキャピタリストもヘッドハンターも、バカだったわけではない。以前の失敗から誤った教訓を得ただけだ。正しい教訓を学ぶために、拡大の特別なケースと、急成長の特別なケースをあとで紹介しよう。

■**一般的な役職で採用した。**すばらしいＣＥＯ、すばらしいマーケティング責任者、あるいはすばらしいセールス部門の責任者などという役職はない。実在するのは、今後1年か2年、個々の会社にとって役に立つセールス責任者だけだ。その役職は、マイクロソフトやフェイスブックと同じではない。どの会社にも共通するような一般的な役職で候補者を探してはいけない。これは映画ではないのだ。

■ **幹部が間違った野心を持っていた。** 第6章では、「会社のための野心」と「自分のための野心」との違いを説明する。幹部が間違った野心を持っていれば、いかにスキルがあろうと会社はその人物を拒否する。

■ **幹部を会社になじませられなかった。** 入社したばかりの人に重要な役割を任せるのは難しいことだ。新入りの幹部とCEOの期待しているものが違うかもしれず、その職務でやるべきことが決められていないと、ほかの社員はすぐ気づくだろう。幹部をクビにしたあとには、会社になじませるための計画を見直し、改善しておかなければならない。

拡大(スケーリング)の特殊なケース

幹部を解雇する理由でよくあるものに、会社が4倍の大きさになり、その規模でその幹部が効率的に仕事ができなくなったという場合がある。それは、会社が何倍にも大きくなると、経営という仕事がまったく新しいものになるからだ。新しい仕事と以前の仕事は同じではないので、誰もがその新しい仕事の資格を再取得しなければならない。200人のグローバルなセールス部門を率いるのは、25人のローカルなセールス部門を動かすこととは違う。運が良ければ、

25人のチームを率いるために雇った人物が、200人のチームの動かし方を身に着けるかもしれない。そうでなければ、新しい仕事に最適な人物を雇う必要がある。これは、幹部の失敗でもシステムの失敗でもない。それが大都市における生活なのだ。この現象を避けて通ろうとしてはいけない。事態を悪化させるだけだ。

急成長の特殊なケース

すばらしい製品をつくり、市場もそれを欲しがっているとき、あなたは会社を極端に速く成長させたがっている自分に気づくだろう。たとえば、同じような会社を非常に首尾よく成長させた経験を持つ最適な幹部を雇ったとしても、あなたの成功は約束されない。これは、非常に大きな組織を引き継いだり、自力で育ててきた大企業を経営したりするのとは違うことに注意してほしい。正しいタイプの急成長を請け負う幹部を雇うことが大切だ。そして、会社を急成長させるための潤沢な予算を与える準備ができていないなら、そういう人を雇ってはいけない。会社を急成長させる優秀な人は、スタートアップを成功に導く上で非常に重要なので、ヘッドハンターやベンチャーキャピタリストは、会社の準備が整わないうちから採用するようにCEOにアドバイスしがちだ。

問題が特定できたら、今度は以降のステップへ進むための基盤をつくろう。

ステップ2　取締役会に報告する

取締役会への報告は難物であり、次のように仕事を複雑化しかねない問題がいくつもある。

- クビにしなければならなくなった幹部は、今回で5人目か6人目である
- この役職でクビにする幹部は、今回で3人目である
- その候補者は、ある取締役からスーパースターだと言われて紹介された幹部である

いずれのケースでも、取締役会は何らかの不安を感じ、その不安に対してCEOができることは何もない。CEOの選択肢は、(a)取締役会を不安にさせる、あるいは(b)無能な幹部に役職を続けさせる――のどちらかだ。(a)があまり気に入らなくても、(b)よりはよほど上等だ。使えないリーダーを放置しておくことは、会社の一部門全体がゆっくりと腐敗していく原因になる。そんなことになれば、取締役会は不安になるどころではない。

取締役会については、次の3つの状態を目指すべきだ。

- **CEOの困難な任務について、支持と理解を得る。** まず、問題の根本的な原因とそれを是正する計画について、取締役が理解しているかを確かめる。理解してもらえば、CEOが将来、社外から幹部を雇って管理する能力があると、取締役から信用を得られる。

■**退職金について意見を聞いて承諾を得る。**退職金についての承諾は、次のステップで極めて重要になる。幹部への退職金は、一般社員の退職金より高額であり、それは当然のことだ。幹部が新しい職を見つけるには、一般社員の約10倍の時間が必要である。

■**解雇された幹部の名誉を守る。**失敗はチームの結果である可能性が極めて高いのだから、そう表現することが大切である。CEOが自分を良く見せようとして、会社のために働いた人を中傷してはならない。この問題に対する成熟したアプローチをとることが、CEOの能力を取締役会に信用させる一助となる。それは、公平かつ適切な行動でもある。

最後になるが、実は幹部の解雇というのは、取締役会で劇的に発表するよりも、個別に電話で知らせたほうがうまくいくことが多い。時間は余分にかかるが、手間をかけるだけの価値はある。特に個別に電話したほうが良いのは、解雇する幹部が取締役の誰かの紹介で入社していた場合だ。全員から個別に了解を得られたら、詳細は取締役会または電話で確定すればよい。

ステップ3　解雇通告の準備

うまくいかなかった理由を確認し、取締役会に報告したあとは、なるべく早く解雇される幹部本人に伝えなければならない。そのミーティングの準備として、話す内容を書き出すか、リハーサルをして、失言しないよう準備をお勧めする。解雇される側はCEOとの会話を忘れないものなので、十分注意が必要だ。準備の一環として、過去の勤務評定や面接記録などを見直し、以前のコミュニケーションに矛盾がなかったどうかを確認する。

解雇を明確に伝える鍵は3つある。

1 理由をはっきりさせる。 CEOは解雇について長い時間をかけ、深く考えてきたはずだ。言葉を濁したり、取り繕ったりしてはいけない。CEOには、解雇理由を明確に伝える義務がある。

2 明確な言葉を使う。結論を出さずに議論を終わらせてはいけない。 これは勤務評定ではない。解雇通告なのだ。たとえば、「私はこう思う」ではなく「私はこう決めた」と言うべきだ。

3 退職金の承諾を取り、説明する準備をしておく。 解雇通告を受けた幹部は、もはや会社や会社の問題については考えない。自分と家族のことだけに集中する。退職金の詳細を説明できるようにしておくこと。

最後に、解雇される幹部は自分の解雇が社内や社外にどう伝わっていくか気になるものだ。これは本人に決めさせるのがよい。かつてビル・キャンベルは、私がある幹部を辞めさせる準備をしているとき、決定的なアドバイスをくれた。彼はこう言った。「ベン、きみは彼に仕事を続けさせることはできないが、彼の自尊心を守ることは、間違いなくできるんだよ」

ステップ4　社内コミュニケーションの準備

幹部本人に伝えたら、早めに直属の社員や会社に知らせなければならない。社内連絡の正しい順番は、（1）辞める幹部の直属の部下たち――もっとも影響受ける人たちだから、（2）それ以外の上級スタッフ――部下の質問に答える必要があるから、（3）そのほかの社員である。これらの連絡は同じ日に実施すべきであり、できれば数時間以内が望ましい。直属の部下たちに上司の解雇を伝えるときは、当面誰が上司になり、次はどうするのかを計画しておかなければならない（幹部の採用、組織変更、社内昇進、その他）。一般にはCEOが暫定的にその幹部の役職を兼任するのが賢明だ。その場合、スタッフミーティング、個人面談、目標設定なども含めて担当すべきである。そうすることによって、チームの連続性が保たれ、次に誰かを雇う際にも大いに役立つ。

取締役会に状況を伝えたときのように、メッセージは常にポジティブに、辞める人間を悪く言ってはならない。会社でトップクラスの社員は、その幹部に一番近い人たちかもしれない。辞める幹部にひどい仕打ちをすれば、その優秀な部下たちが次は自分だと思ってしまう。それは、CEOが発信したいメッセージだろうか？

解雇の知らせを聞いた社員は、会社が苦境に立たされていると誤解するのではないかとCE

Oは心配するかもしれない。それでもCEOは、そういう反応から逃げてはいけない。社員は大人の対応をするとCEOが社員を信頼していれば、概してそうなるものだ。彼らを子供扱いすれば、会社はドタバタコメディのようになると覚悟したほうがいい。

最後に

どのCEOも、自分がすばらしい会社を経営していると言いたがる。その主張が真実かどうかは、会社またはCEOが本当に困難な状態に直面するまでわからない。幹部の解雇は、それを試す良い機会だ。

親友を降格させるとき

ラウドクラウドを始めたとき、私は自分の知る限り最高の人たちを雇った。私が尊敬し、信頼し、好きだった人たちだ。私と同じように、彼らの多くは経験豊富ではなかったが、昼夜なく働いて新しい仕事を学び、会社に最大の貢献をしてくれた。それでもなお、誰か別の人を雇わなくてはならない日がやってくる。私がかつて親友に委ねた職務を遂行させるために、もっと経験を積んだ別の人を雇うのだ。まったく、どうしろというんだ。

そもそも、親友の代わりに誰かを雇うべきなのか?

必ず最初に思い浮かぶ疑問はこうだ。「本当に親友の代わりに誰かを雇う必要があるのか。これほど懸命に働き、会社のために血を流せるような人物がほかにいるのか」。悲しいかな、その質問をしているのがあなたなら、もう答えを知っているに違いない。グローバルなセールス部門をつくるなら、その友人はほぼ間違いなく最良の選択ではない。あなたは、まず全社員のことを考えるべきであり、友達はその次だ。個人の利益は、全体の利益のために犠牲にならなくてはならない。

どう知らせるか?

決断できても、悪い知らせを伝える方法は簡単ではない。友達が感じるであろう、次のふたつの強い感情を考えることが大切だ。

■**屈辱。**屈辱という感情の大きさを軽く見てはならない。降格される友達の友達、親戚、そして同僚の誰もが、現在の彼の地位を知っている。彼がどれだけ一生懸命働き、会社のために犠牲になってきたかもみんなが知っている。自分はもう経営チームの一員ではなくなるなんて、周囲にどう説明できるというのか。

■**裏切り。**降格された親友はCEOに対して、間違いなくこう思う。「私は最初からここにいた。いつもきみと一緒に働いていたのに、どうしてこんなことができるんだ。きみだって、仕事を完璧にこなしてきたわけじゃない。どうして、私を裏切って平気でいられるのか」

こういうときの感情は強烈なので、激しい議論を覚悟しておくほうがよい。感情的な議論の秘訣は皮肉なことに、議論から感情を抜き去ることにある。自分が何を決断し、何をしたいのかについて、非常に明確な考えを持つ必要がある。

もっとも重要なのは、あなたの強い意志だ。降格の話題をあやふやな気持ちで始めたら、混乱を招く。状況の混乱、そして人間関係の混乱だ。相手が会社を辞めるかもしれないという考えを持っておくべきだ。彼が抱く強い感情を考えれば、会社に残りたいと思う保証はどこにもない。彼を失う余裕がないなら、降格は実行できない。

最後に、会社の中で友達に最適の役割を見つけなければならない。新しい上司のもとで仕事を続けさせることは、彼にも、彼のキャリアにも、新しい上司にも最良の選択ではないかもしれない。あなたの忠実な社員は今後も会社やライバルや顧客や市場などについて、新しい上司が知らない多くの知識を持ち続ける。うまくすれば、彼は新しい上司の手助けをできる。しかし、屈辱と裏切りの激しい感情が渦巻き、破壊的な行動を招くかもしれない。

もうひとつの問題は、新しい上司のもとで働くことは、友達にとって降格以外に説明がつかないことだ。代わりに、彼のスキルと才能と知識を生かせる別の部署に異動させる手もある。この種の異動は、友達が新しい専門知識を得たり、会社に役立つ機会を与えたりするだろう。若い社員にとって別の分野で経験を積むことは、非常に有意義である。

しかし残念ながら、この方法も特効薬ではない。友達は新しい仕事に就きたくないかもしれない。頑なに今の仕事を続けたがるかもしれないので、その場合の準備もすべきだ。

友達の後任を雇う決断を下し、友達に提案する職の候補を決めたら、会話を始める。CEOは友達に今の仕事を続けさせることはできなくても、フェアで、正直でいることはできると心に留めておいてほしい。いくつか重要なポイントを挙げよう。

■**言葉を選ぶ。**あなた自身の言葉で、決断したことを明確に伝える。「私は〜決めた」などの表現を使い、「私は〜思う」や「私は〜したい」などは使わない。こうすることで、元の仕事を続けられるよう嘆願すべきかどうか迷うといった厄介な状況に友達を追い込まずに済む。彼の聞きたい話はできないが、正直ではいられる。

■**現実を受け止める。**降格させられた友達は、自分の力量が足りないのと同様、創業CEOにも力量がないと見抜くだろう。この事実からCEOは逃げてはいけない。実際、より経験のあるCEOだったら、友達を一人前に育てられたかもしれない。しかし、自分が何をしているのかわからない人間がふたりいれば、失敗は約束されたも同然だ。

■**貢献を認める。**友達に会社に残ってほしいのなら、はっきりそう伝えるべきだ。これまでの仕事を評価していること、そして今回の決断は、会社の将来を見据えて検討した結果であり、友達の実績の結果ではないと伝えよう。最善の方法は、できれば降格と昇給をセットにすることだ。そうすれば友達は、将来の価値を認められているのだとわかる。

この間常に留意すべきなのは、現実は現実であり、CEOが何を言おうと、それで何かが変わったり、ひどく動揺する事態を止められたりするわけではないということだ。CEOの目標は、痛みを和らげることではなく、誠実、明瞭かつ効果的であることだ。友達はすぐには理解してくれないかもしれないが、時間と共にわかってくれるだろう。

敗者が口にするウソ

会社が重要な戦いに敗れたとき、真実が最初の犠牲者になることがよくある。ＣＥＯも社員も、歴然とした事実から目をそらす物語を必死につくろうとする。彼らはそれぞれ豊かな創造性を持っているのに、多くの会社が同じウソの説明に行き着く。

おなじみのウソ

「彼女は辞めたが、われわれは元々辞めさせるか、悪い評価を付けるつもりだった」。ＩＴ企業は、こんなふうに言いながら、離職した社員を次の３つのカテゴリーに分ける傾向がある。

1 辞めた人

2 解雇された人

3 辞めたが、元々会社が必要としていなかったので問題ない人興味深いことに、会社が悪戦苦闘し始めると、3番目のカテゴリーの人が1番目よりも急増していく。「社員のパフォーマンス低下」と称する理由による退職が突然増えるのは、概して「非常に高い採用基準」を誇る企業だ。

スーパースター社員が、どうしてある日突然役立たずになってしまうのだろうか？　CEOが口を挟むまでもなく、トップクラスの社員を失おうとしているときに、その社員のパフォーマンスがどう落ちていったかをマネジャーが詳しく説明するなんてあり得ない。「われわれが契約できそうだったのに、ライバルがタダ同然でたたき売りをした」「客はわれわれの技術を選んでくれたし、うちのほうが良い会社だと思っているが、ライバルは製品をタダ同然で配った。われわれは絶対にあんなに安くは売れない、評判に傷がつく」。企業のセールス部門を率いたことのある人間なら、一度はこんなウソを聞いたことがある。顧客へ出向き、必死に戦い、そして敗れる。自分が追及されるのを嫌うセールス担当者は、ライバル会社の「中古車ディーラー」のような営業のせいにする。CEOは、製品の競争力で負けたとは信じたくないので担当者を信じる。もしこんな話を聞いたときは、実際の客に聞いて、セールス担当者が正しいかどうか確かめてみるといい。答えはノーに違いない。

「中間目標を実現できなかったというだけで、製品スケジュールを達成できないと決まるわけではない」。期日通りの出荷——顧客との約束、四半期計画、あるいは競争上の必須要件——という非常に大きなプレッシャーのかかるエンジニア・ミーティングでは、誰もが良いニュースを期待している。事実が良いニュースと一致しないときは、器用なマネジャーなら次のミーティングまでに全員の気分が良くなる物語を見つけるだろう。「現在、ライバル製品への乗り換えが非常に高くなっているが、ユーザーにメールマーケティングをかければ、すぐに客は戻ってくる」といった具合だ。もちろん、そうだろう。客がわれわれのサービスから離れて戻ってこない理由は、十分にスパムメールを送っていないからだ。実によくわかる。

さて、ウソはどこからやってくるのだろう？

その質問に答えるために、私は何年か前に、あの偉大なアンディ・グローブと交わした会話を思い起こした。

2001年の大インターネットバブルの最終時期、大手IT企業が軒並み四半期目標を大幅に下回ったときに、なぜ誰もバブル崩壊を予知できなかったのかと考えた。2000年4月のドットコム不況のあと、シスコ、シーベル、HPなどは、自分たちの顧客の多くが壁にぶつかるのを見て、すぐに景気後退に気づいたはず、とあなたは考えるかもしれない。しかし、おそらく史上最大規模の早期警告システムが作動していたにもかかわらず、どのCEOも強気の予測を繰り返した。自分たちの四半期が劇的に吹き飛ばされる寸前まで。私はアンディに、なぜ偉大なCEOたちが、迫りくる自らの運命についてウソをつくのか尋ねてみた。

彼らは投資家にウソをついたのではなく、自分にウソをついていたのだとアンディは言った。アンディは、人間、特にものをつくる人たちは、良い先行指標にしか耳を貸さないと説明した。たとえば、CEOは自社サービスの登録者数が通常の月間成長率を25パーセント上回ったと聞けば、切迫した需要の大波に耐えられるよう、すぐにエンジニアを追加するだろう。一方、登録者数が25パーセント減少すれば、ＣＥＯは同じくらい熱心かつ緊急に、言い訳の説明をするだろう。「この月は低調だった。休日が４日もあり、ユーザーインタフェース（ＵＩ）を変更したことによってさまざまな問題が起きた。どうか、パニックにならないでほしい！」

どちらの先行指標も誤りだったかもしれないし、正しかったかもしれないが、この架空のＣＥＯはほぼすべてのＣＥＯと同様に、ポジティブな指標に対してのみ行動を起こし、ネガティブな指標に対しては、説明を探すだけだ。

このアドバイスがありふれていると感じるなら、そしてもし、誠実な社員がなぜＣＥＯにウソをつくのか不思議に思っているなら、それは違う。その社員はあなたではなく、自分自身にウソをついているのだ。

そして、もしあなたが彼らを信じるなら、あなたも自分にウソをついている。

鉛の弾丸を大量に使う

ネットスケープを始めて間もないころ、マイクロソフトの新しいウェブサーバーはわが社のサーバーが持つ機能をすべて備え、かつ5倍も速く、無料で配布される予定だとわかった。われわれは、ただちにサーバー製品ラインアップを転換して、売れるものにしようと考えた。亡くなった偉大なマイク・ホーマーと私は、製品ラインを拡大し、攻撃から生き延びるのに十分な機能でマイクロソフトのウェブサーバーを包囲すべく、一連の提携と買収を死に物狂いで次々に進めた。

私がエンジニアリングの相方であるビル・タービンに、興奮してその作戦を説明していたら、彼はまるで何もわかっていない子供を見るように私を見た。ビルは、ボーランド在籍時代からマイクロソフトと衝突してきたベテランで、私のやろうとしていたことを理解したが、納得はしなかった。「ベン、きみとマイクが探そうとしている特効薬は悪くないが、われわれのウェブサーバーは5倍遅いんだ。それを直せる特効薬は存在しない。だから、われわれは何にでも効く魔法の銀の弾丸ではなく、鉛の弾丸を大量に使うしかない」。なんてこった。

ビルのアドバイスを参考に、エンジニアリングチームには性能問題の解決に集中させ、われわれは並行して別の作戦を進めることにした。最終的にわれわれはマイクロソフトを性能で上回り、サーバー製品ラインを4億ドル超のビジネスに育てたが、それはあの鉛の弾丸の数々がなければ成し得ないことだった。

私は何年にもわたって、あのときの教訓を心に抱き続けた。6年後、私がオプスウェアのCEOだったとき、最大のライバルであるブレードロジックが、大きな商談をオプスウェアからことごとく奪い始めた。さらに悪いことに、ウォール街の予測を上回るには、契約を勝ち取る必要があったので、われわれは公開企業だったので、負け続けていることは一目瞭然だった。われわれはこの上ないプレッシャーを感じていた。多くの優秀な部下たちが、戦いを避けるアイデアを持って私のところにやってきた。

- 「製品の軽量版をつくって、大衆路線に転じましょう」
- 「もっとシンプルなアーキテクチャの会社を買収しましょう」
- 「サービスプロバイダーに特化しましょう」

どのアプローチも、われわれが市場の問題に向き合っていないことを、私に再認識させるものばかりだった。顧客は製品を買っていた。ただ、われわれの製品を買っていなかっただけだ。今は方針を変えるときではない。そこで私は、全員に同じことを言った。「この困難を乗り切るのに、何にでも効く銀の弾丸はない。あるのは鉛の弾丸だけだ」。社員にとっては聞きたくない話だったが、状況ははっきりした。われわれは、より良い製品をつくらなければならない。ほかに道はなかった。窓もなければ、穴も脱出用ハッチも裏口もない。われわれは、正面玄関を通って、あの大きくて醜い邪魔物を相手にするしかなかった。鉛の弾丸を使って。

9カ月間にわたる必死の努力と驚くほど苛酷な製品サイクルを経て、われわれは再びこの製品でリードを奪い返し、最終的に時価総額16億ドルの会社をつくった。鉛の弾丸を使わなければ、10分の1の価値にもならなかったと私は思っている。

実存する脅威に直面することほど、ビジネスで怖いものはないかもしれない。あまりの恐ろしさに、社員の多くは向かい合うことを避けるためなら何でもやるようになる。あらゆる代替案、あらゆる逃げ道、あらゆる言い訳を探して、一回の戦いに生死を賭けることを拒もうとする。私はこれを、スタートアップとの会話でよく聞く。やり取りはこんな感じだ。

起業家：私たちは市場で圧倒的に優れた製品を持っています。顧客はみんな気に入ってくれ、ライバルのXより良いと言っています。

ベン　：なぜライバルのXは、売上がきみのところの5倍なんだい？

起業家：私たちは、パートナーとOEMを使っています。ライバルのXのような直販チャネルをつくれないからです。

ベン　：なぜつくれないんだ。優れた製品があるなら、なぜ拳を上げて戦いに行かないんだ？

起業家：えーーと。

ベン　：銀の弾丸を探すのはやめることだ。

どの会社にも、命懸けで戦わなくてはならないときがある。戦うべきときに逃げていることに気づいたら、自分にこう問いかけるべきだ。

「われわれの会社が勝つ実力がないのなら、そもそもこの会社が存在する必要などあるのだろうか？」

やるべきことに集中する

ラウドクラウドでのつらい日々に、私はよくこう自問した。

「この事態に備えることは、できたのだろうか？　顧客の半数が会社を畳むなんて、どうすればわかるのだろうか？　民間市場で資金調達をするのは無理だと、どうすればわかったのだろうか？　どうすれば、2000年にはIPOが221件で、2001年は19件だとわかったのだろうか？　この状況下で、私がまともな結果を出すと予想できた人はいたのだろうか？」

自分があわれに思えてきた私は、有名なフットボールコーチ、ビル・パーセルズのインタビューをあてもなく見ていた。彼はヘッドコーチの仕事を始めたころ、似たようなジレンマに陥った話をしていた。初めてのシーズンに、パーセルズがコーチをしていたニューヨーク・ジャイアンツは、相次ぐ負傷に見舞われた。彼は、ケガがチームに与える影響を心配ばかりしていた。ベストメンバーでさえ勝つのが大変なのに、補欠を何人も使うなんて。パーセルズの友人で良き師でもあったレイダーズのオーナー、アル・デイビスが、パーセルズに顔を出すよう電話をくれたとき、パーセルズはケガの問題を伝えた。

パーセルズ：アル、ベストメンバーをこんなに欠いて、どうすれば勝てるかわからないんだ。どうすればいいだろう？

デイビス　：ビル、誰も気にしちゃいない。ただ自分のチームのコーチをすることだ。

あれは、CEOへのアドバイスとして史上最高だったかもしれない。なぜなら、あなたの会社がうまく行かなくなっても、それを気にかける人は誰もいないからだ。

メディアは気にしないし、投資家も気にしないし、取締役会も、社員も、きみのママだって気にしない。

誰も気にしない。

そして、気にしないことが正しいのだ。たとえ失敗の理由がどんなに立派でも、投資家のお金は1ドルも守れないし、社員ひとりの職も救えないし、新しい顧客をひとり連れて来ることもできない。あなたが会社を畳んで破産宣告するときだって、少しも気分を良くしてはくれない。

自分の惨めさを念入りに説明するために使うすべての心的エネルギーは、CEOが今の惨状から抜け出すため、一見不可能な方法を探すために使うほうがはるかに得策だ。やればよかったと思うことには一切時間を使わず、すべての時間をこれからきみがするかもしれないことに集中しろ。結局は、誰も気にしないんだから。CEOはひたすら会社を経営するしかない。

第5章

人、製品、利益を大切にする——この順番で

TAKE CARE OF THE PEOPLE, THE PRODUCTS, AND THE PROFITS-IN THAT ORDER

オプスウェアの株価を1ドル以上に戻したあと、次に待っていた問題は経営チームの再編成だった。オプスウェアにはクラウドサービスに詳しい幹部はいたが、ソフトウェアの企業になった今、ソフトウェアの幹部が必要だった。エンタープライズ・ソフトウェアの会社では、セールス担当副社長とエンジニアリング担当副社長が、二大重要ポストになることが多い。当初私は、ラウドクラウドからプロフェッショナルサービス担当副社長を連れてきて、セールス担当副社長に据えるつもりでいた。しかし、これはうまくいかなかった。3年前に会社を設立して以来、次のセールス責任者が4人目になる——すばらしい歴史とは言えない。何より重要なのは、セールスリーダーの採用で私が次に失敗したら、それは私にとって最後の失敗になることだった。市場はもちろん、ウォール街の投資家たちも、私にチャンスをあまり残してくれてはいなかった。

採用の準備を整えるために、私は自ら暫定セールス責任者を務めることにした。私はチームを管理し、セールス予測会議を開き、オプスウェアの売上数値に責任を持つ唯一の人間になった。幹部の採用で私が身をもって学んだ教訓は、コリン・パウエルの教えに従って、弱点のなさではなく、長所で選ぶべきだということだった。セールス部門を担当して、私は会社が必要とする幹部に必要な長所をはっきり理解した。私は入念に候補者リストをつくり、オプスウェアにとって正しいスキルと才能を持つセールス幹部探しに着手した。

20人ほどの候補者と面接したあと——求めていた長所を持つ者はひとりもいなかった——私はマーク・クラニーを面接した。クラニーは私の予想とは違っていた。いわゆる猛烈セールス幹部の枠にはまらない人物だった。まず、クラニーは背丈は人並みだったが、ほとんどのセールス幹部は背が高かった。次に、彼は箱型——つまり、横幅と高さがあまり変わらなかった。太っているのではなく、単なる箱だ。箱型の体型は、特別あつらえしたに違いないスーツにも、うまく納まっていないように見えた——クラニーのような箱男に合う既製品のビジネススーツなんてあるわけがない。

クラニーの履歴書を見て最初に気づいたのは、彼が南ユタ大学という今まで私が一度も聞いたことのない大学を出ていたことだった。どんな学校なのか尋ねてみると、「南ユタのＭＩＴだ」と彼は答えた。それがクラニーが言った最後のジョークだった。クラニーの生真面目さは筋金入りで、ジョークを言う自分自身に対してさえ不快感を覚えているように見えた。

クラニーは私を不快にすることもあった。普通なら採用を見送っただろうが、オプスウェアにはクラニーの能力が必要だったので、私はどんな短所にも目をつぶるつもりだった。私が使っていた面接テクニックのひとつに、セールス担当者の採用、教育、管理に関する質問を浴びせるというやり方がある。こんな感じだ。

ベン：（部下の）セールス担当者には何を期待しているかな？

候補者：頭が良くて、積極的で、競争心が強いことです。複雑な契約をまとめ、組織を運営していくノウハウを持っている必要があります。

ベン：面接では、それをどうやって見分けるのかな？

候補者：えー、まあ全員、私の人脈の中から雇います。
ベン　：わかった。会社に入ったあとには、セールス担当者には何を期待する？
候補者：営業プロセスを理解してそれに従うこと、製品をマスターすること、予測が正確なこと……。
ベン　：それを実現する教育プログラムについて話してくれないか？
候補者：えーと。

面接に来た人たちは、たいていは話しながら何かをでっち上げる。

クラニーはプロフィール審査と面接に合格したので、私は教育について質問した。あのときのクラニーの苦々しい表情を私は忘れられない。クラニーはまるで、その場で席を立って帰りたがっているように見えた。私は頭痛薬、いや抗精神薬を勧めたくなったくらいだ。それまで完璧に面接をこなしていたので、私はとても驚いた。後でわかったことだが、マーク・クラニーにセールス担当者の正しい教育方法を尋ねることは、ド素人がアイザック・ニュートンに物理の法則を説明しろと頼むようなものだったのだ。いったいどこから始めたらいいかわからないという困惑だった。

5分にも思えた沈黙のあと、クラニーはかばんの中から、彼が考案した巨大な教育マニュアルを取り出した。クラニーは、「残された時間で教育について知っておくべきことを説明するのは無理だが、別途ミーティングを設定してくれれば、セールス担当者をエリートにする教育の雰囲気は説明できる」と言った。それはプロセス、製品、組織的な販売を含む多岐な分野にわたるものだった。さらに彼は、成功するセールスリーダーは、チーム内の士気を高める必要があることを説明した。クラニーの話しぶりは鬼監督で有名なパットン将軍のようだった。オプスウェアに必要なのはこの男だ、と私にはよくわかった。

残念ながら、私と同じように思った人は誰もいなかった。幹部スタッフの全員(一名を除く)、そして取締役会メンバー全員が、マーク・クラニーの不採用に票を投じた。ビル・キャンベルに考えを聞いたところ、「線路の上に寝転んでまでクラニー採用を阻止しようとは思わない」と言った。それは私の求めていたレベルの賛成ではなかった。「反対」票の理由として、クラニーの長所のなさを挙げたものはなく、短所の多さばかりだった。南ユタ大の出身、人を不快にさせる、セールスのトップらしく見えないといった具合だ。

しかし、クラニーと過ごす時間が増えれば増えるほど、私は彼が適任だと思うようになった。クラニーと1時間話しただけで、私が6カ月間セールス責任者を務めたとき以上に、セールスについて学ぶことができた。クラニーはわれわれのセールスチームが争っていた商談の詳細について、電話してきたことさえあった——それは、わが社のセールス担当が知らないと思われる内容だった。クラニーはまるで私設のセールスFBIを持っているかのようだった。

私は態度をはっきりさせることにした。幹部チームと取締役会には、懸念はわかるが、それでもクラニーと共に前進したいこと、さらに身元照会を進めることを伝えた。クラニーに紹介者の提出を求めたとき、彼はまたしても私を驚かせた。75人の紹介者が載ったリストを私によこしてきたのだ。必要ならもっと出せる、とも言った。私はリストにあった紹介者全員に電話をかけ、全員が1時間以内に折り返してきた。クラニーは緊密なネットワークを持っていた。おそらく、この紹介者たちがセールスFBIだったのだろう。そして、私がクラニーの採用を決めようとする直前、幹部のひとりから電話があり、彼女の友人がマーク・クラニーを知っていて、悪い情報を伝えたがっていると言ってきた。その友人——ジョーとしておこう——に電話をかけると、私の生涯でもっとも異常な身元照会が始まった。

ベン：わざわざ知らせてくれてありがとう。

ジョー：どういたしまして。

ベン：マーク・クラニーとはどういうお知り合いですか？

ジョー：マークは、私が前職でセールス教育を担当していたときに、エリア担当副社長でした。私は、いかなる理由があってもマーク・クラニーを雇うべきではないとお知らせしたかったのです。

ベン：おや、それはまた強い言葉ですね。彼は犯罪者ですか？

ジョー：いいえ、マークが倫理に反したという話は聞いたことがありません。

ベン：採用が苦手とか？

ジョー：いえ、彼は会社でも有数のセールス担当者を連れてきました。

ベン：彼には大きな契約をまとめる能力がありますか？

ジョー：はい、間違いなく。マークは、私たちの会社で最大級の契約をいくつも取ってきました。

ベン：管理職として何か問題がありますか？

ジョー：いいえ、彼はチームを非常に効果的に動かしていました。

ベン：なるほど、ではなぜ私は彼を雇うべきではないのでしょう？

ジョー：彼には文化的適合性がまったくありません。

ベン：説明してもらえますか。

ジョー：えー、私がパラメトリック・テクノロジーで新人セールス教育をしていたとき、チームにハッパをかけるために、マークをゲストスピーカーに招きました。そこには50人の新人セールスがいて、私は彼らにセールスの面白さを伝え、会社のために働く気持ちを高めたところでした。マーク・クラニーは壇上に登ると、大勢の新入社員を見回してこう言ったのです。「きみたちがどれだけ訓練されているかなんて、どうでもいいんだ。四半期当たり50万ドル集めてこなかったら、頭に弾丸をお見舞いする」

ベン：どうもありがとうございました。

世界は、平時に見たときと、日々命を賭けて戦わなくてはならないときとでは、まったく違って見える。平和な時代には、適合性、長期にわたる文化的影響、人の気持ちなどを気遣う時間がある。しかし、戦うときには、敵を倒し、部隊を安全に連れて帰ることがすべてだ。私は交戦中だったから、戦時の将軍が必要だった。私にはマーク・クラニーが必要だったのだ。

採用の最終段階では、マーク・アンドリーセンに説明しなければならなかった。アンドリーセンは共同創業者であり取締役会長だったから、彼の意見は取締役会にとって重要な意味を持っていた。そしてアンドリーセンは、クラニーにまだ異和感を覚えていた。アンドリーセンは私を信用してくれていたので、アンドリーセン自身が採用候補者を好きであろうとなかろうと採用に反対はしないだろうが、彼を完全に味方につけることは私にとって重要だった。

私はアンドリーセンに話を振った。なんといってもアンドリーセンは常にこの部屋の中で、もしかしたら世界で一番頭の切れる人間でありながら、あまりにも控え目だったからだ。他人はアンドリーセンを賢いと思っていないと彼自身が信じているため、無視されることに対して非常に神経質でもある。アンドリーセンはいきなりクラニーの問題を列挙し始めた。クラニーの見た目も話しぶりもセールスのトップらしくなく、無名大学を出ていることが、アンドリーセンを不安にさせていた。私は非常に慎重に話を聞いてから、こう答えた。

「列挙された問題点にはすべて同意する。しかし、マーク・クラニーはセールスの異才だ。彼は私の知る誰よりもはるかに上を行くレベルでセールスに熟達している。もし彼が、今列挙されたような弱点を持っていなければ、株価35セントの会社に入ろうなんて考えない。ＩＢＭのＣＥＯになっていただろう」

アンドリーセンの返事は早かった。「よしわかった。クラニーを雇おう！」

私はそうやって、ラウドクラウドのがれきの中から、世界一流のソフトウェアチームをつくる重要な一歩を踏み出した。その後何年にもわたってマーク・クラニーを知るうちに、面接や紹介者の話で聞いたことが、ことごとく証明されていった。彼は文化的適合性には難があったが、天才だった。

私にはクラニーの天賦の才能が必要だったので、その才能に合わせて仕事をした。チーム全員がクラニーと完全に打ち解けたかどうかは定かでないが、結局彼がその仕事の最適任者であったことには全員が同意した。

かつてネットスケープのCEOとして私のボスだったジム・バークスデールがよくこう言っていた、「われわれは、人、製品、利益を大切にする。この順番に」。単純だが奥深い言葉だ。「人を大切にする」ことは、3つの中でも頭抜けて難しいが、それができなければあとのふたつは意味を持たない。人を大切にすることは、自分の会社を働きやすい場所にするという意味だ。ほとんどの職場は、良い場所とはかけ離れている。組織が大きくなるにつれ、大切な仕事は見過ごされるようになり、熱心に仕事をする人々は、秀でた政治家たちに追い越されていき、官僚的プロセスは創造性の芽を摘み、あらゆる楽しみを奪う。

ドットコム不況からナスダックに上場を廃止すると脅されたことまで、あらゆることが悪い方向に進んでいたときに、われわれを救ったのがこの章で培ったテクニックだった。会社が働きやすい場所なら、光明を見つける時間は十分にある。

働きやすい場所をつくる

かつて私は、オプスウェアで経営予測コースを教えていた。教育は絶対に必要だと信じていたからだ。私はマネジャー全員に対して、部下たちと定期的に顔を合わせるよう、明確に指示した。個人面談の進め方まで教えたので、言い逃れは許さなかった。ある日、私がいつも通り楽しく仕事をしていると、マネジャーのひとりが半年以上、部下の誰とも個人面談をしていないという話が耳に入った。

これは予想外だった。半年以上も一対一で会っていない？　私があれだけ時間をかけてマネジメントについて考え、資料をそろえ、マネジャーを直接指導したのに、半年間も個人面談が実行されていないなんてあり得るのか。ＣＥＯの権威など何もない。マネジャーがそんなつもりで私の話を聞いているなら、そもそも私が会社に来る必要なんてあるのだろうか？

手本を示すことは、社員に私の望んでいることをやらせる確実な方法だと思っていた。社員たちがＣＥＯの悪い癖を全部真似しているかどうかは神のみぞ知るだが、だったらなぜ良い習慣を真似しないのか。私はチームに見捨てられたのか？　私は、ずっと前に父と交わした、当時ボストン・セルティックスのバスケットボールコーチだったトム・ヘインソーンについての会話を思い出した。ヘインソーンは、世界でもっとも成功したコーチのひとりで、年間最優秀コーチにも選ばれ、NBAのチャンピオンには二度輝いた。

ところが、ヘインソーンは急速に坂を転げ落ち、今やチームはリーグ最下位の成績だった。私は何が起こったのかを父に尋ねた。「選手たちがヘインソーンのかんしゃくを気にしなくなったからさ。かつてはヘインソーンがチームを怒鳴りつけると、選手たちはそれに反応していた。今はただ無視しているだけだ」。チームはCEOである私を無視していたのか？　私は怒鳴りすぎたのだろうか？

考えれば考えるほど、私はチームに「何」をすべきかは伝えていたが、「なぜ」そうしてほしいかを明確にしていなかったことに気づかされた。権威だけでは、彼らに私が望むことをやらせるには十分でなかった。会社が成し遂げようとしていた事案が多すぎて、マネジャーたちは全部に手を付けられないので、それぞれ独自の優先順位を決めていた。どうやらこのマネジャーは部下とのミーティングをさほど重要とは考えなかったようであり、私もミーティングが重要である理由をそのマネジャーに説明していなかった。

ではなぜ私は、マネジャー全員にマネジメント教育を強制しなかったのだろうか。なぜ私は、マネジャーたちに部下と個人面談を要求したのだろうか。私は熟考を重ねた結果、ある本質的な理由に思い当たったので、問題のマネジャーの上司――スティーブとする――に電話をかけ、今すぐ会う必要があることを告げた。スティーブが席にやって来たとき、私はこう尋ねた。

ベン：スティーブ、私がなぜ今日会社に来たのかわかるか？

スティーブ：どういう意味でしょうか？

ベン：なぜ私はわざわざ朝起きたのか？　なぜ、わざわざやって来たのか？　それがお金のためなら、明日にでも会社を売れば、欲しいと思った以上の金が手に入るだろう？有名になりたいわけでもないし、むしろその逆だ。

スティーブ：そう思います。

ベン：だったら、なぜ私は会社に来たのだろう？

スティーブ：わかりません。

ベン：では、説明しよう。私が会社に来るのは、オプスウェアが良い会社であることが、私個人にとっても非常に大切だからだ。毎日12時間から16時間、起きている時間の大半をここで過ごす人たちが、良い人生を送ることは私にとって大切なのだ。それが私の会社に来る理由だ。

スティーブ：わかりました。

ベン：働きやすい職場と、そうでない職場の違いは何かわかるか？

スティーブ：えー、たぶん。

ベン：何が違う？

スティーブ：うーん、えーと……。

ベン：話をわかりやすくしよう。良い組織では、人々が自分の仕事に集中し、その仕事をやり遂げれば会社にも自分自身にも良いことが起こると確信している。こういう組織で働けることは真の喜びだ。誰もが朝起きたとき、自分のする仕事は効率的で効果的で、組織にも自分にも何か変化をもたらすとわかっている。それが、彼らの仕事への意欲を高め、満足感を与える。

一方で不健全な組織では、みんなが多くの時間を組織の壁や内紛や崩壊したプロセスとの戦いに費している。自分の仕事が何なのかさえ明確になっていないので、自分が役割を果たしているかどうかを知る由もない。非常識なほど働いて仕事を成し遂げた奇跡的なケースでさえ、それが会社や自分たちのキャリアにとって何を意味をするのかまったくわかっていない。すべてをより深刻にし、いっそう事態を悪化させることがある。それは、彼らがようやく勇気をふりしぼって、いかに現状が腐敗しているかを訴え出たとき、経営陣が問題の存在を否定し、現状を擁護し、そして問題を無視することだ。

スティーブ：わかりました。

ベン　：きみのところのティムというマネジャーが過去6カ月間、部下の誰とも面談していないと知っているかな？

スティーブ：いいえ。

ベン　：今は知っているわけだが、彼にとって自分の組織が良いのか悪いのかを知る手段すらないことを、きみは認識しているのか？

スティーブ：はい。

ベン　：要するにきみとティムは、私が唯一無二のゴールに達成することを妨害しているわけだ。きみは、私がもっとも大切なゴールを成し遂げることを阻止する障壁になったのだ。そういうわけで、もしティムが今から24時間以内に彼の部下一人ひとりと面談しないなら、私は彼をクビにして、きみをクビにするよりほかに方法がない。わかったかな？

スティーブ：はいっ。

脅す必要があったのか？

どんなに経営がしっかりした会社でも、製品が市場に適合していなければ事業は失敗するだろう、とあなたは思うかもしれない。さらには、どんなに経営がひどくても、市場にすばらしく適合した製品があれば、問題なく成功すると思うかもしれない。そして、どちらも正しいのだろう。だとすれば私は、あんな芝居がかった話をして、幹部のひとりを脅す必要が本当にあったのだろうか？

私は次の3つの理由から、必要だったと思っている。

■物事がうまく運んでいる間は、良い会社かどうかはあまり重要ではないが、何かがおかしくなったときには、生死を分ける違いになることがある。

■物事は必ずおかしくなる。

■良い会社でいることは、それ自体が目的である。

生と死の違い

物事がうまく運んでいるとき、会社に居続ける理由はたくさんある。

■キャリアパスは大きく開かれている。会社が成長するにつれ、数多くの興味ある仕事への道が自然に開かれていくからだ。

■友達や家族は、あなたは「最高の会社」をほかの誰もが「最高」だと気づく前に選んだ天才だと思う。

■一流企業の全盛期に働いていたことで、あなたの履歴書は価値が高まる。

■そして、もちろんあなたは裕福になる。

物事がうまくいかなくなると、これらすべてが辞める理由に変わる。事実、物事がひどく悪い方向へ進んだとき、社員を会社に留まらせる唯一の理由は、その仕事が好きということだけだ。

物事は必ずおかしくなる

世界の歴史上、株価が単調に上がり続けた会社は存在しない。悪い会社では、経済力が消滅すれば社員も消滅する。ＩＴ企業では、社員が減るとスパイラルが始まる。会社の価値が下がり、優秀な社員たちが去り、会社の価値が下がり、さらに優秀な社員たちが去る。スパイラルを逆転させることは極めて難しい。

良い会社でいることは、それ自体が目的である

初めてビル・キャンベルに会ったとき、彼はインテュイットの会長であり、アップルの取締役であり、業界を代表する多くのＣＥＯのメンター（良き師）でもあった。もっとも、そんな事実よりずっと私を魅了したのは、彼が１９９２年にゴー・コーポレーションという会社を経営していたときのことだった。ゴーは、事実上１９９２年にｉＰｈｏｎｅをつくろうとしていた。その会社は、おそらくどのベンチャーキャピタルが支援するスタートアップよりも多くの資金を調達したが、１９９４年にタダ同然でＡＴ＆Ｔに身売りするまでに、そのほぼ全額を失った。

これはあまり感銘を受ける話には思えないだろう。むしろ、ひどい大失敗のように感じるか

もしれない。私はこれまでに何十人もの元ゴー社員に会い、その中にはマイク・ホーマー、ダニー・シェイダー、フランク・チェン、ストラトン・スクラボスなどの著名人もいた。驚くべきことに、その元ゴー社員たちは、ひとり残らずこの会社を人生でもっともすばらしい職場のひとつだと思っていた。キャリアは停滞し、一切稼ぐこともできず、見出しを飾るような大失敗だったにもかかわらず、彼らにとってそれは人生最高の職業体験だった。ゴーは働きやすい職場だったのだ。

このことで私は、ビルが驚くほど影響力のあるCEOだったのだと気づかされた。おそらく著名なベンチャーキャピタリストのジョン・ドーアもそう思ったようで、スコット・クックがインテュイットのCEOを探していたとき、ジョンはビルを推薦した――ビルがゴーでジョンに山ほど損をさせていたにもかかわらずだ。その後長年にわたり、ゴーの元社員に会ったことのある人は全員、ビルがどんな人間だったか知っていた。ビルにとっては、良い会社をつくることがすべてだった。

ほかのことはともかく、ビルのようになって良い会社をつくってほしい。

なぜ部下を教育すべきなのか

私はネットスケープで働いていたときに、スタートアップが社員教育をすべき理由を学んだ。マクドナルドの従業員がそれぞれの仕事のための教育を受けているのに、それよりはるかに複雑な仕事をする人たちが教育を受けないのはおかしい。マクドナルドへ行き、訓練されていない店員の列に並びたいだろうか？　プログラム全体が何をするか教えられたことのないエンジニアの書いたソフトウェアを、あなたは使いたいと思うだろうか？　多くの会社が、社員は優秀なので教育は必要ないと考えている。ばかげた話だ。

私は初めてマネジャーになったとき、教育について複雑な感情を抱いていた。論理的には、ハイテク企業のための教育には意味がある。しかし、かつて自分が受けた社員教育はちっとも面白くなかった。講義は会社のビジネスを理解していない外部業者によって教えられ、見当外れな内容ばかりだった。そして私は、アンディ・グローブの古典的経営書『HIGH OUTPUT MANAGEMENT』（日経BP社）の第16章「なぜ教育はボスの仕事なのか」を読み、この本が私のキャリアを変えた。「多くのマネジャーは、社員教育を他人の仕事と考えているふしがある。しかし私は、マネジャー自身が教育すべきだと固く信じている」とグローブは書いている。

ネットスケープの製品管理部長だった私は、ほとんどの製品マネジャーがビジネスに付加価値を付けていないことに、いら立ちを覚えていた。アンディの指針に基づき、私は後述する「良い製品マネジャー、悪い製品マネジャー」と題した短い文書をつくり、私の基本的な前提をチームに教え込むために使った。その後、チームの業績がたちどころに改善されたことに私は驚いた。私が使いものにならないと見限っていた製品マネジャーたちが力を発揮し始めた。間もなく私は、会社でもっとも業績の良いチームを率いていた。

この体験に基づき、ラウドクラウドを立ち上げて以来、私は教育に多大な投資をしてきた。あの投資のおかげで、会社の最終的な成功があったと私は考えている。そして、そのすべての始まりは、自分の部下を教育するというありふれた決断と、さらにありふれた教材だった。そこで今私は、アンディ・グローブから得られた知識を次の世代に返すべく、なぜ、何を、どう、あなたの会社でやるべきかを説明しようと思う。

なぜ部下を教育するのか

ＩＴ企業を立ち上げる人のほぼ全員が、もっとも重要な資産は人だとわかっている。順調なスタートアップは、その人材基盤をつくるために、採用と面接のプロセスに多大な力を注いでいる。しかし、人への投資がここで止まってしまう例があまりにも多い。それではいけない重要な理由が４つある。

１　生産性

採用する際、何人の候補者をふるいにかけ、何人を面接し、最終的に何人雇ったかというデータを念入りに記録しているスタートアップがよくある。いずれの数値も興味深いが、もっとも重要な統計データが抜けている。十分に生産的な社員を何人増やしたかというデータだ。本来のゴールに向けての進捗を測定していないため、彼らは教育の価値を見過ごしてしまう。

生産性を測定していれば、求人、雇用、融和にかけた、あの投資の数々が無駄になっていたことに恐怖を覚えるだろう。新入社員の生産性の低さを知らされたときでさえ、ほとんどのCEOは、教育に投資する時間はないと考えている。アンディ・グローブは、その反対が正しいことを数字で示している。

教育は、早い話が、マネジャーにできるもっとも効果的な作業のひとつだ。自分の部下たちに全４回の講義を受けさせることを考えてほしい。１時間の講義に３時間の準備が必要だとする――計12時間の作業になる。クラスには生徒が10人いるとしよう。

来年彼らは合計約２万時間、会社のために働くことになる。あなたの教育によって部下たちの業績が１パーセント向上するなら、あなたの12時間によって、会社は２００時間相当の利益を得ることになる。

2　業績管理

マネジャーの候補者を面接する際、面接者はこう聞きたがる。「誰かをクビにしたことはあるか？」あるいは、今まで何人クビにしたか？　または、誰かをクビにするときはどうするか？　どれもまあまあ良い質問だが、正しい質問ではないことが多い。尋ねるべきはこうだ。「あなたがクビにした社員は、自分は職務上何を期待されていたかを理解していたか？　そしてその期待を自分が達成できていないと理解していた、とあなたは確信できるか？」

最良の解決方法は、マネジャーが部下を教育するときに、明確な期待値を設定しておくことだ。部下を教育していなければ、業績管理の基準を設定することもできない。その結果、会社の業績管理はいい加減で一貫性のないものになる。

3　製品品質

創業者はたいていエレガントで美しい製品アーキテクチャのビジョンを持って会社を立ち上げる。そのアーキテクチャだけで、以前の仕事で対応に追われたような厄介な問題はなくなると考える。そして、会社が成功するにつれて、あの美しい製品アーキテクチャがフランケンシュタインへと変わっていることに気づく。なぜそんなことが起きるのだろうか。成功によって新しいエンジニアを急速に雇う必要が生じて、その新しいエンジニアの教育を忘れたからだ。

エンジニアは仕事を割り当てられると、できる限りうまくこなす方法を見つけ出す。多くの場合、アーキテクチャの既存機能をコピーすることになる。そこからユーザー体験の不整合、性能問題、その他もろもろの惨事が生まれる。そしてCEOは、教育には金がかかると考えていた。

4　社員をつなぎとめる

ネットスケープで社員が特に減少したとき、私は会社中の退職者面接の記録を読み、なぜみんながハイテク企業を辞めるのか、より深く理解しようと考えた。経済的な事情を別にして、人が会社を辞める主要な理由には次のふたつがあるとわかった。

■**マネジャーが嫌い。**　一般に社員は、自分が受けた指導、キャリア開発、そしてフィードバックのなさに愛想をつかしている。

■**何も教えられていない。**　社員が新たなスキルを身につけるため、会社は投資していなかった。

傑出した教育プログラムがあれば、どちらの問題にも正面から取り組むことができる。

最初に何をすべきか？

教育の第一段階では、社員にとって関連の深い話題から入るのがよい。社員が自分の仕事をするために必要な知識とスキルだ。私はこれを、「機能教育」と呼んでいる。機能教育には、新入社員に何を期待しているかを教えるという簡単なものから、数週間にわたるブートキャンプで会社の製品の歴史的なアーキテクチャの意味合いを叩き込む複雑なものまである。

教育コースは、個別の業務に合わせて用意するべきだ。複雑なコースをつくるなら、マネジャー以外に、チームでもっとも優秀なエキスパートも参加させるのを忘れないように。うれしい副次効果として、この種の作業は文化創成のために社外戦略会議を100回やるよりも、強力かつポジティブな企業文化を育成できる。

企業教育プログラムにおけるもうひとつの柱が、マネジメント教育だ。マネジメント教育は、マネジメントチームに対する期待を設定する理想的な場だ。

部下と定期的に個人面談をしてほしいのか？　部下に実績のフィードバックを与えてほしいのか？　部下を教育してほしいのか？　マネジャーとチームメンバーとで目標を一致させてほしいのか？　もしそうであれば、マネジメント教育でマネジャーにそう伝えたほうがよい。IT企業における最先端マネジメントは、恐ろしく貧弱だからだ。期待値の設定が済んだら、マネジメントコースの次のステップはもう決まっている。CEOが期待していることを実行するにはどうすればよいかを、マネジャーたちに教えるコースだ（勤務評定の書き方、個人面談の進め方など)。

マネジメント教育と機能教育の準備が整えば、ほかのチャンスが生まれる。ＩＴ企業をつくるすばらしさのひとつは、驚くほど優秀な人々を雇えることだ。最高の人材を集め、彼らの持つもっとも成熟したスキルを伝承するよう働きかける。交渉、面接、会計などに関する教育は、その分野における会社の能力を高めるだけでなく、社員の士気も向上させる。教える側に立つことは、エリートクラスの能力を持つ社員にとって勲章にもなる。

教育プログラムを実施する

これで教育の価値と、何を教えるべきかは理解できた。では、ＣＥＯが必要だと思っていることを、組織にやらせるにはどうすればいいだろうか。

まず認識すべきは、スタートアップには、必須以外のことをする時間はないということだ。よって、教育は社員に義務づけなければならない。最初のふたつ（機能教育とマネジメント教育）は、次の方法をとれば容易に強制できる。

■**機能教育を新規採用の条件にする。**アンディ・グローブ曰く、マネジャーが社員の生産性を改善する方法はふたつしかない。動機づけと教育だ。よって、教育は組織のマネジャー全員にとって、もっとも基本的な要件である。この要件を強制する効果的な方法のひとつは、採用予定者向け教育プログラムを開発するまで、その部署の新規雇用を保留することだ。

■**自分自身が教えることで、マネジメント教育を強制する。**会社のマネジメントはCEOの職務である。すべてのマネジメントコースをCEOが教える時間はないだろうが、経営陣に求める要件のコースは教えるべきだ。なぜなら、それはCEOの期待にほかならないからだ。ほかのコースは、CEOのチームでもっとも優秀なマネジャーたちを選んで教えさせることによって、教育活動への貢献を誇りに感じるように仕向ける。そして、これも強制にする。

皮肉なことに、教育プログラムを整備するうえで最大の障壁は、時間がかかりすぎるという人々の認識にある。会社の生産性を改善するために、これ以上の投資はないことを肝に命じること。忙しすぎて教育ができないというのは、腹が減りすぎて食べられないというのと同じだ。しかも、基礎的な教育コースをつくることは、さほど難しくない。

ネットスケープでサーバー製品管理グループを率いていたとき、引き継いだチームの全員が、各自の仕事をまったく独自に異なって解釈していたことに、私はひどくいら立った。結局私は、この業界に製品管理業務を定義した者などひとりもいなかったのだと悟った。次にやったことといえば、私が業務を定義して自分の血圧を下げることだった。驚くなかれ、みんなは今もそれを読んでいる。この経験が私に教育の大切さを教えてくれた。

良い製品マネジャー、悪い製品マネジャー

良い製品マネジャーは、市場、製品、製品ライン、競合を非常によくわかっていて、深い知識と強い信頼に基づいて行動する。良い製品マネジャーは、その製品のCEOである。良い製品マネジャーは全責任を負い、製品の成功によって自分自身を評価する。

彼らはすばらしい製品を最適な時期に出すために必要なことすべてに責任を持つ。良い製品マネジャーは、周囲の環境（会社、収益源、競合など）を知り、勝利への計画を編み出し、それを実行する責任を持つ（言い訳をしない）。

悪い製品マネジャーは、山ほど言い訳をする。資金が足りない、エンジニアリングマネジャーがバカだ、マイクロソフトでは10倍の人数のエンジニアが取りかかっている、自分は働きすぎだ、十分な指示を受けていない。会社のCEOはこういう言い訳をしないし、製品のCEOもこういう言い訳をするべきではない。

良い製品マネジャーは、すばらしい製品を最適な時期に出荷するために協力すべき組織に、自分の時間を全部吸い取られたりしない。彼らは、製品チームの時間を食いつぶさない。彼らは個々の機能のプロジェクト管理をしない。彼らはエンジニアリング部門の使い走りではない。彼らは製品チームの一員ではない。製品チームを管理するのだ。エンジニアリングチームは、良い製品マネジャーを「マーケティング資源」とは考えない。良い製品マネジャーは、エンジ

ニアリングマネジャーと対等な立場にあるマーケティングの長である。

良い製品マネジャーは目標の「Ｗｈａｔ」（すなわち「何をすべきか」）を明確に定義し、「Ｈｏｗ」（すなわち「どうやったらできるか」）ではなく、その「Ｗｈａｔ」が実現するまでを管理する。悪い製品マネジャーは、「Ｈｏｗ」を思いついたときに、最高の気分に浸る。良い製品マネジャーは、エンジニアリングチームと書面と口頭の両方で明瞭にコミュニケーションを取る。良い製品マネジャーは、非公式に指示を出さない。良い製品マネジャーは、非公式に情報を収集する。

良い製品マネジャーは、セールス部門、マーケティング部門、そして幹部も活用できる販促用品、ＦＡＱ、プレゼン資料、白書をつくる。悪い製品マネジャーは、セールスチームのために一日中質問に答えて多忙極まりないと不満を訴える。良い製品マネジャーは、製品の深刻な欠陥を予見して、真の解決策を準備する。悪い製品マネジャーは、一日中火消しに追われている。

良い製品マネジャーは、重要な問題については書面で見解を示す（競合に対する特効薬、アーキテクチャ上の困難な選択、製品に関する困難な決定、攻めるべき市場と引くべき市場）。悪い製品マネジャーは自分の意見を口頭で述べ、「権力」がその意見を通してくれないと嘆く。悪い製品マネジャーは、自分が失敗すると、失敗は予言していたと主張する。

良い製品マネジャーは、チームを売上と顧客に集中させる。悪い製品マネジャーは、チームをライバルが開発している機能の数に集中させる。良い製品マネジャーは、良い製品を大きな努力によって実現できるものと定義する。悪い製品マネジャーは、良い製品を実現不可能なものと定義する、あるいはエンジニアリング部門に彼らがつくりたいものをつくらせる（つまりは最大の難問を解かせる）。

良い製品マネジャーは、製品計画の段階では優れた価値を市場に届けることを基準にし、市場に進出した段階では市場シェアと売上目標の達成を基準に考える。悪い製品マネジャーは、価値の提供、ライバルとの機能競争、価格決定、遍在性などの違いに、ひどく惑わされる。良い製品マネジャーは、問題を分解して考える。悪い製品マネジャーは、あらゆる問題をひとつにまとめる。

良い製品マネジャーは、マスコミに書いてもらいたいストーリーを考える。悪い製品マネジャーは、あらゆる機能を網羅することを考え、マスコミに対して絶対的に厳密であろうとする。良い製品マネジャーは、報道陣に質問する。悪い製品マネジャーは、報道陣の質問に答えるだけだ。良い製品マネジャーは、報道関係者やアナリストのコミュニティは本当に頭がいいと考えている。悪い製品マネジャーは、ジャーナリストやアナリストはバカだ、わが社のテクノロジーの微妙なニュアンスを理解していないなんてと思っている。

良い製品マネジャーは、明瞭であろうとし過ぎて誤ることがある。悪い製品マネジャーは、当然説明すべきことも説明しようとしない。良い製品マネジャーは、自分の仕事や自分の成功を定義する。悪い製品マネジャーは、常に何をすべきかを言ってもらいたがる。

良い製品マネジャーは、状況報告書を毎週時間通りに提出する。規律正しいからだ。悪い製品マネジャーは、状況報告書を時間通りに提出しない。規律を重視していないからだ。

友達の会社から採用してもよいか

優れたIT企業はどこでも、優秀な人材を必要としている。一流の会社は、時間と金と労力を投資して、世界水準のリクルーティングマシンになろうとする。しかし、世界一優秀なチームをつくるために、どこまで努力すべきなのだろうか。友達の会社の社員を雇うことは、フェアなのだろうか？　そんなことをしても、友達でいられるのだろうか？

ほとんどのCEOは、友達の会社を人材資源とは見ていない。CEOは一般的に、ビジネス上で多くの親友を持ち、親友の会社を侵略することは確実に友をひとり失う方法である。にもかかわらず、CEOのほぼ全員が、友達の会社から社員を引き抜くべきかどうかの決断に迫られる。どうしてそうなるのだろうか。親友の会社からの引き抜きは、どんなときに許されるのかだろうか。どんなときに友達を失うことになるのだろうか。

でも、彼らはもともと転職を考えていた

はじまりはいつも同じだ。あなたの良き友達のキャシーの会社には、フレッドという優秀な

エンジニアがいる。フレッドは、たまたまあなたの会社のトップクラスのエンジニアと友達同士だった。そのエンジニアがあなたの知らないうちにフレッドを面接に連れてくる。フレッドはトントン拍子に採用プロセスを進んでいく。最終段階は、CEOであるあなたとの面接だ。あなたはすぐに、フレッドが自分の親友であるキャシーの会社で働いていることを知る。人事担当者に、こちらからフレッドにアプローチしていないかを確認すると、その心配はなく、フレッドは元々転職を考えていて、うちでなければ他社に行くつもりであると告げられる。さて、どうするか?

この時点で、あなたならこう考えるかもしれない。「フレッドが辞めるなら、ライバル会社や嫌いなCEOのいる会社へ行くよりは、私の会社に行かせたいとキャシーは思うに違いない」。しかし、おそらくキャシーはそう考えない。

一般に、社員が会社を辞めるときは何かがうまくいっていないときだ。つまり今、キャシーは会社の存続をかけて戦っていると考えるべきだ。この状況で、優秀な社員を失うことほど彼女を深く傷つけることはない。なぜならCEOは、多くの社員が優秀な社員の退社を会社の終焉の先行指標と受けとめることを知っているからだ。キャシーにとってさらに痛手なのは、社員たちがあなたの行動をキャシーへの裏切りと考えることだ――キャシーの「友達」は引き抜きをしている。社員たちはこう思うだろう。「キャシーはなんて無能なCEOだ。友達に社員を引き抜かれることさえ防げないなんて」。こうして、論理的な問題が、たちまち感情的な問題に変わっていく。

キャシーとの友達関係を続けたいあなたは、フレッドは例外で、彼のほうからやって来たのであり、彼はキャシーの会社から来る最初で最後の社員だと言い張る。一般論として、この説明は通用する。キャシーは理解を示し、あなたの説明に感謝する。彼女は許すだろう。しかし、決して忘れない。

フレッドに関するキャシーの記憶は重要だ。フレッドは、あなたとキャシーとの友達関係を崩壊させる第一ステップにすぎないからだ。フレッドは輝けるスター社員なので、キャシーの会社の優秀な社員たちはフレッドに電話をかけ、なぜ辞めるのか、どこへ行くのかと聞くに違いない。フレッドは自分なりに理由を説明し、その理由には説得力があるだろう。そしてある日突然、彼らはフレッドの後を追ってあなたの会社に入りたいと言う。あなたが気づいたときには、フレッドを訪ねた採用予定者たちが内定を取りつけ、給与額の提示を受けているだろう。

いずれのケースでもあなたの部下たちは、キャシーの会社の社員からアプローチしてきたのであり、逆ではないと言うだろう。そして、内定者たちはほかの会社からも給与額の提示を受けていて、辞めることは間違いないので採用しても問題はないと言うだろう。しかし、キャシーの会社のマネジャーたちは、まず間違いなく違うストーリーを伝える。彼らはキャシーに対して、友達に同僚の引き抜きをやめさせるよう訴え、さもなければ目標を達成できないと嘆願する。キャシーは当惑し、そして激怒する。結局、人間関係のプレッシャーの中ではあなたの立派な言い訳も役に立たない。

この話を理解するための簡単なたとえがある。夫が家を出ていったとき、あなたの親友とつきあってほしいと思うだろうか。どうせ誰かとつきあうなら、相手は自分の友達のほうがいいじゃないかと。それは論理的に思えるが、この状況は論理とはほど遠いので、あなたは友達をひとり失うだけだ。

最善の方法は友達への開示

まず忘れてならないのは、その社員たちは非常に優秀であるはずで、そうでなければそもそも自分の会社に来てほしいなどと思わないということだ。つまり、あなたは友達の会社からトップクラスの社員を引き抜くか、二流の社員を増やすかのどちらかだ。採用しようとしている人たちが、惜しまれていないケースなど想定すべきでない。

良い経験則のひとつが、私の「社員引き抜きにおける再帰の法則」だ。「もしX社があなたの会社の社員を何人か引き抜いたらショックを受け、恐怖を感じるなら、あなたもX社の社員を引き抜くべきではない」。そういう会社は少ないはずであり、ゼロである可能性が高い。

こうした厄介な状況を避けるべく、多くの会社では、CEO（あるいは上級幹部）の承認を得ずに社員を採用してはいけない会社を決め、書面あるいは暗黙のポリシーとして運用している。そのポリシーがあれば、採用を決める前に、友達のCEOが社員を引きとめたり、異議を唱えたりする最後のチャンスを与えられる。

こう考えると、最善の方法は、開示と透明性を持つことだとわかる。スーパースター社員の採用と、大切な友達への裏切りという矛盾に気づいたなら、あなたはその問題を公にして、採用候補者が所属している会社とは重要なビジネス上の関係があり、手続きを進める前に所属する会社のＣＥＯに身元照会をする必要があると知らせなければならない。もしそれを望まないなら、手続きを中止してこれまでのことは内密にすることも伝える。採用を決める前に友達と話すことで友達関係に与える影響を予測できる。さらには、採用の失敗を防げるかもしれない。面接で出来のよかった候補者が、悪い社員になることは往々にしてあるからだ。

最後に

名作映画『続・夕陽のガンマン』(The Good, the Bad and the Ugly) で、「善玉」のクリント・イーストウッドと「卑劣漢」のイーライ・ウォラックは、犯罪のパートナーだ。悪名高き犯罪者のウォラックには懸賞金がかかっていて、ふたりは詐欺を働いて賞金をだまし取ろうとする。イーストウッドはウォラックを引き渡して賞金を手に入れる。そしてウォラックは絞首刑を言い渡される。後手に縛られ、馬に乗せられたウォラックが、まさに首を絞められようとしたそのとき、イーストウッドが遠くからロープを撃ち抜いてウォラックを逃がし、ふたりは賞金を山分けする。作戦は見事に成功したように見えたが、イーストウッドはウォラックを逃がしながら、ウォラックにこう言った。

「どう見ても、お前には３０００ドルの価値しかねえな」

「なんだと？」とウォラック。

「金は全部もらう」とイーストウッド。そしてこの後、映画史に残る大復讐劇が始まる。

つまり、もし友達のＣＥＯに、あなたにはこの社員以上の価値はないと言ったら、友達ではいられなくなると思ったほうがいい。

大企業の幹部が小さな会社で活躍できない理由

市場が求める製品ができあがり、会社設立の準備が整った。取締役会は、「あれもこれも経験した」人を幹部に招き入れるよう、CEOに勧める。世界レベルの製品を世界レベルのビジネスへ変えるために必要な財務、セールス、マーケティングの専門知識を持つ人たちだ。CEOは気に入った候補者を何人か思い浮かべるが、取締役会のベンチャーキャピタリストは、「もっと大物がいるだろう。この会社はこれから巨大になる。もっといい人材を呼べるはずだ」と言う。そこでCEOは目標を高くして、超辣腕のセールス責任者を連れてくる。社員1000人の大組織を動かしてきた男だ。紹介者には輝かしい名前が並び、しかも見た目も立派だ。ベンチャーキャピタリストは彼を大いに気に入る。なんと言っても、経歴がすばらしい。

半年後…

早送りして半年後、会社の誰もが不思議に思っている。なぜ、何も生み出していないセールス（またはマーケティング、財務、製品担当）のあいつが、あれほど巨額のストックオプションをもらっているのか。実際に仕事をしている人たちは、ほんの少ししかもらっていないのに。報酬に見合う働きをしていないばかりか、会社は大変なことになっている――超高給取りの幹部が無能なために、目標を達成できないからだ。いったい何が起きたというのか？

何より重要なのは、大会社の幹部の仕事は、小さな会社の幹部とはまったく違うということだ。私がオプスウェアを売ったあと、ＨＰで何千人もの社員を率いていたとき、私の時間に対して驚くほど多くの要求が寄せられた。誰もが私と話す時間を確保しようとした。小さな会社が私と手を組みたがり、私に会社を売ろうとしたりした。部下たちは私の承認を必要とし、他部門は私に協力を求め、顧客は私の気を引こうとするといった具合だ。その結果、私の時間のほとんどは、既存ビジネスの最適化と調整に費やされた。仕事のほとんどが「受け身」だった。実際、大企業の有能な幹部の多くは、四半期に新しいプロジェクトが3つあったら、多すぎると言うだろう。その結果、大会社の幹部は割り込み駆動型になりがちだ。

対照的に、スタートアップの幹部の場合、自分が仕掛けない限り何も起こらない。会社の立ち上げ時期には、一日に8から10のプロジェクトを処理できなければ、会社は止まってしまう。

ミスマッチが起こる

この手の大企業の幹部を雇うと、ＣＥＯは次のふたつのミスマッチに直面することになる。

1　ペースのミスマッチ

幹部は、メールが来るのを待ち、電話が鳴るのを待ち、ミーティングのスケジュールが組まれるのを待つ体になっている。彼は、長い間待ち続ける。新しい幹部が（いつも通り）待っていたら、ほかの社員たちは疑念を抱き始めるだろう。こんな会話が聞こえてくる。「あの男は一日中何をしているのだろう?」。そして「なぜ、彼はあんなに多くのストックオプションをもらえたのだろう?」と。

2　スキルのミスマッチ

大組織を動かしていくには、新たに組織をつくり上げるのとはまったく異なるスキルが必要だ。大きな組織を動かしていると、複雑な意思決定、優先順位付け、組織設計、工程改善、組織コミュニケーションといった作業が非常に得意になる傾向にある。組織の立ち上げ時には、編成すべき組織も、改善すべき工程もなく、組織内のコミュニケーションも単純だ。一方で、質の高い採用プロセスに熟達し、分野の専門知識に詳しく（ひとりで品質管理に責任を持つ）、ゼロから工程をつくり、新しい方向性や作業に非常に創造的でなくてはならない。

無残な失敗を防ぐにはどうすればよいか

惨事を防ぐ重要なステップがふたつある。

1 面接段階でどうしようもないミスマッチを察知する
2 面接と同じくらい、融和を大切にする

ミスマッチの検出

克服不可能なペースのミスマッチやスキルのミスマッチを見極めるには、どうすればよいだろうか。面接の質問で、私が有効だと思ったものをいくつか紹介しよう。

質問：仕事に就いて最初の1カ月に何をしますか？

「勉強」という答えを強調しすぎる人には要注意だ。候補者は組織について勉強すべきことが、実際より多くあると考えているかもしれない。具体的には、候補者が今いる組織と同じくらい、あなたの会社の組織を複雑だと考えている可能性がある。

候補者が、割り込み駆動型である兆候を見逃がしてはならない。小さな会社では、割り込みはいつまでたってもやってこないからだ。CEOが無理だと思うくらい新規プロジェクトを持ってくる候補者を探そう。そんな人物なら期待が持てる。

質問：新しい仕事は、あなたの今の仕事とどう違いますか？

仕事の違いを自覚しているかどうかに注目すること。候補者が必要とされている経験を持っているなら、歯切れよく答えるはずだ。過去の体験の大部分を今すぐ応用できると思い込んでいる候補者は要注意だ。いずれは役に立つかもしれないが、明日にではない。

質問：なぜ小さな会社に入ろうと思いましたか？

ストックオプションが主要な動機でないかに注意せよ。ゼロの1パーセントはゼロだ。大会社の幹部は、これをなかなか理解できないことがある。

クリエイティブになりたがる人のほうがずっと良い。大きな会社と小さな会社でもっとも大きく違うのは、経営している時間と、創造している時間の長さだ。もっと創造したいという意欲が、あなたの会社に入る正当な理由だ。

入社したら積極的に融け込ませる

決定的に重要なステップは、融和だ。新しい幹部を会社に融け込ませるために、膨大な時間をかける用意をしておくべきだ。いくつか注意すべき点を挙げる。

■**創造を強いる。**毎月、毎週、あるいは毎日でも目標を与えて、すぐに結果が出せることを確認する。ほかの社員たちもこの様子を見ている。

■「理解」しているか確認する。コンテキストを持たない幹部は、スタートアップでは価値を持たない。どの幹部も、製品、テクノロジー、顧客、市場を理解する必要がある。新米幹部には無理にでも覚えてもらう。たとえば、CEOと新幹部とのミーティングを毎日設定する。その日耳にしたけれど完全には理解できなかったことへの疑問を、このミーティングですべて列挙させる。CEOは原則に沿って、疑問に詳しく答える。できるだけ早く、必要な情報を与えること。何も質問がなければ、解雇を検討すべきだ。30日経っても状況を把握できていないと感じたら、間違いなく解雇すべきだ。

■社員と接触させる。同僚や社内のキーパーソンに自ら進んで連絡を取り、交流するよう徹底する。知っておくべき人、学び取るべき人たちのリストを渡そう。その後、それぞれの人から何を学んだかを報告させる。

最後に

会社の発展を加速するには、よく似た会社を大きな規模につくり上げた経験のある人を雇うのがもっとも効果的だ。しかし、それには危険が伴う。成功と失敗の予兆には、十分目を光らせておかねばならない。

幹部の採用――未経験の仕事でも適任者を見つける

優秀な部門マネジャーと優秀なゼネラルマネジャー――優秀なCEOはもちろん――との最大の違いは、ゼネラルマネジャーはそれぞれの仕事について自分よりはるかに能力の高い人たちを雇用し、管理していかなくてはならないということだ。実際、自分ではやったことがない仕事をする人たちを雇い、管理しなければならないことが多い。人事、エンジニアリング、セールス、マーケティング、財務、法務のすべての分野の責任者だったCEOが何人いるだろうか。おそらくゼロだ。

では、経験なしにどうやって優秀な人材を雇うのだろうか。

ステップ1　自分が欲しいものを知る

これはプロセスの中で間違いなくもっとも重要なステップであると同時に、もっともよく省略されるステップでもある。偉大な自己啓発コーチ、トニー・ロビンズが言うように、「何が欲しいかを知らなければ、それを得る確率は極めて小さい」。では、その仕事をしたことがないのに、どうやって何が欲しいかを知るのだろうか。

まず、自分がいかに無知であるかを認識し、候補者と面接するだけですべてわかったと考えるような誘惑に耐える必要がある。面接プロセスは非常に学習効果が高い場合もあるが、それを唯一の情報源にすることは危険だ。次のような罠(わな)に陥りやすくなる。

■**見た目と勘で採用してしまう。**面接での見た目と雰囲気で幹部を選ぶなんてばかげていると思うかもしれないが、私の経験では幹部探しでの最優先基準は外見だった。自分が何を欲しいか知らないCEOと、採用についてあまり考えたことのない取締役が集まったとき、何が採用基準になるか想像してほしい。

■**典型的な人物を探してしまう。**もし私が典型的な人物を探していたら、マーク・クラニーを雇うことも、今あなたがこれを読んでいることもなかっただろう。この誤ったアプローチは、セールス責任者にプラトン的イデア(真実の姿)を求めることと同じだ。まず、理想的なセールス担当幹部のイメージを描き、次に現実世界の候補者を自分のモデルと一致させようと試みる。これは良くない方法だ。第一に、あなたが雇おうとしているのは、架空の会社で働く概念上の幹部ではない。自分の会社の今この瞬間にとって、正しい人物を雇わなくてはならない。2010年のオラクルのセールストップは、1989年なら失敗していた可能性が高い。アップルのエンジニアリング担当副社長は、フォースクエアにとっては完全に誤った人選かもしれない。重要なのは詳細さと明確さだ。第二に、CEOが描く空想モデルは、ほぼ確実に間違っている。CEOがこのモデルをつくった根拠は何だろうか。最後に、そんな曖昧な基準を面接チームに教え込むことはあり得ないほど困難である。その結果、全員が何か違うものを求めることになる。

■長所より短所のなさを重視してしまう。 経験を積めば積むほど、社員一人ひとり（自分を含む）に何か重大な問題があることに気づく。完全な人間などいない。だから、弱みがないことではなく、強みが何かで人を選ぶことが絶対的に重要だ。弱点のない人間を雇おうとすることは、心して見つけられやすさに違いがあるというだけだ。誰にでも弱点はある。人によっ地よさを最優先することを意味している。そうではなく、自分が必要としている強みを見つけ出し、その分野で世界レベルの人物を探すべきだ——ほかの重要度の低い領域に弱点を抱えていたとしても。

自分は何が欲しいのかを知る一番の方法は、その役割を演じてみることだ。肩書だけでなく、実際に行動するという意味だ。私はこれまでに、人事担当副社長、CFOとセールス責任者を兼務してきた。CEOは、実務的な役職の兼任を嫌うことが多いが、それは自分の知識不足を心配するからだ。この心配こそ、CEOが兼務すべき理由そのものだ——適切な知識を得るために兼務するのだ。実際、採用に必要な知識のすべてを得る唯一の方法は、その役割を演じることだ。あなたが探しているのは自分の会社にとって最適な幹部であって、汎用の幹部ではないからだ。

役職を兼務することに加えて、分野のエキスパートを迎えることも非常に役立つ。知り合いに優秀なセールス責任者がいたら、まず彼らに話を聞き、自分たちのどこを優秀だと思っているかを理解する。彼らのどんな長所が、自分の会社のニーズと直接一致しているかを見つけ出そう。可能であれば、その分野のエキスパートを面接プロセスに参加させるとよい。ただし、そのエキスパートは採用に必要な知識の一部しか持っていないことに注意すること。特に、あなたの会社やその仕組み、何を必要としているかなどについては、ほとんど知識を持っていない。このため、決断をその専門家に委ねることはできない。

最後に、入社する時点で採用する社員に何を期待するのか、CEOの中で明確にしておくことが大切だ。この人物は最初の30日間に何をするのか？　入社の動機は何だったのか？　すぐに大きな組織をつくってほしいのか、それとも来年にかけてひとりかふたりを雇うだけなのか。

ステップ2　適性を見極めるプロセスを実行する

最適な幹部を見つけるために、それまで自分が集めてきた知識を、最適な候補者を見つけるプロセスへと変換する必要がある。私が好んで用いるプロセスはこれだ。

必要な長所と、許容できる短所を書き出す

漏れをなくすために、幹部採用の基準として次の項目を入れておくと役に立つ。

■その幹部は、組織の役割を達成させるために世界レベルの能力を持っているか？
■その幹部の業務遂行能力は際立っているか？
□その幹部は、会社の戦略的方向性に重要な貢献をするか？　これは「その人物は十分に賢いか」を測る基準になる。
□チームに効果のあるメンバーになれるか？

「効果のある」がキーワードだ。ある幹部が、チームのほかのメンバーから好かれていても、まったく効果的でない人ということがある。あるいは、非常に効果があり多大な影響力を持っているが、完全に嫌われている幹部もいる。後者のほうがずっとよい。

これらの役割は職務ごとに同じ重みを持つわけではない。適切なバランスも重要だ。一般に卓越した事業運営能力は、マーケティング担当副社長やCFOにとってよりもエンジニアリング担当副社長やセールス担当副社長にとってのほうが、重要だ。

採用基準を確認する質問をつくる

この作業は、候補者にあらかじめ準備した質問をしない場合でも重要になる。自分たちが何を欲しいのか確認する質問を書き出すことによって、ほかの方法では達成困難なレベルまで何が欲しいのか具体化できる。そして、適切な面接チームを編成して面接を実施する。

面接チームの編成

面接チームをつくるにあたって、次の2点に留意すべきだ。

1　候補者が採用基準を満たしているかという判断を助けてくれるのは誰か？　社内の人でも社外の人でもよい。取締役やほかの幹部、あるいはそれ以外の専門家でもよい。

2　就任後の幹部を支持する必要があるのは誰か？　この人たちは、1の人たちと同じくらい重要だ。どんなに優秀な幹部でも、周囲の人間に邪魔されてばかりいれば、成功はおぼつかない。それを避ける最善の方法は、その人物を採用する前から、起き得る問題を想定しておくことだ。

当然、1と2の両グループに該当する人がいるだろう。どちらのグループの意見も非常に重要だ。グループ1は最高の候補者が誰かを決めるのに役立つし、グループ2はそれぞれの候補者がいかに会社に融け込みやすいかを見極めるのに役立つ。一般に、グループ2は最終選考に残った候補者とだけ面接するのがよい。

次に、面接者の資質に応じて質問を割り当てる。特に、質問をする面接者には良い回答がどんなものかをよく理解しておくよう気を配っておく。

面接前に、担当面接者とは毎回必ず事前に打ち合わせをしておくこと。この時間を利用して採用基準の共通認識を高めれば、最大限有益な情報を集められる。

正面玄関と裏口からの身元照会

最終候補者については、CEO自身の身元照会が極めて重要だ。この段階では、面接プロセスで使用したのと同じ採用基準に基づいて、身元を確認する必要がある。裏口からの身元照会（候補者のことを知っているが、候補者からは提示されていない人物によるチェック）は、偏見のない意見を聞くために極めて有用な方法だ。しかし、正面玄関からの身元照会も軽視してはならない。彼らは当然ポジティブな意見を言うつもりでいるが（そうでなければリストに載っていない）、あなたが知りたいことはポジティブかネガティブかではない。知りたいのは、採用基準を満たしているかどうかだ。正面玄関の照会で候補者から提示された人物は、候補者をよく知っているので、この点で大いに助けになることが多い。

ステップ3　孤独な決断を下す

採用プロセスには多くの人々が関与しているが、最終決定は単独で下さなくてはならない。CEOだけが唯一、採用基準、基準の合理性、面接者や紹介者からのあらゆるフィードバック、さまざまな利害関係者の相対的重要性についての包括的な知識を持っている。幹部採用をみんなの総意で決めようとすると、議論はほぼ間違いなく、長所ではなく短所のなさへとぶれていく。孤独な作業ではあるが、誰かがやらなくてはならないのだ。

社員がマネジャーを誤解するとき

ラウドクラウドを始めたころ、多くの人が、「ベンが言った」を後ろ盾に異常とも思える行動をとった。ほとんどの場合、私はそんなことは言っていなかったし、彼らが言うような意味のことも絶対に言っていなかった。私がここで話すマネジメントの原理は、当時の経験に関わるものが多い。

オプスウェアを経営していたとき、「非線形四半期問題」というものがあった。愛情を込めて「ホッケースティック」と呼ばれることもある。ホッケースティックというのは、四半期中の売上曲線の形に由来している。ある四半期のホッケースティックはひどいもので、新規契約の売上の90パーセントが四半期の最終日に計上された。この種の売上パターンは事業計画が立てにくくなり、われわれのような上場企業にとって悩みの種だった。

当然、私はこのホッケースティックを是正し、ビジネスを健全化しようとした。セールス部員が四半期の最初の2カ月間に契約をまとめるインセンティブとして、その期間の契約にボーナスを出すことにした。その結果、次の四半期売上は、ほんの少し直線的な増加に近づき、予想よりやや低かった――3カ月目の契約が、翌四半期の最初の2カ月に移っただけだった。

ネットスケープで大規模なエンジニアリング部隊を率いていたとき、製品のひとつについて私は、スケジュール、品質、機能の3点で測定した。そのチームは、必要な機能をすべて備えた製品を期日に遅れることなく出荷し、バグも極めて少なかった。しかし、残念ながら、その製品は可もなく不可もなく、何ひとつ際立った機能がなかった。

私がHPにいたとき、社内の事業はすべて数値化され、売上と利益率には驚くほど厳格な目標が設定されていた。いくつかの部門は目標数値を達成したが、それは研究開発費を削った結果だった。彼らの長期的な競争力は著しく弱まり、自らを破滅へと追い込んでいった。

3つのケースはいずれも、マネジャーたちは指示を守ったが、それはわれわれが欲しかったものではなかった。なぜそんなことが起きたのか？　これを見てみよう。

ホッケースティックの平坦化——間違ったゴール

今にして思えば、チームに四半期の売上のペースを平坦にしろなどと言うべきではなかった。それが私の望んでいたものだとすれば、私は——少なくとも一時的には——意図的に四半期売上を減らそうとしたことになる。会社には決まった人数のセールス部員がいて、四半期ごとの売上を最大にしようとしていた。四半期中の売上を平坦にするには、彼らは行動を改め、優先順位を変えなければならない。私は以前の売上を最大化する優先順位のほうが好きだった。

あのときの状況を踏まえれば、私はかなり運が良かった。孫武は、古典的名著『孫子』の中で、チームに実現不可能な任務を与えれば武力を損なうと警告している。私の場合、チームの機能は損なわなかったが、自分の優先順位を台無しにしてしまった。重要なのは、四半期売上を最大にすることなのか、それとも売上を平坦化して予測の精度を上げることなのか、この難しい判断を事前にしておくことだった。平坦化しろという指示が意味を持つのは、答えが後者の場合だけだ。

数字を重視しすぎる

2番目のネットスケープの例では、私は自分の望みとはずれた数字をチームに課していた。私が望んだのは、優先順に挙げれば、顧客に愛され、品質が高く、納期が守られる、そんなすばらしい製品だった。

残念ながら、私が設定した指標はこれらの優先順位を考慮していなかった。基本的に、指標とはインセンティブである。品質、機能、スケジュールを評価し、毎回のスタッフミーティングで指標について議論することによって、部下たちは指標に集中し、ほかの目標には目もくれなくなった。指標が真の目標を言い表していなかった結果、私はチームに目標を見失わせていたのだ。

これと同じ問題は、多くの消費者向けサービスを提供するインターネットのスタートアップにも当てはまる。顧客の獲得や維持に関わる数字に血相を変えるチームをよく見かける。これは、概して顧客獲得にはうまく働くが、顧客維持ではうまくいかない。なぜか？

多くの製品では、指標は顧客獲得目標を達成するには役立つ。しかし、顧客を維持したいときには、指標では具体的にどうすべきなのかはわからない。多くの若い会社は、この事実を理解せずに顧客維持でも指標を重視しすぎて、ユーザー体験の改善に十分な時間を割かなくなる。こうした狂乱的な数字至上主義は、一般に優れた製品を生まない。指標に基づく厳格な規律で優れた製品ビジョンを補うことは重要だが、指標で製品ビジョンを置き換えても、欲しいものは手に入らない。

数字で厳しく管理することはぬり絵キットに似ている

促進する対象には、定量化できるものとできないものがある。定量的な目標についてばかり報告して、定性的な目標を無視していれば、定性的な目標は達成できない――たとえそれがもっとも重要な目標であったとしても。純粋に数字だけによるマネジメントは、数字通りに色を塗るぬり絵キットのようなもの――あれはアマチュア専用だ。

ＨＰでは、会社が現在と将来の両方で高い売上を求めていた。完全に数字だけに集中している今のＨＰは、将来を犠牲にして成り立っている。大きな売上の数字だけでなく、次のように役に立つ定性的な目標がもっとあったはずだ。

■対ライバルの勝率は、上がっていたか下がっていたか？
■顧客満足度は、上がっていたか下がっていたか？
■わが社のエンジニアたちは、この製品をどう思っていたのか？

組織をブラックボックスのように扱った結果、HPのいくつかの部門は将来の競争力を犠牲にして現在に最適化した。会社は、会社にとって良くない方法で短期目標を達成したマネジャーたちに、褒賞を与えた。ここでは、ホワイトボックス・テストをすべきだった。ホワイトボックス・テストでは、数字だけでなく、組織がどうやってその数字を生み出したかにも注目する。短期のために将来を犠牲にするマネジャーにはペナルティが科され、将来に投資するマネジャーは、たとえ測定が困難な投資であっても報われる。

最後に

リーダーが誤解される理由がさまざまだということは自明だろう。物事を正しく進めるためには、CEOが何かを測定すれば、社員はそれに応じて何らかの行動を起こすことを認識しておく必要がある。自分が望む結果を決めたなら、その結果が生み出すであろう社員の行動に照らし合わせて内容を検証する必要がある。さもなければ、社員による副次的な行動は、あなたが修正しようとしていた状況以上に悪い結果を招くかもしれない。

経営的負債

最初のウィキをデザインしたコンピュータ・プログラマーであるウォード・カニンガムのおかげで、「技術的負債」という比喩が一般に通用する概念になった。行き当たりばったりの汚いコードを書いて一時的に時間を借りることはできても、最終的には利子を付けて返済しなくてはならない。このトレードオフが理にかなっていることもあるが、トレードオフの存在を常に意識しておかないと、深刻な事態に陥る。あまり認知されていないが、これとよく似た概念がある。私が「経営的負債」と呼ぶ概念だ。

技術的負債と同じく、経営的負債は、一時しのぎの短期的な経営判断が、高くつく長期的災いを招く。技術的負債と同じく、トレードオフは時として理にかなっているが、多くの場合そうではない。さらに重要なのは、予期しないまま経営的負債を生じさせた場合、最終的に経営破綻を起こすことだ。

技術的負債と同じく、経営的負債のあらゆる形態を詳しく語るには種類が多すぎるが、いくつか特徴的な事例を挙げて概念を説明しよう。スタートアップによく見られるタイプの事例を3つ挙げる。

1 ひとつの役職にふたりを据える
2 重要な社員が引き抜かれそうなので、不相応な報酬を与える
3 実績管理も従業員フィードバックのプロセスもない

ひとつの役職にふたりを据える（ツー・イン・ザ・ボックス）

傑出したふたりの社員がいて、論理的にはどちらも組織図の同じ役職に適合しているようなとき、あなたはどうするだろうか。たとえば、エンジニアリングを率いる世界レベルのアーキテクトがいるが、組織規模を次のレベルへ引き上げるための経験はない。もうひとりは傑出した戦略的な人物だが、技術にはあまり長けていない。あなたはふたりとも会社に置いておきたいが、ポジションはひとつしかない。

そこであなたは、「ツー・イン・ザ・ボックス」という名案を思いつき、わずかな経営的負債を抱える。短期的な利益は明らかだ。両方の社員を引きとめておける。どちらも育成する必要がない。なぜなら理論的にふたりは互いの成長を助け合うので、スキルの相違はただちに埋められる。しかし残念ながら、あなたは非常に高い利子を払うことになる。

第一に、あなたがツー・イン・ザ・ボックスを採用することによって、エンジニア一人ひとりの仕事はより難しくなる。あるエンジニアが判断を仰ぐとき、どちらのボスのところへ行け

ばよいだろうか。ひとりのボスが何かを決めた場合、もうひとりのボスはその決定を覆せるか。ミーティングが必要になる複雑な問題が生じたときは、両方のエンジニアリング部長のスケジュールを調整するのか。組織の目標は誰が決めるのか。実際、何度もミーティングを開く必要があるような目標を決められるのだろうか。

しかも、あなたは誰が最終責任を持つのかをあいまいにしてしまった。スケジュールに遅れが出たら、誰が責任を持つのか。エンジニアリング部門のパフォーマンスに競争力がなくなったら、誰が責任を取るのか。運用部長がスケジュール管理の責任を持ち、技術部長がパフォーマンスの責任を持っているなら、運用部長がエンジニアたちの尻を叩いてスケジュールを守り、その代わりにパフォーマンスを落としたら何が起きるのか。社員のパフォーマンスが落ちたときには、あなたはどうそのことを知るのか。

いずれの場合にも本当に大きい代償は、時間とともに、事態は悪化していく傾向にあることだ。ごく短期的には、ミーティングを増やす、あるいは仕事を明確に切り分けることで、影響を減らせるかもしれない。しかし、忙しくなるにつれ、かつては明確だった境界線がぼやけ始め、組織は退化していく。ついには、あなたが苦しい決断を下し、リーダーをひとりにして負債を一括返済しない限り、エンジニアリング部門は永久に腐ったままになる。

重要な社員が引き抜かれそうなので、不相応な報酬を与える

ある優秀なエンジニアが他社から高給を提示されたので、辞める決心をした。さまざまな理由により、CEOが払っていた報酬は低かったが、他社が提示した金額は自社のどのエンジニアよりも高かった。ただし、そのエンジニアはCEOにとって最高のエンジニアではなかった。それでもそのエンジニアは重要なプロジェクトの一員であり、失うわけにはいかない。そこでCEOは他社の提示額に対抗した結果、プロジェクトは救ったが負債を増やした。

支払い期限はこうして迫ってくる。CEOは自分の対案を秘密情報だと思っているかもしれない。そのエンジニアには秘密を守るよう誓約させたからだ。しかし、彼女には社内に友達がいる。他社から提示を受けたときに、彼女は友人たちに相談した。親しい友達のひとりは、他社の提案に応じることを勧めた。会社に残る決断を下したとき、彼女は助言を無視した理由を友達に説明しなければならなかった。さもなければ、自分が信用を失うからだ。彼女は友達に話し、秘密を守るよう約束させた。友達は秘密を守ることを誓ったが、そのエンジニアが当然の昇給を得るために辞めると言って会社を脅迫しなければならなかったことに憤慨した。さらにCEOが彼女に相応以上の待遇を提示したことにも怒っている。よって何人かの友人にこの話をしたが、彼女の名前を伏せることで秘密は守った。そして今やエンジニアリング部門全員が、給料を上げる一番の方法は、ほかの会社に高給を提案させ、辞めると言って脅すことだと知っている。この負債の返済には、かなりの時間がかかりそうだ。

実績管理も従業員フィードバックのプロセスもない

社員が25名になり、正式な実績管理プロセスが必要だとはわかっているが、そのために犠牲は払いたくない。そんなプロセスを導入して「大企業」みたいだと感じさせることを恐れている。しかもCEOは、社員をフィードバックで傷つけたくない。今はひとりでも辞められると困るからだ。なにより、みんなが幸せなのだから、なぜ波風を立てる必要があるのだろうか。少しばかりの経営的負債を抱えて何が悪いのだろう。

最初に目立った代償が発生するのは、誰かのパフォーマンスが期待以下だったときだ。

CEO：会社に来たときはできるやつだったのに、いったい何があったんだ？
マネジャー：彼はやるべきことをやっていません。
CEO：そのことを本人にはっきり伝えたのか？
マネジャー：はっきりと、ではなかったかもしれません。

もっと大きな出費は、隠された税金だ。会社というものは、全員が同じ考えを持ち、全員が常に改善していればうまく回っていく。フィードバックがなければ、会社にはあらゆる意味で最適な実績を上げるチャンスはない。修正なき方針は、曖昧かつ鈍重に見える。人は、自分が気づいていない弱点を直すことはまずない。フィードバックを与えなかったために支払うことになる究極の代償、それは構造的に破綻した会社業績だ。

最後に

私が知る真に優秀で、真に経験あるＣＥＯたち全員に共通する重要な特徴がある。彼らは、組織的問題に対してあえて困難な答えを選択する。全員に同じボーナスを渡して丸く収めるか、実績を強く反映した報酬を与えて事を荒立てるかという場面に立ったとき、彼らは事を荒立てる。人気のプロジェクトをあらかじめ長期計画に入れていなかったという理由で今すぐ打ち切るか、士気を高めるために継続するかという選択を迫られたとき、優れたＣＥＯは今日打ち切る。なぜか。それは優秀なＣＥＯには以前、経営的負債を支払った経験があり、二度と同じ失敗はしたくないからだ。

経営の品質管理

ＩＴ業界の人間なら誰もが「人は最重要だ」という意見に同意するだろうが、人の組織、つまり人事管理がどうあるべきかについて同じ考えを持っている人は皆無のようだ。

問題なのは、こと人事となるとＣＥＯは、自分が何を望んでいるか、欲しいのかをよくわかっていないことだ。理論的には、ＣＥＯが欲しいのは管理の行き届いたすばらしい文化のある会社である。直感的に彼らは、人事部門にはそれを実現する能力がないことを知っている。その結果、ＣＥＯはギャンブルを仕掛け、価値がないか、あっても水準以下の作戦を実行する。

皮肉なことに、エンジニアリング部門を率いて最初に学ぶことのひとつは、良い品質管理部門は自らは高品質な製品はつくれないが、開発チームが低品質の製品をつくったときは教えてくれるということだ。同じように、質の高い人事部門は管理の行き届いた会社はつくれないが、ＣＥＯやマネジャーがきちんと仕事をしていないことは教えてくれる。

社員のライフサイクル

経営の品質管理の最良のアプローチは、社員のライフサイクルというレンズを通して見ることだ。採用から退職までを通じて、あなたの会社はどれほどすばらしいか。マネジメントチームは、あらゆる局面で世界レベルにあるか。どうすればこれらを判断できるだろうか。

優秀な人事部門は、マネジメントチームを支援し、評価し、改善に協力する。たとえば、次のような質問に答えやすくしてくれる。

募集と採用

- ■採用する職務で活躍するために必要なスキルや素質を正確に理解しているか?
- ■面接者は準備万端整っているか?
- ■マネジャーや社員たちは、採用予定者にきちんと会社を説明できているか?
- ■面接者は定刻に来ているか?
- ■マネジャーや採用担当者は、候補者をタイムリーにフォローしているか?
- ■優れたライバル企業との人材獲得競争は、効率良くできているか?

報酬

- ■賃金体系は社員の年齢層に照らして理にかなっているか?
- ■給与とストックオプションの組み合わせは、人材獲得で競争しているライバル会社と比べてどうか？

■実績評価基準は、賃金体系とどこまで一致しているか？

教育と融和

■社員を雇用する際、社員の生産性が上がるまでの期間は、本人から見て、同僚から見て、あるいはマネジャーから見てどのくらいなのか？

■入社後まもなく、社員は自分が何を期待されているかをどこまで理解しているか？

パスォーマンス管理

■マネジャーは、部下たちに一貫性のある明快なフィードバックを与えているか？

■社内の文書化された実績評価の質はどうなのか？

■社員たちはスケジュール通りに評価を受けているか？

■能力不足の社員をうまく排除しているか？

モチベーション

■社員は、胸躍らせて出社しているか？

■社員は、会社のミッションを信じているか？

■社員は、毎日会社に来るのを楽しみにしているか？

■意欲を持とうとしない社員はいないか？
■社員は、自分が期待されていることを明確に理解しているか？
■社員は定着しているか、それとも通常より早く辞めているのか？
■なぜ社員は辞めていくのか？

人事をうまく動かすための必須要件

マネジメントチームの質を包括的かつ継続的に理解するには、どんなタイプの人物を探せばよいのだろうか。最重要な要件をいくつか挙げる。

■**世界レベルのプロセス設計能力。** 品質管理の責任者と同じく、人事責任者は熟練のプロセス設計者でなくてはならない。重大な管理プロセスを正確に評価する鍵のひとつは、完璧なプロセス設計と制御にある。

■**真の外交家。** 密告者は嫌われる。そもそも、マネジメントチームから絶対の信頼を得ていない人事組織が効力を発する術はない。マネジャーたちが、人事部門は自分たちの改善に協力するために存在しているのであって、監視するためではないと思っている必要がある。優秀な人事責任者は、マネジャーを助けたいと心から思っていて、問題を見つけ出して功績を認められようなどとは考えない。彼らは質を高めるためにマネジャーたちと直接協力して働き、必要な場合だけCEOに報告する。人事責任者が情報を貯め込んだり、権力を振りかざしたり、政治的に動いたりするようなら、そいつは役に立たない。

■業界の知識。 報酬、ストックオプション、最適な採用手順などは、どれも動きが速い。人事のトップは、業界のネットワークに深く通じ、常に最新動向を把握する必要がある。

■CEOが信頼するアドバイザーになれる知的影響力。 人事責任者がマネジャーに高いスキルを持たせようとしているときに、CEOが全面的に支援しなかったら、人事責任者はどうしようもない。CEOが人事上層部の考えと判断を信じていなければならない。

■見えない物を察知する力。 社内でマネジメントの質が低下し始めたら、誰もそのことを口にしなくても、鋭い人なら会社がおかしくなっていると気づく。そんな人物がひとり必要だ。

第6章
事業継続に必須な要素

CONCERNING THE GOING CONCERN

ラウドクラウド／オプスウェア時代の話だが、スタッフ・ミーティングをしていると社員のひとりが以前から気になっていたらしい問題を持ち出した。

「この会社は罵り言葉が多すぎるんじゃないか？　嫌がっている社員が多いです」「プロフェッショナルな雰囲気を壊していると思う。これはやめないといけない」と別の社員が賛成した。

この苦情は誰と名指ししてはいなかったが、私のことだった。というのも、罵り言葉を多用する点にかけて、私はこの会社で、いやハイテク業界でナンバーワンだったからだ。このころ、すべてが最緊急だったので、私はスタッフと話すときに二言目には罵り言葉を挟んでいた。

半分は意図的なものだった。一人ひとりのスタッフに対して割ける時間がほとんどなかったので、最小限の言葉で言わんとすることを絶対に明確に伝える必要があった。そういう場合に罵り言葉を的確な場所に挟むのは、極めて効果的なのだ。「それは優先事項ではない」というより、「それはくそったれ優先事項じゃないぞ！」と怒鳴るほうが圧倒的に強いメッセージとなる。CEOが「くそったれ」と怒鳴れば、順次下に向かってそれが繰り返される。メッセージを社内に素早く伝えるには効果的な方法だ（とはいえ、社員がギャングスタ・ラッパーのようなしゃべり方をするようになって、会社のガラを悪くするという危険はある）。

しかし、私が罵るのは無意識の部分もあった。このころの私は、ほとんど自制が効かなくなりそうなストレスを受けていた。特にマネジメントが難しかった。そのため私は言ってみればCEO版の（チックや不随意に罵倒語を発する）トゥレット症候群にかかっていた。思わず罵倒語が出てしまう面もあったのだ。

とはいえ、社員の間に広く不満が溜まっているのを見て私も事態を真剣に考えざるを得なくなった。私は夜、この問題をじっくり考えた。その結果、こう整理した。

■テクノロジー企業では罵倒語を不快に感じる社員もいるが、不快に感じない社員もいる。
■もし罵り言葉を禁止したら、罵り言葉を使っている社員は「この会社は古臭い」と思い、辞めてしまうかもしれない。
■罵り言葉を続けると、それを不快に感じる社員の一部は辞めてしまうかもしれない。
■なんといっても私が最大の違反者なのだから、私の判断に偏りが入り込むのは避けられない。

私はいろいろ考えた末、マイクロソフトやインテルのようなトップクラスのテクノロジー企業では罵倒語が飛び交っていることを思い出した。罵倒語を禁止すれば、テクノロジー企業の最新文化から疎外される結果になるだろう。だからといって、罵倒語の使用を奨励するわけではない。しかし、禁止するというのはそもそも現実的ではないし、生産性に全体として有害だろう。最優秀のエンジニアをスカウトするのは容易ではないが、彼らはたいてい罵倒語の愛用者だ。才能ある社員を引き止めることと、清潔な社内文化をつくることの間になんとかバランスを取らねばならない。そこで、簡単な解決策を考えついた。

結局、罵り言葉は禁止しないことにした。ただし、全社員に注意を促すことにした。一部の社員がこの問題について不満を抱き、トップまで持ち上げてきたのだから、彼らにはなんらかの説明を受ける権利がある。だが、罵倒語の使用に関して方針を説明するというのは難しい。罵倒語というのは、使用される状況によっては極めて不適切にもなり得るからだ。言うまでもないが、同僚に対して脅迫やセクシャル・ハラスメントと受け取られるような仕方で罵倒語を使ってはならない。この点は、はっきりさせておかねばならなかった。罵倒語の使用が認められるのは一定の文脈に限られる――ただしこれは定義するのが難しい微妙な問題だった。

その夜、私は『ショート・アイズ』という映画を見た。子供を性的虐待した男の刑務所生活を描いた恐ろしい作品だった。「小児性愛者は殺す」というのが刑務所の掟なのだ。登場人物のひとりは、囚人仲間から「カップケーキ（かわい子ちゃん）」と呼ばれている若い男だった。信じられないかもしれないが、私はこの映画を見ているうちに解決策を思いついた。

翌日、私は全社員を集めて次のように言い渡した。

「当社における罵倒語の頻繁な使用が一部の社員を不快にしているという問題があると知った。罵倒語の使用頻度のナンバーワンとして、私自身の振る舞いを反省したが、同時に当社全体の問題としても考えてみた。私の考えではふたつの選択肢がある。（a）罵倒語の使用を禁じる、（b）罵倒語の使用を受け入れる――だ。このふたつの中間の選択肢というのは、理論的にはともかく現実的ではない。『罵倒語の使用を最小限に留める』などという対策は実効性がない。前に述べたことだが、世界で最優秀の人材を惹きつけられなければ、われわれは勝利できない。テクノロジー業界ではほとんど全員が罵倒語の使用を受け入れている。

そこで、罵倒語の使用を禁じることで生じる人材の損失は、受け入れることによって生じる損失を上回ると予想される。以上の理由で当社は、罵倒語の使用を受け入れる。ただし、いかなる場合でも、セクシャル・ハラスメント、その他不当な目的で罵倒語を使ってはならない。罵倒語を使うかどうかにかかわらず、かかる行為が許されないのはもちろんだ。たとえば、『カップケーキ』という言葉を例に考えてみよう。私が知り合いの女性に『きみが焼いたこのカップケーキはおいしいね』と言う場合は何の問題もない。しかし男性に向かって、『おい、カップケーキちゃん、そのジーンズいかすじゃないか』と言ったら、それは侮辱語となる」

その日以後、罵倒語に対する苦情は後を断った。それにこの方針によって会社を辞めた人間も出なかったようだ。ここで強調したいのは、組織で問題が生じたときに、必ずしも解決策は必要なく、単に事柄を明確化するだけで良い場合もあるという点だ。脅迫やセクハラにならない限り罵倒語の使用はオーケーだということをはっきりさせただけで、問題は消滅した。ともかく、この方針の結果、職場環境の快適さは維持され、辞職率は低いままにとどまり、苦情はなくなった。つまり、この方針は正しかったということになる。

もちろん会社が成長すれば正しい方針も変化する。どんなに創業時の文化を残そうと努力しても、社員が1000人になったころには10人のときとはいろいろなことが変わってくる。それでも、1000人だろうと1万人、10万人だろうと、いい会社であり続けることは可能だ。

ただ、どうしてもそこに変化は生じる。正しい成長は、それに伴う変化が不可避であることを認め、混乱を抑えることに積極的に取り組むことから生まれる。この章では、成長に伴ってどんな変化が生じるか、それに対してどんな対策を取るべきかを考えてみる。

社内政治を最小限に

長いことビジネスの世界に身を置いてきたが、「私は社内政治が好きだ」と言う人を見たことがない。逆に「社内政治に嫌気が差している」と強く訴える人々には大勢会ってきた。自分の会社の社内政治について不満を漏らす経営者も多い。誰も社内政治が好きでないはずなのに、なぜ社内政治が蔓延するのだろう？

政治的振る舞いは、まず間違いなくCEOから始まる。彼らは「私は社内政治は嫌いだ。私は政治的人間ではない。うちの組織には社内政治がはびこっているが、それは私の責任ではない」と口にする。残念ながら、会社に極端な政治性を持ち込むには、政治的人間である必要はない。事実、社内政治が猛烈に跋扈（ばっこ）する企業のCEO自身は、政治的人間でない場合がほとんどだ。非政治的CEOたちは、それと意図せずに、しかし往々にして、企業に政治的行動を持ち込む。

どういうわけだろうか。それを考える前にまず「政治性」というものを定義しておく必要がある。私の言う社内政治というのは、自分の能力による会社への貢献以外の要素で、地位向上を得ようとするすべての行動を指す。ほかの形式の政治的行動もあるが、このタイプの政治的行動が一番害をまき散らす。

政治性はどのように広がるのか

ＣＥＯは（多くの場合、意図せずに）政治的行動を奨励し、あるいは政治的行動にメリットがあるような環境をつくることで企業文化を政治的にする。ごく単純な例はこうだ。

役員報酬を考えてみよう。ＣＥＯのところには上級社員が給与の改善を要求しに面会に来る。彼らは「現在の公正な市場価値に比べて自分の給与は低すぎる」というようなことを言う。「自分はライバル企業から高給でスカウトされている」と言う社員もいる。この種の駆け引きに直面した場合、その社員の主張に合理性があると、経営者はこの問題を真剣に取り上げることになりがちだ。中には社員の主張を認めて昇給を実施する経営者もいるだろう。一見、問題なさそうな行動だが、経営者はこうすることで政治的行動への強力なインセンティブをつくり出しているのだ。

つまり経営者は、会社のビジネスへの貢献以外の社員の行動に、報酬を与えたことになる。社員は昇給を認めさせるてっとり早い方法は、傑出した業績を上げることではなく、経営者との直接交渉だという教訓を得る。するとどういう結果が生じるだろうか。いくつか考えられる。

1　会社中の野心的な社員は即座にこの例を理解し、一斉に昇給を求めて動き出す。こういう話はいくら秘密にしようと思っても必ず漏れるものだ。個別交渉による昇給は、対象社員の実際の成績とは必ずしも一致しないことに注意すべきだ。第二に、経営者は会社の業績に貢献しない政治的行動への対応のために、大きな時間を割かねばならなくなる。取締役会が責務をきちんと果たしている会社だったら、実績評価による定期の昇給以外の特別昇給をむやみに認めることはない。個別交渉による特別昇給は例外措置なので、誰がその恩恵にあずかるかは「早い者勝ち」となる。

2 さらに副作用として、会社に実際に貢献している非政治的な優秀な社員は、この特別昇給の特典から除外されてしまう。

3 この実物教育によって社員たちは「機械にちょっと油を差す」ことが有効であり、政治的に立ち回るのがうまい社員が利益を受けることを知る。そうなれば会社の至るところで「機械にちょっと油を差す」競争が始まることは必然だ。

さらにもっと微妙な例を紹介しよう。CEOのところにある日、CFO（最高財務責任者）がやってきて、「自分は経営幹部としての能力を磨いていきたい。COO（最高業務責任者）になるのが将来の夢だ。この会社でCOOとなるためには、どんな能力を示すことが必要なのか教えてほしい」と言う。

人材育成に積極的な経営者は、この社員の夢の追求を手助けしてやりたいと考える。そこで「きみは将来いつかCOOになれるだけの能力がある。しかしそのためにはまだいくつか能力を磨かねばならない分野がある。たとえば強いリーダーとなるためには、あの人の下で働きたいと社員に思わせるような能力が必要だ」と助言する。数週間後、別の幹部社員がパニックを起こして駆け込んでくる。例のCFOがその幹部を脇に呼んで「きみは私のために働く気はないか?」と尋ねたというのだ。その幹部によると、CFOは「CEOは私をCOOとして育成してくれている。近く私がCOOになる」と宣言したという。まさか。さあ、お楽しみの時間だ!

政治的行動を最小限にするには

政治的行動を防ぐためには、実は直感と正反対の行動を取らねばならないことが多い。「広い心を持って部下の育成に務める」のは優秀な経営者の基本的な心がけとされている。

しかし、経験を積んだ幹部社員を相手にするときとそれより下のクラスの社員を相手にするときでは、話がまったく違ってくる。それはちょうどプロボクサー相手にリングに上がるときと、なんの経験もない素人を相手にするときの差に等しい。素人相手のケンカなら自然に行動していればよい。別に大した問題にはならない。たとえば後ろに下がるときに、前に出した足を最初に後ろに下げてもよい。だが、訓練を積んだボクサー相手にそんなことをすればひどい目にあう。プロボクサーは相手のどんな小さなミスも見逃さずに利用すべく、長年練習を積んでいる。前足を浮かせることは、あなたの体が一瞬だけだが不安定になることを意味する。敵にとってはその隙だけで十分なのだ。

経験の浅い初級社員があなたに「今後キャリアを伸ばしていくにはどうしたらいいですか?」などと尋ねたときには、頭に浮かんだことを言っておいても別に害はない。先に紹介したCFOの例でもわかるように、経験を積んだプロである幹部社員を相手にするときには、まるで話が違ってくる。社内政治でノックアウトを食わないためには、あなた自身が高度な対処のテクニックを身につける必要がある。

社内政治を抑えるテクニック

CEO時代に私は、社内政治を抑制するためにいくつか有用なテクニックを身に着けた。

1 第一は、「正しい野心を持った人材を採用する」ことだ。会社をアメリカ上院みたいな政治の場にしたければ、間違った野心を持つ人間を雇うのがてっとり早い。長年インテルを率いたアンディ・グローブによれば、「正しい野心家」というのは「会社の勝利を第一の目標とし、その副産物として自分の成功を目指す」ような人物だという。それに反して「悪い野心家」は、「会社の業績がどうあろうと自分個人の成功が第一」というタイプだ。

2 社内政治につながりそうな問題について、あらかじめ厳格なルールづくりをする。ある種の分野はどうしても社内政治につながりやすい。たとえば――

□実績評価と給与査定
□会社組織のデザインと責任分野
□昇進

それぞれのケースについて、政治的行動の影響を最小限とするためにどんな方針を策定し、実施しなければならないか考えていこう。

実績評価と給与査定

スタートアップ企業では、実績評価や給与査定の基準と手続きを定めていない場合が多い。もちろんそういう企業でも実績評価や昇給を実施しないわけではない。しかし統一的な基準なしに場当たり的に実績評価や給与査定を行うことは、政治的行動の温床となりやすい。きちんとした常設の実績評価と給与査定の制度を確立しておくことは、給与やストックオプションの付与ができる限り公正に行われていることを保証するために必須だ。給与決定の公正さを示すことは、社内政治を最小化するために特に重要だ。前の例で言えば、会社に水も漏らさぬ実績評価制度があれば昇給を求める幹部に対してCEOは、「きみの給与はほかの社員と同様の手続きで決定される」とだけ答えれば済んだはずだ。理想的には、幹部の給与査定には取締役会が関与することが望ましい。こうすることが企業統治のあり方として望ましいだけでなく、例外的な昇給をより困難にするからだ。

会社組織のデザインと責任分野

野心的な幹部社員は、自分の責任分野を拡大しようと試みる。前の例ではCFOはCOOになろうと画策していたが、マーケティングの責任者はセールス部門に自分の支配を広げようとするかもしれないし、エンジニアリングの責任者が製品マネジメントの責任者を兼ねたいと言い出すかもしれない。

誰かがそういう話を持ち出したら、非常に注意深く言葉を選んで対処する必要がある。CEOが言う言葉の一言、一言が、政治的駆け引きの弾薬に使われる可能性があるからだ。基本的には一切コメントしないのが最良の対応である。「なぜそう思うのか?」くらいは言ってもいいかもしれない。しかしその場合でも決して、「なぜなら」という理由付けに反応してはならない。自分の考えを少しでも漏らせば、その情報は必ず広まる。会社中にうわさが流れ、ありとあらゆる非生産的な会話の種を撒くことになる。トップは組織のデザインが効果的なものであるかどうか、常に評価をしなければならない。そして組織上の改革を行う必要があると決めたら、何をしようとしているかという情報が事前に流れないようにしなければならない。そしてひとたび決断したら、組織改革は即刻実行されねばならない。時間が経てば必ず情報が漏れ、政治的な運動を引き起こすからだ。

昇進

社員を誰か昇進させるたびに、同一職位レベルの全社員が「この昇進は実績に基づく公平なものか、それとも社内政治の力によるものか」と考え始める。もし「社内政治だ」という結論になると、社員には次の3つのことが起きる。

1 不当に低く評価されたと感じて拗ねる

2 口に出して昇進の批判をし、昇進した社員の足を引っ張ろうと運動する

3 昇進を可能にした政治的動きを自分も真似する

このどれもが、会社にとって明らかに望ましくない行為だ。そこで公平、明確で納得性の高い昇進のプロセスを確立し、社内に周知しておく必要が生じる。このプロセスは一般社員とCEO直属の幹部の社員の場合とでは、異なるものにする必要があるだろう（一般社員の場合、候補者を評価するのはその社員の勤務ぶりを一番よく知っている現在、過去の上司になるだろう。しかし幹部社員の昇進の場合には、取締役会の承認を得るという別の要素が加わる）。

このプロセスにはふたつの目的がある。第一に、会社は昇進を社員の能力と実績に基づいて行うという原則を全社にはっきりさせる。第二に、昇進を判断する根拠となる情報を生み出す。

社内のいさかいが上がってきたときには十分注意しなければならない

企業がある程度の規模になれば、チームのメンバーがお互いに不満をぶつけ合うことになるのは普通だ。残念ながら、こうした批判は時には不必要に攻撃的なものになる。部下が上げてくる不満を聞く場合も、その影響を考えなければいけない。社員Aが社員Bに対する批判を述べるときに、Bを弁護せずに黙って聞いていると、あなたはその批判に同意したと見られる危険を冒すことになる。CEOがある幹部に不満を抱いているという情報は驚くほど速く、また誇張されて社内に広まるものだ。すると問題の幹部は権威を失い、誰もその人物の言うことを真剣に取り上げなくなる。その幹部はすぐに無用の存在と化してしまうだろう。

真剣に耳を傾けなければならない人事上の不満には2種類ある。

1 幹部社員の具体的行動に関するもの

2 幹部社員の能力や実績に関するもの

一般的に言って最初のタイプの苦情については、双方（苦情を申し立てている幹部とその対象の幹部）をともに一室に招いて、直接双方に説明させるのがベストだ。ほとんどの場合、こうしたミーティングを開くだけで問題は解決し、相互の関係も（もし悪化していた場合）改善される。行動上の不満を双方同席させずに解決しようとしてはならない。これは誤解の増幅や政治的な行動を生む元になる。

第二のタイプの苦情は、例は少ないが問題としては深刻だ。幹部の誰かが別の幹部の「能力、実績」に問題があると苦情を申し立てるときには、実際どちらかの幹部に重大な問題がある場合が多い。こういう申し立てがあった場合の反応はおそらく、次のふたつのうちのどちらかだろう。つまり「すでに重々知っている問題」か「初耳のショッキングな問題」かだ。

「すでに知っている」場合は、正式に苦情となるまで放置していたことが問題になる。仮にそれが能力や気質にムラがある幹部の立ち直りを助けるためだとしても、時間をかけすぎているうちに不満が組織内に大きく広がってしまったわけだ。とにかく素早く解決しなければならない。ほぼすべての場合において、これは問題の幹部の解雇を意味する。能力や知識を向上させる幹部はたくさんいるが、組織の中で一度失った信頼を取り戻した幹部は見たことがない。

しかし、「初耳の問題」だった場合には対応はまったく違ってくる。第一にするべきことは、相手の申し立てを遮って、「その主張に納得するわけでも賛成するわけでもない」とはっきり言い渡すことだ。片方だけの言い分で苦情の相手を裁くことはできない。その申し立てに根拠があるかどうかを自分自身で評価する必要がある。もし苦情を申し立てられた幹部がきちんと良い仕事をしているのであれば、苦情を申し立てた側の問題を探り、それを解決せねばならない。このレベルの深刻な申し立ては、決してわだかまりが残るままうやむやにしてはならない。もし苦情を申し立てられた幹部のパフォーマンスが不満足なものなら、もう一度苦情を申し立てた幹部に詳しく事情を聞く必要があるだろう。そういう状況であれば、不満足な実績しか上げていない幹部の解雇を検討せねばならなくなるだろう。

正しい野心

幹部社員を採用する際には、誰しも頭の良さを必要な資質とする。特にスタートアップは100パーセント頭の良さだけで採用を決めがちだ。ところが、非常に頭のいい人々の少なからぬ割合が「間違った野心」を持っている。

こういう人々を採用するのは失敗の元だ。私は「正しい野心」を持った人々を採用するよう強調しておいた。実は最近数年間、この問題について話をする機会が多い。それに対する反応は賛否両論だ。良いアドバイスだと考える人もいれば、疑問を投げる人々もいる。マクロのレベルで考えると、経営チームは会社の成功に向けて最適化されていなければならない。つまりグローバルな最適化だ。これに対してメンバーの個人的成功は、ローカルな最適化といえる。CEOがどれほど注意深く社員のインセンティブ・プログラムを設計しても、完璧には遠い。しかも昇進や権限の拡大といったインセンティブは、昇給やボーナスの支給といった通常の経営ツールとは重なり合わない。ストックオプションによる報酬制度は、会社の成功が同時に社員個人にとってもより大きい経済的価値を生み出すように設計されなければならない。オプスウェアでセールス部門の責任者だったマーク・クラニーがよく言っていたが、「ゼロの2パーセントはやはりゼロ」なのだ。管理職チームが「正しい野心」を持った人々で構成されることは、決定的に重要だ。その点に失敗したときのほかの社員への悪影響はこの上なく深刻だ。管理職が自分のキャリアを会社の成功より上位に置くのを見れば、部下は「どうして長時間残業してまでボスのキャリアの成功を助けねばならないのだ？」と考えるようになる。

優秀な社員のモチベーションを高める要素としてはスリリングな使命以上のものはない。そういう使命はあらゆる個人的インセンティブを脇に押しやってしまう。だから「正しい野心」を持った幹部は「間違った野心」を持った同僚とは比べ物にならないくらい価値がある。「間違った野心」を持ったマネジャーの危険性については、ドクター・スースの傑作、「亀のヤートル」（Yertle the Turtle）が大いに参考になるので一読をお勧めする。

野心をチェック

単純ではない性格的特徴の場合は常にそうだが、面接で「正しい野心」の持ち主だけを選ぶということはできない。しかし、次に述べるようなヒントが役立つかもしれない。マクロに言えば、人は世界をそれぞれの「メガネ」で見ている。面接の際には、相手が「自分メガネ」で世界を見ているか「チームメガネ」で見ているかを小さな手がかりから判断できることがある。たとえば「自分メガネ」の人は、前職の会社が失敗した状況をこんな具合に話す。「前の会社で私はeコマースをプレーしました。これは私の職務経験を充実させる良いチャンスでした」

この人物は、状況を「自分」に結びつけてしか考えられないことがわかる。この会社のほかの社員は会社の失敗がこの人物の職務経験を充実させる役に立ったなどとは絶対に考えないだろう。むしろ「私の役に立った」などという発言を聞いたら、激怒する社員が多いに違いない。それに「正しい野心」の持ち主であれば、大勢がチームとして何か重要なことを成し遂げようと努力したことを「私がプレーした」などと表現することもないはずだ。「私の職務経験を充実させる」というのも、「自分メガネ」に凝り固まった人物に特徴的な言い回しだ。チームとしての成功を個人の成功の上に置いて考える「チームメガネ」の人物なら、そういう言い回しには落ち着かないものを感じるだろう。徹底的に「チームメガネ」で考える人物は、自分の成功体験について語る場合でさえ、「私は」とか「私の」という言葉を使うことが少ない。

そういう人々は、成功について話す場合でも、功績をチームのほかのメンバーに譲ろうとする。また、自分の待遇や昇進の見込みよりも入社しようとしている会社を成功させる方法について興味を示す。以前、失敗した会社で働いていた経験について尋ねられたときには、そこで自分が犯した判断ミスやその責任の重大さを詳しく語ろうとする。われわれがオプスウェア社でグローバル・セールス部門の責任者を採用しようとする際に、この基準に大いに助けられたことがある。これはセールス部門の職なので、その責任者には個人的野心よりも会社の成功を優先して考える態度が絶対に必要だった。その理由は数々あるが、たとえば、次のような理由がある。

■セールス部門では地域ごとの独立性が強く、全体をバランスさせるためには強いリーダーシップが必要。
■セールス部門は対外的に会社の顔の役割を果たす。この部門が会社全体ではなく自分たちの部門の成功だけを考えるようだと重大な問題となる。
■ハイテク企業における不正は、セールス部門で始まることが多い。往々にして、セールス部門の成績を無理に上げようとするマネジャーの暴走が端緒となる。

セールス部門の幹部の面接では、あたかも自分ひとりで大きな契約をまとめたり、重要な目標を達成したりしたかのように説明し、会社の成功に大きな貢献をしたと自慢する応募者が多い。ところが、大きな契約をまとめた最大の貢献者は自分だと主張する応募者に対して、どんな困難を克服したのか、どのような段取りをつけたのかなど具体的に詳しく説明するよう求めると、答えられないことがほとんどだ。またほかの関係者にチェックしてみると、話は非常に違ってくる。

マーク・クラニーを面接したときの様子はまったく違っていた。そもそもクラニーに自分の実績を語らせるのが難しかった。クラニーが質問をはぐらかすように見えたので、ほかの面接者の中にはマークは気難しい、それどころか無礼だと感じた者もいたほどだ。ひとりは私にこんな苦情を言った。「ベン、前職でクラニーはナイキとの契約を100万ドルから500万ドルに増やしたんだそうだ。ともかくナイキの担当者はそう教えてくれた。ところがいくら尋ねても、クラニーはその件について詳しい話をしようとしない」

私が面接すると、クラニーは前に勤めていた会社がどのように成功したかについてはいくらでも詳しく説明するのだった。クラニーは彼のチームがどのようにしてライバルと自社の強みと弱みを分析したか、他部門の幹部が製品の改善に努力してくれたことが契約獲得にどのように役立ったかなどについて熱心に語った。CEOと協力してセールス手法やセール担当者の訓練方法をいかに改善したかについても説明した。

われわれのオプスウェア社に話題が及ぶと、クラニーはすでにわれわれの最大のライバルのセールス担当者と話をしており、彼らがどんな契約を獲得しようとしているかを知っていた。ライバル社が交渉中で、オプスウェアは交渉もしていない契約を取るためにどうするつもりなのかとクラニーは容赦なく私を問い詰めた。クラニーはまた、われわれのセールスチームのメンバーについてその性格、強みと弱みを詳しく知りたがった。そしてオプスウェアのセールスにおける勝利戦略はどうなっているのかと尋ねた。

クラニーが自分の給与や待遇について口にしたのは面接の最後になってからだったし、そのときでも単に「報酬は政治的駆け引きではなく業績ベースで決める」ことについて確認を求めただけだった。クラニーの念頭には、チームと会社の成功しかないことはあまりにも明白だった。クラニーの在任中に売上は10倍になり、オプスウェアの時価総額は20倍になった。しかもセールス部門の社員の離職率は驚くほど低かった。顧客は誠実かつ公正に対応されたために、トラブルもほとんど起きなかった。財務部門と法務部門はそろって「クラニーは会社の守護神だ」と評した。

最後に

一般社員の場合には、それぞれが独自に自分のキャリアパスの充実を考えてもよい。しかし経営に携わる上級社員の場合には、動機が重要だ。間違った動機を持った人物に正しい結果を期待するのは危険な考えである。

肩書と昇進

私はベンチャーキャピタリストとして多くのスタートアップ企業の社員と会うが、彼らのほとんどは肩書や職名を持っていない。もちろんこれは理にかなっている。会社をつくっている最中の個々のメンバーの役割は流動的なので、名前を付けにくい。全員が会社のすべての側面に少しずつ関わっているというのが普通だ。社内政治も広がりようがないし、誰も肩書や権限のために争いを始めたりしない。これはすばらしい環境だ。

ではなぜ、すべての組織はやがて職名、肩書を必要とするようになるのだろうか。またそうした職名や肩書を管理する正しい方法はあるのだろうか（この問題については、マーク・ザッカーバーグが私の考えを整理するのを助けてくれたので感謝したい）。

なぜ肩書は重要なのか

結局、会社が肩書を必要とするようになる理由には、大きく分けてふたつある。

1 **社員が望む。** 創業者たちはその会社と永遠に運命を共にするつもりかもしれないが、将来別の会社で働く可能性を考えている社員もいるだろう。数百人の部下を管理していたグローバル・セールス部門の責任者が、次の職の面接に臨んだとき、前職は「セールスのヤツ」だったとは言いたくないだろう。

2 **やがて社員同士でも誰が誰なのか知る必要が起きてくる。** 会社が大きくなれば、全員が全員を知っているというわけにはいかなくなる。社員同士で誰がどんな仕事をしているのか知らねばならないし、もっと重要な点だが、自分が誰と一緒に働くのか知る必要がある。肩書、職名というのは、会社内での社員の役割を簡潔に表現する速記のような役割を果たす。またこの速記法は、社員間だけでなく、顧客、提携先に対して社員の役割を知らせるのにも役立つ。

これが職名の本質的な役割だが、ほかにも職名は社内での自分の価値、地位を判断する基準として役立つ。仮に初級プログラマーという職名の社員がその上司である上級アーキテクトという職名の社員よりも自分のほうがずっと優秀なプログラマーだと信じる理由があった場合、初級プログラマーとして雇われている社員は能力と給与を過小評価されている可能性があるわけだ。このように職名は、社員の相対的な価値評価に直結するものだから慎重に扱わねばならない。

昇進に伴う危険――「ピーターの法則」と「ダメ社員の法則」

基本的な考え方は単純なのに、ほとんどの会社は遅かれ早かれ、職名の扱いで大失敗をする。なぜだろうか。あなたが企業に勤めた経験があれば、おそらく「あんな無能な人間がどうやってあんな地位に昇進できたのだろう。ヤツにはレモネードの屋台だって経営できやしない！」といぶかしんだことがあるはずだ。

ひとつの問題は「ピーターの法則」だ。ローレンス・J・ピーター博士とレイモンド・ハルが1969年に書いた『ピーターの法則』（ダイヤモンド社）という本によれば、「階層的組織において有能なメンバーは次第に昇進していく。しかし遅かれ早かれ、メンバーは自分の能力の及ばない地位に達してしまう（無能レベルに達する）。そうなるとさらなる昇進は望めなくなる」のだという。インテルのCEOを長く務めたアンディ・グローブは、『HIGH OUTPUT MANAGEMENT』（日経BP社）で、「ある社員がどの階層で無能レベルに達するかをあらかじめ知る方法は存在しないから、ピーターの法則は不可避だ」と述べている。

もうひとつの原因は、私が「ダメ社員の法則」と名づけた問題だ。その法則とはこうだ。

「大組織においては、どの職階においても社員の能力はその職階の最低の社員の能力に収斂（れん）する」

その理由はこうだ。どの職階でも、社員は自分の能力を測る物差しを直近上位の職階の社員の中で最低の能力の社員に求める。仮にジャスパーという男が副社長の中で一番能力が低いとしよう。すると部長職の社員は、全員がジャスパーと自分を比べて自分には昇進の資格があると考える。すると副社長はすべてジャスパーと同程度の能力の社員で占められるようになる。以下同様にして、すべての職階が無能レベルに達する。

ピーターの法則もダメ社員の法則も完全に避けることは不可能だが、緩和することはできる。そしてどの程度緩和できるかが、会社の健全性のために決定的に重要になってくる。

昇進のプロセス

ピーターの法則とダメ社員の法則をできる限り緩和するのにもっとも効果的なのは、昇進の要件と手続きをできる限り明確に定め、厳正に運用することだ。この昇進のプロセスは、もっとも優れた空手道場の昇段と同じように構成されるのが理想的だ。トップクラスの道場では、たとえば茶帯の一級から黒帯の初段に昇進するには、黒帯の相手を試合で負かさなければならない。こうすれば新たに黒帯になった人間は、一番弱い黒帯の人間よりは強いことが保証できる。

残念ながらビジネスの場合は、空手の試合のようにはっきりと勝敗を決めることができない。どうしたら実際の殴り合いをしないで能力を判定できるだろうか。

最初になすべきことは、それぞれの職の権限だけでなく、その職に必要とされる能力をできる限り詳しく定義することだ。その際、「製品開発の管理に十分な能力を有すること」とか

「グループリーダーとして優秀な管理能力を有すること」といったような漠然とした定義を避けねばならない。極めて正確に必要な資質を定義するひとつの方法は、固有名詞を用いることだ。たとえば採用担当の幹部について「[イギリスのスター人事コンサルタント]ジェニー・ロジャーズなみのスカウト能力があること」などとすればよい。

次にすべての昇進について実施手続きを定める必要がある。ここでひとつ重要なことは、昇進のチャンスに部門間で不公平があってはならないということだ。ひとりの幹部、ないしひとつの部署に、昇進の判断をすべて任せてしまうのは避けねばならない。そんなことをすると人事部には副社長が5人も誕生するのに、エンジニアリング部門では副社長に昇進できた人がひとりしかないといった不公平が生じる。

部門間の不公平をなくすには、全社にわたる重要な昇進について判断する委員会を設置するとよい。ある幹部が社員をマネジャーに昇進させたいと考えた場合、その幹部は昇進委員会にその理由と社員がその職に必要な能力を備えていることを具体的に説明しなければならない。委員会は、候補の社員があらかじめ定めたその職の要求水準に照らして十分な能力があるかどうか、また同じ職位レベルの他の社員と比べて劣っていないかなどを見定めた上で、昇進を承認することになる。こうした手続きを経ることで、昇進の公正さを保つだけでなく、社内のすべての管理職に対し、候補者を昇進させるために必要な能力や実績がどういうものであるかを実物教育する効果もある。

肩書についてのアンドリーセン流VSザッカーバーグ流

ＣＥＯに次ぐ役職を「副社長」にすべきだろうか。それとも最高技術責任者、最高業務責任者、最高マーケティング責任者、最高人的資源責任者、最高スナック責任者などを置くべきだろうか。この問題についてはふたつの方法がある。ひとつはマーク・アンドリーセン流で、もうひとつはマーク・ザッカーバーグ流だ。

アンドリーセンの議論はこうだ。社員は会社に対して、給与、ボーナス、ストックオプション、福利厚生、職務権限、肩書などを求める。もちろん、この中で肩書は段違いに安上がりだ。だから可能な限り高い地位に聞こえる肩書を与えるのがよい。たとえば、ＣＥＯ以下の肩書はプレジデント、最高ＸＸ責任者、上級副社長……などとなる。それで社員が気持ちよく働いてくれるならそれでよい。肩書なんて所詮タダだ。それにアンドリーセン流でいくと、社員の採用の際にもライバル会社に対して有利になる。

これと対照的なのが、マーク・ザッカーバーグのフェイスブックにおける方針だ。こちらはほかの同種の企業に比べて意図的に低い肩書を採用している。他社であれば上級副社長の肩書が与えられるような職務に就いている社員がフェイスブックの場合、ただのディレクターとかマネジャーとか呼ばれている。ザッカーバーグはなぜこうしているのだろうか。

第一に、新規採用社員は自動的にもっとも低い肩書を与えられる。こうすれば、採用後に「その社員が既存社員より能力が劣っているのにそれより高い職位に就けてしまった」ことが判明するというよくある間違いを犯さずにすむ。これによって公正感が保たれ、既存社員の士気を高める。第二に、この方針はフェイスブックの平等主義的な企業文化を社員に徹底させ、またその昇進や給与システムを他社との直接比較にさらさないという効果もある。

またザッカーバーグは、肩書は実際の職務と社内への影響力を正確に反映しなければならないと考えている。会社が急成長を続ける場合、組織がどう構成されているのかを常に明確にしておくことが非常に重要だ。ところが、副社長や最高XX責任者が何十人もいたのでは、職責が不明確になるのは避けられず、混乱が生じる。

さらにザッカーバーグは、ビジネス系社員はエンジニアリング系社員に比べて肩書がインフレ気味になることに気づいた。ザッカーバーグも対外的交渉の際にはインフレの肩書が有効な場合があることを認める。しかし彼は、エンジニアをはじめ製品を実際につくる社員こそ会社のコアと考えており、無用な管理階層はできるだけ少なくとしようと努めている。

フェイスブックは新規採用職員に対して他社に比べて低い肩書しか与えないことで、いくぶんかは損をしているかもしれない。しかし逆に、肩書が低いことでフェイスブックを選ばないような社員はまさにフェイスブックが必要としない社員だとも考えられる。実際、フェイスブックの採用手続きと試用期間はフェイスブックが望むような人材が残り、望まないような人材が自ら去るよう巧みにデザインされている。

では、アンドリーセン流とザッカーバーグ流とどちらが優れているのだろうか。これは、場合による。言うまでもなくフェイスブックはテクノロジー界で圧倒的な存在であり、人材を惹きつけるのに苦労することはない。他社より肩書が低いからといって、最優秀人材の獲得が難しくなるわけではない。

しかし多くのスタートアップは、フェイスブックのような優位性を持っていない。その場合にはアンドリーセン流の「高い肩書で釣る」作戦が功を奏することも多々ある。どちらのシナリオを採用するにしても、厳密で公正な内部昇進手続きを整備する必要があるのは同じだ。

最後に

職の肩書や昇進といったささいなことに大騒ぎしすぎる、あるいは私の処方箋があまりに形式主義だと感じた読者もいるかもしれない。しかしその考えは間違いだ。慎重にデザインされ、厳密に運営される肩書と昇進のシステムがなければ、必ず社員の間に不公平感が蔓延する。職組織と昇進手続きがきちんと整備されていれば、多くの社員が無用な不満を抱かずに済むのだ。

優秀な人材が最悪の社員になる場合

われわれのビジネスにおいては、社員の知性はもちろん重要だ。仕事は難しく複雑で、競争相手はものすごく優秀な人々だ。しかしながら、社員に必要な資質は知性だけではない。会社に貢献する社員とは、勤勉で信頼が置ける良きチームメンバーであるような人物だ。

私がCEOのとき、一番難しかったのがこの点を学ぶことだった。私はさまざまな背景、性格、仕事のやり方の持ち主が、個性を生かして能力を発揮できる環境をつくろうと努力した。それはもちろん正しかった。CEOの仕事というのはそういうものだ。さまざまな社員がうまくやれるというのは、会社にとって極めて重要な利点となる。特に優秀な社員を採用し、会社に留めておくには必須の条件だ。しかし、何事にも限度がある。私はやり過ぎてしまった。

ここで「もっとも頭のいい人間が最悪の社員になる」という例を3つばかり紹介しよう。

例1　異端者

ある程度以上の大きさの会社なら、必ず戦略、プロジェクト、手続き、昇進その他に不合理な点が生じてしまうものだ。大組織が隅から隅まで完璧ということはあり得ない。そのため、会社にはこうした弱点を発見し、改善のために働いてくれる頭が良くて献身的な社員が必要だ。

ところが、並外れて頭のいい社員の中には会社を改善するという以外の個人的な目的をもってしまう者が出てくる。会社を改善するために弱点を発見するのではなく、自分の理論を証明するために弱点を探すようになる。こういう社員の好むのは「この会社は愚か者が経営しており、将来に望みがない」という理論だ。頭が良ければ良いほど、こういう社員の行動は会社にとって破壊的となる。そもそもこういった破壊的行動が取れるのは、非常に頭のいい人間だけだ。そうでなければ、そもそも周囲の人間はそんな理論に耳を傾けない。

しかしなぜ、頭のいい人間がわざわざ自分の勤めている会社を破壊しようとするのだろうか。理由はいろいろだ。

1 **無力感。** 社員は自分が経営陣と接する術がないと感じ、不平を言うことだけが自分の意見を聞いてもらえる方法だと思っている。

2 **性格が本質的に反乱者。** 常に反乱を起こしていないと満足感が得られない。これが根深い性格的特徴となっている可能性がある。往々にして、この種の人物は社員であるよりCEOであるほうが能力を発揮する。

3 **未成熟で衝動的。** 経営者は、現場の業務の隅々まで熟知しているわけではなく、それゆえ、欠陥を必ずしもそれと知りながら放置しているわけではないことを理解できない。

理由はどうであれ、こうした社員がいったん問題を起こすと、それを正すのは非常に難しい。ある立場を公にすると、その立場を一貫して守らせようとする社会的圧力がかかる。たとえば社員が同僚50人に「うちのCEOは地球一の愚か者だ」という意見を告げたあとでその意見を撤回すれば、社員の信用は徹底的に失われる。人間は自分の信用を失わせるような行為を嫌う。

例2　信頼性のなさ

ときおり、非常に頭がいいにもかかわらず、まったく信頼できない人間がいる。オプスウェアでロジャー（仮名）という天才級の人物を採用したことがある。彼が担当したのは、普通のエンジニアなら生産性を発揮できるようになるまで少なくとも3カ月はかかるような分野だった。ところがロジャーは、たった2日ですべてを習得してしまった。そこで3日目にロジャーを1カ月はかかりそうなプロジェクトに就かせたら、3日でほとんど完璧な出来栄えで仕上げてしまった。もっと正確に言えば、彼は72時間ぶっ通しで働いて仕上げたのだ。その間、休みも眠りもせず、ひたすらプログラミングを続けた。ロジャーは最初の3カ月でわれわれが採用した中で、最高の能力の社員とわかった。われわれはすぐに彼を昇進させた。

ところがそこから、ロジャーは変わり始めた。何度も無断で欠勤する。1週間以上欠勤することもたびたびあった。やっと出社してくるとひどく謝るのだが、勤務態度は改まらなかった。仕事の質も落ちた。仕事に不注意になり、ぼんやり過ごす時間が長くなった。あれほどのスター社員がなぜこうなってしまったのか、われわれには理解できなかった。ロジャーのチームはロジャーに何ひとつ任せられなくなり、マネジャーは解雇しようとした。

でも、私は止めた。ロジャーの天才性はすっかり失われたわけではないと考え、それを取り戻す方法が見つかると期待したからだ。しかし、それは見つからなかった。結局、ロジャーは双極性障害である上に、二重の薬物問題を抱えていることがわかった。つまり（1）双極性障害の薬を嫌って服用しない、（2）コカイン中毒である――のだ。われわれはロジャーを解雇するしかなかった。今でも、どうして彼はああなってしまったのかと考えると胸が痛む。

信頼性のない人間がすべて双極性障害だというわけではない。ただ、極端に信頼性を欠く人物はなにか根本的な性格上の問題を抱えていることが多い。その理由は、自己破壊的な衝動であったり、薬物乱用であったり、秘密の内職であったり、さまざまだ。会社というのはチーム活動だから、本人にどれほどの才能があろうと、チームメンバーとして信頼されなければその才能を成果には結びつけられない。

例3　根性曲がり

この種の「頭のいい最悪社員」はどのレベルにも存在し得るが、幹部社員だった場合、その影響は特に破壊的となる。幹部社員の多くは、ろくでなし、我利我利亡者（がりがりもうじゃ）、見栄っぱり、その他の罵倒語で呼ばれるような性格である。ものすごく無礼な言動でも、場合によっては意思を明確にし、強い教訓を与えるためには役立つ。私がここで指摘するのは、そういった意味での「悪い」性格ではない。

もっと本質的に破壊的な性格の話だ。企業が大きくなるとき、円滑なコミュニケーションは常に最優先の課題となる。大勢に同じ考えを共有させ、同じ目的に向かって協調させるのは、どんな場合でも困難だ。何人かが性悪な根性曲がりであれば、そうした協調は不可能になる。

ある種の人々はコミュニケーションのスタイルがあまりに好戦的なので、誰も口を利きたがらなくなる。誰かがマーケティングの話題に触れるたびにマーケティング担当副社長が飛び出してきて怒鳴りまくるようだったら、誰もマーケティングの話をしなくなる。会議にこういう根性曲がりがいると誰も口を開こうとしなくなる。その結果、会社幹部の間での意思疎通に大きな障害が生じ、やがて会社全体にその悪影響が出る。念のため付け加えておくが、問題の社員が一方で極めつけに頭がいい場合のみ、こうした破壊的な影響が広がる。そうでなければ、その社員が誰を攻撃しようと気にする者はない。ケガが大きくなるのは大きな犬に噛まれたときだ。もし幹部スタッフに大きな犬がいる場合は、その犬をどこかへ追い払うしかない。

バスを待たせて構わないのは誰だ

偉大なフットボール・コーチのジョン・マッデンは、「テレル・オーウェンス（のような問題児）を自分のチームで許容するか」と尋ねられたことがある。オーウェンスは最高に才能ある選手のひとりだったが、同時に性格は最悪だった。マッデンはこう答えた。

「ひとりがバスに遅れれば、チーム全員が待っていなければならない。うんと遅れれば、チームは試合に間に合わなくなってしまう。だからそんなヤツは許しておくわけにはいかない。バスには出発しなければならない時刻がある。そうは言っても、時にはあまり役に立つので、バスを遅らせるのもやむを得ないような選手もいる。しかしそれはよほどの選手に限る」

ＮＢＡのタイトルを何度も獲得した名コーチ、フィル・ジャクソンも変わり者のスーパー・スター、デニス・ロッドマンについて同じようなことを言っている。ロッドマンが練習に出て来なかったことについて「それならマイケル・ジョーダンやスコッティー・ピッペン（のようなスター選手）も練習に出て来なくていいのか」と質問されたとき、ジャクソンはこう答えた。

「もちろんダメだ。このチームにデニス・ロッドマンはひとりだ。社会全体を見回しても、デニス・ロッドマンみたいなことをしていい人間はめったにいない。そうでなければ、われわれは無政府状態に陥ってしまう」

時として会社には、デニス・ロッドマンのようにあまりに貢献が巨大なので、何をしても許容せざるを得ないような社員が存在することがある。だがその場合、ＣＥＯはその社員の悪影響が会社のほかの社員に広がらないように自ら措置を講じなければならない。「社会全体でもデニス・ロッドマンはめったにいない」ことを肝に銘じておくべきだ。

経験ある大人

スタートアップは順調に滑り出し、ビジネスは拡大を続けている。するとある日、取締役の誰かがあの恐ろしい言葉を口にする。

「きみらはそろそろ誰か大人を雇わなければならないな。経営者として過去にしっかりした実績を上げていて、この会社を次のステージに成長させられる人物が必要だ」

これは本当だろうか。本当だとしても、今それが必要だろうか。それに、どうやってその人材を見つけたらいいのか。大人の経営者が会社に来たとして、私との関係はどうなるのか。その人物が必ずいい仕事をするとどうしてわかるのか。

ともあれ、最初に若い創業者の心に浮かぶ疑問は「どうして大人が必要なんだ?」であろう。「堅苦しいスーツを着込んだ大人のビジネスマンは、われわれのカジュアルな企業文化を破壊してしまうのではないか。政治的野心が強かったり、家族と過ごすためにすぐ家に帰ったりするのではないか」。実のところ、こうした疑問の答えは、程度の差こそあれ、すべてイエスだ。だからこそこうした疑問は、真剣に考えなければならない。だが、本当に有能な経験ある人材を正しい時期に経営幹部に据えることは、倒産と栄光の分かれ道になることも多い。

最初の疑問に戻ってみよう。どうして大人を雇わねばならないのか。

簡単に言えば、貴重な時間を節約するためだ。テクノロジーのスタートアップというのは産声を上げたら最後、時間との激烈な競争を常に強いられる存在だ。テクノロジー・スタートアップの賞味期限はごく短い。どんなすばらしいアイデアもすぐに、愚劣なアイデアになってしまう。ザッカーバーグがフェイスブックを始めたのが先週だったらどうだろうか。ネットスケープが上場したのは会社創立後わずか1年3カ月だった。もしネットスケープを始めるのが6カ月遅れていたら、われわれの周りには37ものブラウザーが生まれていたはずだ。

創業者自身は諦めないにしても、ほとんどの社員は5年、6年経って創業時の夢が実現しなければ失望してしまう。スタートアップの創業者が目標としている事業の拡大をすでに経験している人材を雇うことは、そこへ至る時間を劇的に節約する。

しかし、CEOはその際の危険にも十分に気をつけなければならない。スタートアップが大人の経営者を雇うというのは、スポーツ選手が薬物でドーピングするようなところがある。うまくいけば世界記録を更新できる。しかし一方で、会社が内側から蝕(むしば)まれるような事態が生じるかもしれない。

年長の経験者を経営幹部に採用するときには、単に「大人の監督」とか「本物の会社になる」とかいうような抽象的な目的で考えてはならない。漠然とした目的は悪い結果をもたらす。年長幹部を雇うのは、特定の分野における知識と経験を買うのでなければならない。

たとえば多くのエンジニアの創業者は、世界的販売チャネルの構築とか、信頼感の高いブランドイメージのつくり方とか、効果的なM&Aのノウハウとかを持ってはいないだろう。トップクラスの経験者を雇えば、こうした分野で成功を収めるための時間を劇的に短縮できる。

外部の人材を求めるべきか、社内の人材を活用すべきかの判断は、対象分野の知識が社内にあるかどうかを基準とすればよい。たとえばソフトウェアの開発責任者には、社内で開発中のコードに関する詳細な知識が必要とされる。そうした知識は、開発チームを大きく成長させるためのノウハウよりも重要なことが多い。そうであれば、社外から人材を得るより社内の人材の知識を活用することを検討したほうがよい。

自社の製品を大企業に売り込もうとする場合なら、たぶん事情は逆になる。ターゲットとする顧客の業務内容、そのニーズ、企業文化を熟知した上で、必要な人材を必要な地域に配置して、グローバルな販売組織を構築できる人材は、自社の製品や企業文化についてよく知っている人材よりも、比較にならないほど価値が高い。そういうわけでエンジニアリング部門の長は、内部昇進のほうがうまくいく例が多い。逆にセールス部門の長を内部昇進させると、たいてい失敗する。だから常に「この部門では部内の知識と社外の知識とどちらが重要か」を意識していなければならない。

危険に備える

経験ある年長者を会社に迎え入れることは、重大な危険を伴う。この点は第5章の「大企業の幹部が小さな会社で活躍できない理由」と「幹部の採用——未経験の仕事でも適任者を見つける」という節で詳しく述べておいた通りだ。

適任者を採用できたとしても、彼らを効果的に使いこなしていくのは同じくらい難しい。こういう大人の幹部の採用には、いくつか特有の困難な問題がある。

■**大人の幹部はそれぞれ独自の文化を持っている。**彼らは育ってきた会社特有の慣習、コミュニケーションのスタイル、価値観を持っている。そうした慣習や価値観が、新しい会社のものと完全に一致するということはまずない。

■**大企業経験者は大きな組織の中で動く術を知っている。**大きな組織の幹部として成功した経験があれば、組織の中で効果的に動く技術を身につけているのは当然だ。しかしそういう技術はスタートアップでは見慣れないものなので、政治的な人物と誤解されることがある。

■**CEOがその職についてよく知らない。**そもそもCEO自身がその職についてよく知らないから、外部から大人を雇ったわけだ。そういう場合に、どうやったら相手の仕事ぶりを正しく監督、評価できるのだろうか。

前に説明したように、外部の人材の導入による経営陣の劣化に注意し、その問題が拡大するのを防ぐ手段を講じることが重要になる。

第一に、外部から入ってきた人材に対しては、現在の企業文化への順応を要求しなければならない。別の企業文化の背景を持つことはかまわない。そうしたほかの企業文化の中には、スタートアップの企業文化より優れたものも多いだろう。しかし、ここはそのCEOのスタートアップなのだから、今はそのCEOの文化、仕事のやり方で行かねばならない。

この問題では、相手の経験に威圧されてはならない。頑として企業文化を守らねばならない。経験ある人材の持っている新しい文化に良いものがあると感じたら、吸収するのはいいことだ。ただし、その場合には周囲にその意図をはっきりと告げねばならない。なし崩し的に行ってはならない。また、政治的な動きを厳しく監視し、そうした駆け引きの蔓延を許してはならない。

そして、これがもっとも重要だが、計測可能で明確な成果の基準を設定することだ。規模の大小はともあれ、世界的に見てトップクラスの企業をつくりたいなら、そこで働く人材も――若者であれ大人であれ――世界的に見てトップクラスでなければならない。そもそも創業者がその分野にうといからこそ外部の人材を採用したのだから、採用した社員が創業者よりその仕事がうまくできたというだけでは、まったく不十分だ。

また、その分野にうといため、優秀な人間ならどれほどのことを達成するか知らず、低すぎる目標を設定してしまうというミスを犯さないよう注意しなければならない。たとえば、スタートアップを創業した直後に「メディアに好意的に取り上げられた」といって若いCEOが有頂天になるのを何度も見てきた。しかし、これはPRの成功でもなんでもない。そんな水準で満足してはならない。創業直後のスタートアップというのは、よちよち歩きの可愛らしい赤ん坊みたいなもので、誰でも好意的な記事を書いてくれる。少年期にさしかかり、ニキビだらけで憎たらしい存在になった時期のスタートアップに好意的な評価を引き寄せることができたら、一流のPR担当者と言えるだろう。

一流のPR担当者はネガティブな事件さえ、良い企業イメージをつくる材料にできる。一流のPR担当者は、鳥の糞からチキンサラダをつくり出すような魔術が使える。しかしそのためには、メディアとの間に長期間にわたる深い信頼関係が築かれていなければならない。また、メディアに対処するための広汎なノウハウと高度な駆け引きの能力を必要とする。駆け出しの若いPR担当者には、そうした必要条件はひとつとして備わっていない。

どんな分野にせよ、その分野における優秀な人々がつくる高い基準がどういうものであるかが学びたければ、その優秀な人々から直接話を聞くのがもっとも効果的だ。彼らの基準を知り、それを自分のものにすることだ。達成可能であり、かつ十分に高い水準のゴールを設定したら、あなたのチームにそれをはっきりと示し、必ず達成させるよう約束させなければいけない。その際に、具体的にどんな方法を取ればよいのかあなた自身が知っている必要はない。すばらしいブランドイメージを確立するために、画期的なパートナー契約を結んでライバルを出し抜くために、誰も予期しなかったほどの売上を達成するために、それぞれ何をしたらいいのか知恵を絞るのはそれぞれの責任者の義務であり、そのために彼らは給料を受け取っているのだ。そのために彼らを雇ったのだ。

最後に重要な点を付け加えておこう。経営チームのメンバーは、単に目標を達成しさえすればいいというものではない。幹部社員には具体的な目標の達成以外に多面的な能力が要求されるし、何よりチームの一員として機能しなければならない。多くのシリコンバレー企業の取締役を務めてきたビル・キャンベルが提唱する幹部社員の評価基準は、総合的でありよくバランスが取れたものだ。キャンベルによればエグゼクティブのパフォーマンスは次の4つのそれぞれ独立した分野に分かれるという。

1　設定された目標に対する達成度　ひとたび高い基準が設定されたなら、あくまでその基準に照らしてパフォーマンスを判定しなければならない。

2　マネジメント　幹部社員は設定された目標を達成するだけでなく、会社への忠誠心の高い有能なチームを育成できねばならない。幹部社員には個人のパフォーマンスと同時に、部下の管理、育成能力も問われる。

3　イノベーション　将来を犠牲にして達成した四半期ごとの成果には意味がない。たとえば、ソフトウェア開発の責任者が、欠陥だらけのプラットフォームを放置してその上に無理やりいくつもの新機能を追加すれば、その場では目標が達成できたように見えるかもしれない。だが、そのために次のバージョンアップが不可能になっているかもしれない。CEOは開発過程をブラックボックスと考えて、目に見える成果だけを追ってはならない。「ソーセージがつくられる現場」を自分の目で見て何が行われているのか理解していなければならない。

4　同僚との協調　これは見逃されやすい点だが、幹部社員はコミュニケーション能力に優れ、同僚や部下に適切なサポートを与え、また受けられるような能力がなければいけない。エグゼクティブはこうした基準に照らして評価される必要がある。

魂を売り渡してはならない

幹部社員を初めて採用するときは、何か魂を売り渡すような不安を感じるものだ。そして、注意深くないと、実際に会社の魂を売り渡してしまう結果になりかねない。しかし前にも述べた通り、スタートアップは時間との戦いだ。ゼロから何かをつくるには、とにかく一瞬でも時間を買い取ることが必要になる。そのためには、たとえ大きな世代と文化のギャップがあろうと最高レベルの知識と経験を持った人材を外部から投入しなければならない。

個人面談

私が個人面談についてブログに書くと、読者からのフィードバックが大量に押し寄せた。コメントの半分は批判的で、「個人面談などは大した役に立たないから、そんなことに長い時間を費やすのは無駄だ」というものだった。ほかの半数の読者は、個人面談の効果的なやり方についてもっと詳しく知りたがった。私には、どちらの反応も同じコインの裏表だと思えた。

日常業務に関してCEOのなすべきもっとも重要な任務は、社内のコミュニケーションの仕組みをつくり、円滑に作動するよう維持することだろう。コミュニケーションの仕組みには会社全体の組織づくり、会議の取り扱い、さまざまな部内事務の手続き、メールシステム、ヤマー〔マイクロソフトが提供する社内用SNS〕の利用、管理職と一般社員への個人面談などさまざまな要素が含まれる。十分に考え抜かれたコミュニケーション・プラットフォームなしには情報は滞り、アイデアの交換も不活発になる。そして「悪い職場」に転落していく。

個人面談なしでも優れたコミュニケーション・プラットフォームをデザインすることは不可能ではないだろう。しかしほとんどのケースで個人面談は、情報とアイデアを流通させるための非常に効果的な仕組みだ。個人面談をプラットフォームに取り入れることを強く勧めたい。

個人面談がよくないと考える人々は、おおむね悪いやり方の個人面談の犠牲者だ。個人面談を効果的にする鍵は、その主人公は上司ではなく部下である社員だということを理解するところにある。個人面談は緊急性の高い課題についての報告だけでなく、社員が日頃抱いている不満、目にしてはいるが正式の報告書には書きにくい問題点、温めている有望なアイデア、メールシステムへの不満、個人的な悩みなど、ありとあらゆる問題を拾い上げることができるほとんど唯一のチャネルだ。

これを部下の社員の立場から考えてみよう。良いアイデアを思いついたがせいぜい20パーセントくらいしか具体的に詰めていないような段階で、時間を無駄にするホラ吹きと思われずに上司にフィードバックする良い方法があるだろうか。あまり親しくない同僚が自分の仕事の大きな障害になっているが、面と向かって対決すれば険悪な状況になりそうなとき、どうしたらよいだろうか。今の仕事は好きだが、私生活がひどい状況になりつつあるとき、どうやって助けを求めたらよいだろうか。業務日報に書くわけにはいくまい。メールで訴える？ ヤマーに投稿する？ どれもダメだ。こうした状況、そしてほかの多くの状況では、個人面談が唯一の現実的な情報チャネルとなる。

もっと組織立ったやり方が好みなら、社員から事前に個人面談のテーマを出させておくのもよいだろう。こうしておくと、状況がそれほど差し迫ったものでなかったり、問題を考え直した場合には、社員はそのテーマをキャンセルできる。もうひとつ重要なことは、個人面談の主役は社員であって、面談時間の長短も社員主導で決めるようにすることだ。社員が中心であるからには、上司は聞き役に徹するべきだ。社員に90パーセント以上話させ、上司が話すのは10パーセント以下に留めねばならない。残念ながら多くの個人面談の実態はこれと逆だ。

ただし、テーマを決めるのは社員であっても、管理職は重要な問題を社員から引き出すよう気を配らねばならない。社員が内向的で引っ込み思案な性格の場合、これは特に重要だ。特にエンジニアを管理する場合、問題を聞き出す能力はぜひともマスターしておく必要がある。

個人面談で役に立つ質問の例をいくつか挙げてみよう。

■われわれがやり方を改善するとしたらどんな点をどうすればよいと思う?
■われわれの組織で最大の問題は何だと思う? またその理由は?
■この職場で働く上で一番不愉快な点は?
■この会社で一番頑張って貢献しているのは誰だと思う? 誰を一番尊敬する?
■きみが私だとしたら、どんな改革をしたい?
■われわれの製品で一番気に入らない点は?
■われわれがチャンスを逃しているとしたら、それはどんな点だろう?
■われわれが本来やっていなければならないのに、やっていないのはどんなことだろう?
■この会社で働くのは楽しい?

こうした質問を重ねていけば、非常に良いアイデア、会社の問題、社員の私生活の深刻な問題などが必ず引き出されてくるという点が重要だ。個人面談は長年にわたってテストされ、その価値が実証されている手法だ。もちろん、もっといい考えがあるというのならやってみるのはよいが、あくまで自己責任で。

自分自身の企業文化を構築する

創業者10人に「企業文化とは何か？」と尋ねれば10通りの答えがあるだろう。オフィスのデザインかもしれないし、人材の選択基準かもしれないし、尊重する価値かもしれない。レクリエーションの選択、社員の同志的な絆かもしれない。どうかするとカルトに近づくこともある。企業文化とは何だろうか。それは本当に重要なのだろうか。もし重要だとして、そのためにどれくらいの努力を割くべきだろうか。

二番目の質問から考えてみよう。どんなテクノロジー系スタートアップも必ず目指さなければならない目標がある。それは現在普及している方法より最低でも10倍効率的な製品を生み出すことだ。2倍や3倍良いくらいでは、既存製品から十分な数のユーザーを十分なスピードで乗り換えさせることはできない。それでは、意味のある規模に成長することはおぼつかない。

テクノロジー系スタートアップにとって次に重要なことは、目指す市場を制圧することだ。何かを10倍効率的に成し遂げる方法を発見したとしても、同時に同じことを考えついたライバルが存在する可能性はある。だからライバルが市場を制圧する前に、自分が制圧しなければならない。10倍も優れた方法などというのはめったに生まれるものではない。だから既存のライバルを打ち負かすのは簡単だが、ライバルがその10倍優れた方法でいったん市場を制圧してしまったら、これを打ち負かすのは非常に困難だ。

このふたつの目標を達成できないようなら、そのスタートアップは企業文化を問題にしても意味がない。世の中には一流の企業文化を持ちながら退場を余儀なくされた企業が無数にある。企業文化が企業の成功を約束するわけではない。

それならなぜここで企業文化を問題にするのか。それには大きく分けて3つの理由がある。

1 前記のふたつの目標の達成を助けるために一定の効果ある。

2 企業が成長するに従って、企業文化は「働くのに楽しい場所」という根本的な価値を維持するのに大きな役割を果たすようになる。長期的な観点からこれは大きな意味がある。

3 おそらくこの理由がもっとも重要かもしれない――創業者たちが非人間的なほどに、がむしゃらに働いて会社を成功させたあとで、その会社が働いて楽しい職場でなくなっていたと気づくとしたら、そんな悲しいことはない。

企業文化をつくる

従業員の満足度とか会社の使命というのも重要な問題だが、ここでいう企業文化は別の話だ。ここでは次のような働き方を定着させるために効果のある方法を考えてみたい。

■ライバルに差をつける。
■顧客を喜ばせる、あるいはそれ自身で美しい製品を長くつくり続けられるような仕事のやり方を根づかせる。
■会社の使命に対して適性の高い社員を見分ける手助けをする。

文化というのは文脈次第で実にさまざまな意味になるが、とりあえずここに挙げたような場合だけでも考えるべき点が多数ある。

企業文化を育成しようと決めたとき、企業文化の多くは、後になってそう呼ばれるようになる、という点をまず心に留めておくべきだろう。企業文化は初めから意図してシステムの中につくり込めるものではない。創業者や初期の社員たちの行動の積み重ねがやがて企業文化と呼ばれるようになっていくのだ。だから、企業文化をつくろうとするなら、長時間にわたって大勢の社員の行動に影響を与えられるようないくつかの重要な点に絞って考えねばならない。

ジム・コリンズはベストセラーとなった『ビジョナリー・カンパニー』（日経BP社）の中で、長期にわたって成功を続ける企業には「カルトと言いたいような独特の文化がある」と書いている。私はこの表現はいささか誤解を招くものだと思う。文化が奇妙であり、それを追求するやり方が偏執的であるほど、企業文化として成功するという印象を与えかねないからだ。なるほどそれは一面の真理だが、真理そのものではない。ただし、有効な企業文化が後から振り返ると、カルト的に見えることが往々にしてあるという点ではコリンズは正しかった。ともあれ、部外者からは奇妙に見える企業文化をつくる方法ならいくらでもある。しかし社員の行動を本当に変えるような挑戦的な企業文化を考え出すには、よほど深く考えねばならない。

企業文化を育もうとするなら、実行がごく簡単でありながら、社員の行動に長期的な深い影響を与えるようなポイントを発見できれば理想的だ。この場合、鍵となるのは強いショックを与えられるかどうかだ。多くの社員にとって意外であり、不安や動揺を誘うような行動基準を要求すれば、それらは常に社員の間で話題になるだろう。すると、社員の行動に影響を与えることができる。映画『ゴッドファーザー・パート1』ではハリウッドの大物を脅して、その大物が嫌っている俳優に役を与えさせるにはどうすればよいかが劇的に描写されている。失業対策には馬の首をベッドに入れておくのが効果的だった。ショックは行動を変えるためのもっとも効果的なメカニズムだ。ビジネスでの例を3つほど挙げてみよう。

ドアの板でつくったデスク

アマゾンの創業者兼CEOのジェフ・ベゾスは、アマゾン・ドット・コムをスタートさせた直後から、この会社は「顧客に価値を届けることで収益を上げるべきであり、顧客から金を搾り取ることによって収益を上げるべきではない」というビジョンを抱いていた。この目標を実現するには、価格面でもカスタマーサービスでも長期的にトップに立たねばならないと考えた。

金を無駄遣いしていては、その実現は不可能だ。

長年にわたって口やかましく支出を検査し、浪費した者を見つけるたびに雷を落とす代わりに、ベゾスは驚くほどシンプルな手法で「質素」という企業文化を一気に打ち立てた。ベゾスはホームセンターからドアを買ってこさせ、脚を釘付けにしてデスクをつくらせた。ドアでつくったデスクは人間工学的に優れているとは言えないし、1000億ドルを超えるアマゾンの時価総額ともマッチしない。しかし、新入社員はドアでつくったデスクで仕事をしなければならないことにショックを受ける。「なぜこんなことをするんですか」と驚いて尋ねると、「われわれは最低のコストで最高のサービスを提供するためにあらゆる機会をとらえて1セントでも節約しなければならないからだ」という答えが必ず返ってくる。ドアでできたデスクで仕事をすることが耐えられない社員は、遠からず辞めていくことになる。

毎分10ドル

マーク・アンドリーセンと私がアンドリーセン・ホロウィッツをスタートさせたとき、われわれは起業家を最大限の敬意をもって扱おうと決めていた。われわれは自身の体験から会社を興すプロセスが、人間の精神にいかに負担をかけるものであるかよく覚えていた。

起業家とベンチャーキャピタリストは、言ってみればベーコン・エッグのベーコンと卵のように切っても切れない関係にある。しかしわれわれが卵を産むニワトリだとするなら、起業家は豚だ。つまり彼らは、身を切って賭けているのだ。そこでわれわれは起業家との会議には絶対遅刻しないことで、起業家を尊敬していることを形で表そうと考えた。

そこで、われわれの社員がほかのベチャーキャピタリストとの会議などにかまけて起業家をロビーで30分も待たせたりせず、万全の準備を整えて面談に臨めるよう方策を講じることにした。こうしたことは、少しでもビジネスを経験したらわかるだろうが、言うは易しである。

そこで容赦無い強制手段を取ることにした。われわれの社員で起業家との会合に遅刻した者は、理由のいかんを問わず、1分ごとに10ドルの罰金が課される。たとえば、非常に重要な電話に出ていたために起業家との会合に10分遅れたら、会合には100ドルを持参して、その場で罰金を支払わなければならない。新たにわが社に加わった社員は、この規則にショックを受ける。そこでわれわれはなぜこのような規則をつくったのかを詳しく説明するチャンスが得られる。この規則によって、起業家よりもほかのベンチャーキャピタリストを大切にするような人間は、アンドリーセン・ホロウィッツには無用だとはっきりわからせることができるのだ。

何を壊してもいいから全速力で動け

マーク・ザッカーバーグは、イノベーションを何よりも重視する。彼は大きなリスクなしに大きなイノベーションは成し遂げられないと確信している。そこでフェイスブックの初期の時代に、ザッカーバーグは「何を壊してもいいから全速力で進め」というショッキングなモットーを掲げた。ＣＥＯが「何を壊してもいい」と言うなんて！　本気だろうか？　このモットーは、すべての社員に立ち止まって考えさせるだけの衝撃力があった。そうして社員たちは、「イノベーションを起こすことを最優先にして全速力で動けば、何かを壊すことになるのは避けられない」という事実を認識した。社員には往々にして、「これはブレークスルーになるかもしれないが、やるべきだろうか」と自問するときが来る。うまくいけばすばらしい結果が得られるが、短期的には問題が生じるかもしれない。そうしたときにザッカーバーグのモットーは答えを与えてくれる。間違いを恐れてイノベーションを後回しにするような人間は、フェイスブックには無用なのだ。

ただし、ショック療法の前に、その本質が会社が目指す本質的な価値と正確に一致することを確認しておく必要がある。たとえばモバイル支払システムのスクエアを創立したジャック・ドーシーは、会社のデスクをドアの板でつくらない。なぜならスクエアの場合、質素・倹約よりもデザインのエレガントさのほうが、会社にとって重要な価値だからだ。スクエアのオフィスを訪問すると、ドーシーたちがデザインを本当に真剣に考えていることが伝わってくる。

職場でヨガができたりするのは企業文化ではない

今日のスタートアップは、ありとあらゆる方法でライバルと差別化を図らねばならない。その中にはすばらしい特長もあれば奇抜な思いつきもあるが、それらの大部分は企業文化を形づくるのには役に立たない。

休憩時間にヨガができる設備があれば、ヨガの好きな社員は喜ぶだろう。ヨガの好きな社員同士の連帯感を高める効果もあるかもしれない。しかし、そういうものは文化ではない。こういうものは長期にわたって会社のビジネスをコアとなって支えるような価値を生み出しはしない。会社が実現しようとしている価値に直接の関連を持たないからだ。ヨガができることは文化ではない。福利厚生の一環だ。

社員のひとりがキューービクルにピットブルを連れてきているのを見たら、ショッキングかもしれない。この会社では動物好きな人間は歓迎されること、あるいはたいていの勝手が許されることはわかるだろう。しかし、そのことは会社が目指す価値とは直接の関係がない。賢い会社は社員を優遇する。福利厚生はその重要な要素だ。しかし、福利厚生は文化ではない。

要するに

本書ではあとの章で、「アンドリーセン・ホロウィッツがＣＥＯを評価する手法」を論じる。私の考えでは、ＣＥＯとは何をすべきか知っており、かつ会社にそれをさせられなくてはならない職だ。適切な企業文化は、ＣＥＯが会社に望むことを実現する長期的な助けとなる。

会社を急速に拡大（スケーリング）させる秘訣

重要な会社をつくろうとするなら、ＣＥＯはある時点で会社を拡大（スケーリング）させなければならない。スタートアップ業界の関係者はグーグルがゼロから2万人に、フェイスブックがゼロから1万5０００人の大企業にそれぞれ急成長した奇跡について語る。そこで重要な会社をつくりたいなら、組織をスケーリングする神秘的な技術を学ばねばならない。取締役会はこの問題に関して、ＣＥＯに2項目からなる助言を与えるのが普通だ。

1 メンターを得よ。

2 自らスケーリングに成功した実績のあるエグゼクティブを迎えよ。

こういうアドバイスはたしかに役に立つが、同時に重要な限界があるので注意しなければならない。第一に、まず創業者たちにスケーリングの経験がないのだから、メンターにせよ経営幹部にせよ、どういう人物が適任であるか判断するのが難しい。1行もコードを書いたことのない経営幹部が優秀なプログラマーを見分けるのは難しい。第二に、ベンチャーキャピタルから送り込まれてきた取締役たちの大半は、会社をスケーリングさせることについて自分では何ひとつ知らない。彼らは自称経験者のカモになりやすい。大企業で働いたことがあれば、会社をスケーリングさせた経験はあるが、スケーリングを成功させる能力はない人間が大勢いることを知っているだろう。

なるほど経験さえあれば、そこそこに運営することはできる。しかし、うまく運営するには、経験とは別に能力が必要になる。スケーリングにはメンターと経験者が必要だというアドバイスは正しい。ただし、それ以上に重要なのは、まず本書で説明してきたようなスタートアップ運営の基礎を学び、続いて評価の高い経営書で説明されている数多くのスケーリングのテクニックから状況に合わせて適切なものを選んで適用していくことだ。

成長に伴う劣化をできるだけ遅らせる

組織が成長するにつれて、当初は容易だったのに次第に難しくなる物事が出てくる。特に次のような物事は組織が小さいうちは問題ないが、大きくなると困難になっている。

■組織内コミュニケーション
■共通認識
■意思決定

どこに困難が生じるのかはっきり理解できるよう、まず限界的な条件を考えてみる。社員がひとりしかいない会社を想像してほしい。この社員はひとりですべてのコードを書き、製品をテストし、マーケティングも会社運営も全部自分でこなす。この社員は会社のあらゆる物事についての知識を持っている。彼または彼女は、すべての意思決定を行う。自分以外に誰もいないのだから、社内コミュニケーションの必要もない。ところが、会社が成長するにしたがってこれらの要素は加速度的に困難さを増していく。

しかし会社がなにごとか成し遂げるには、とにかく成長を続けなければならない。そこで会社を成長させながらその劣化をできるだけ遅らせる努力が必要になってくる。

スケールすればさまざまな面で劣化が起きるのは不可避だが、それをできるだけ遅らせる努力をするのだ。組織が専門化し、階層構造化するにつれて業務プロセスは複雑化していき、共通認識は薄れ、社内コミュニケーションの質は低下する。ＣＥＯはここである程度の後退を許しながら、それでも会社が急激な大混乱に陥るのを防ぐように努める必要がある。

具体的な方法

社員が増えると、増えた社員がこなしてくれる仕事以上に仕事が増える。粘り強く後退戦を戦うにはどうしたらよいか具体的に考えてみよう。

組織の専門化

会社をスケールさせる上で第一に採られる方策が専門化だ。起業当初のスタートアップでは、全員が「なんでも屋」だ。エンジニアはコードを書き、コンパイルし、製品をテストするだけでなく、そのシステムの実用化や運営も手がけていかねばならない。それでうまくいくのは、起業当初のスタートアップでは、全員が社内の全員を知っており、社内で何が起きているかすべて知っているからだ。全員が全員の仕事を熟知しているから、業務のややこしい引き継ぎ手順などは必要ない。しかし会社が成長するにしたがって、新たなエンジニアを会社の業務に組み込むのは難しくなってくる。そのための学習曲線が指数関数的に困難さを増すのだ。やがて、部下に新しいエンジニアをひとり加えるよりも、その仕事を自分でやってしまったほうが簡単になる。こうなると組織の専門化をスタートさせねばならない。

プログラミング部門、テスト部門、運用部門などの専門チームに人員を張りつけると、おそらくは部門間の任務引き継ぎ手順の問題、共通認識が妨げられるという問題などが生じるだろう。こうした問題を最小限に留めるため、スケーリングにあたっては組織デザインに特に注意を払わねばならない。

組織のデザイン

組織デザインで第一に覚えておくべきルールは、すべての組織デザインは悪いということだ。あらゆる組織デザインは、会社のある部分のコミュニケーションを犠牲にすることによって、他部分のコミュニケーションを改善する。たとえば、エンジニアリング部門の中に製品マネジメント・グループを設置すると、製品マネジメント担当者の間のコミュニケーションは改善されるが、製品マネジメント担当者とマーケティング担当者の間のコミュニケーションは妨げられる。この組織改革が実施されると、不具合を訴える社員が生じるだろう。その訴えには根拠がある。

そうであっても、一枚岩の組織はいつか成長の限界にぶち当たる。そうなったら組織を専門的なグループに分割する以外ない。最低限、組織の成長と共にそれぞれの分野に管理職を置くことを考えねばならない。たとえばQ&A担当マネジャーを置くことになる。会社がこのレベルに達すると物事は複雑さを増す。クライアント技術部門とサーバー技術部門をそれぞれ組織として独立させるべきか、それとも技術部門はユースケース別に分割すべきか。やがて全社を再組織化する必要が生じてくるかもしれない。この場合、たとえばセールス、マーケティング、製品マネジメント、エンジニアリングのように機能別に組織化すべきか、それともクライアントの種類に応じたそれぞれ独立の事業部制にすべきかを考えなくてはならないかもしれない。

どんな組織化も必要悪であるから、悪が最小であるような選択肢を探す必要がある。この場合、組織デザインを社内コミュニケーションのアーキテクチャとして考えるとよい。特定の社員間のコミュニケーションをスムーズにしたいと思えば、彼らをひとりのマネジャーの下に所属させるのが、一番間違いない方法だ。逆に組織図で離れた位置にあればあるほど、そこに所属する社員間のコミュニケーションは疎遠になりがちだ。

また同時に、組織デザインは会社が外部とどのようにコミュニケーションをするかも決める。たとえば、製品ごとのセールス担当者のコミュニケーションを最大限にしようとして製品別組織にすれば確かに狙った効果は上がるかもしれない。しかし同時に、複数の製品を利用している顧客は、それぞれ別のセールス担当者とコミュニケーションをとらねばならなくなる。メリットの裏には必ずデメリットがあることを念頭に置き、組織デザインをしなければならない。

1　**どの部分にもっとも強いコミュニケーションが必要か。**まず一番重要な知識をリストアップし、その知識を誰が共有しなければならないかを検討する。たとえば、ある製品のアーキテクチャはエンジニアリング、品質管理、製品マネジメント、マーケティング、セールスの各部門に理解されていなければならない。

2　**どんな意思決定が必要なのかを検討する。**機能、アーキテクチャ、サポート方法の選定のように、繰り返し頻繁に行われる意思決定を洗い出す。関連ある問題についてはひとりの管理職がなるべく多くの意思決定を行えるように組織をデザインする。

3　**もっとも重要度の高い意思決定とコミュニケーションの経路を優先する。**製品マネジャーに重要なのは、製品アーキテクチャの理解か、マーケットの理解か。エンジニアに重要なのは、顧客の理解か、アーキテクチャの理解か。ただしこうした優先順位は、状況によってたやすく変わることを念頭に置かねばならない。状況が変われば再組織化が必要となる。

4 それぞれの部門を誰が管理するかを決める。 これは4番目のステップであり、最初のステップではないことに注意する必要がある。組織づくりは実際に業務をこなす社員がもっとも効率よく働けるようにすることが目的であって、管理職が働きやすくすることが目的ではない。組織づくりで一番大きな誤りはこの点で生じやすい。組織の上のほうにいる人間の個人的な野心や都合を、組織の下にいる人間の作業実態やコミュニケーションの経路より優先させてしまうというミスだ。誰を組織の長にするかを優先順位の後のほうにすることで、マネジャー層から不満が出るかもしれないが、やがて彼らはそれに慣れる。

5 優先しなかったコミュニケーション経路を認識する。 優先しなかったコミュニケーション経路がどれかを認識するのは、あるコミュニケーション経路を優先するべく選択するのと同じくらい重要だ。あるコミュニケーション経路の優先順位を下げたとしても、その経路が不要になったわけではない。もしその経路を完全に無視してしまうと、やがて必ずトラブルとなって跳ね返ってくる。

6 あるコミュニケーション経路を優先しなかったことから生じる問題を最小限とするよう手を打つ。 こうした問題は部門間コミュニケーションの問題として浮上することが多い。そうした問題を処理するプロセスを事前に設定しておく。

この6ステップで、企業内の組織づくりに関する非常に多くの領域がカバーできるはずだ。これ以外にも、組織デザインにあたってはコストとスピードのトレードオフ、組織変更を混乱なく実施する手順、組織変更の適切な頻度など考慮すべき問題は多い。

手続きを定める

手続きを定める目的は、コミュニケーションの円滑化だ。社員が総勢5人しかいないなら、別に手続きを定める必要はない。全員が全員と簡単に話し合えるからだ。面倒な官僚主義的手続きなしに、業務の引き継ぎも、重要な情報の伝達も簡単にできる。しかし社員が5000人いる会社では、社内コミュニケーションははるかに難しくなる。社員が5人だったときのように、その場その場の行き当たりばったりのやりとりは機能しなくなる。そうなればもっと堅牢なコミュニケーション・チャネルが必要だ。コンピュータでいえば「通信のバス」に相当するものが、組織用語でいえば「プロセス」だ。

プロセスとは、公式に組織化されたコミュニケーションの手続きだ。プロセスにはシックスシグマのような大規模な製造業などで導入される高度に組織化された品質管理手法もあれば、会議の効率化のようにシンプルなものもある。プロセス規模は必要に応じて大小さまざまだ。

複数の社内組織にまたがるコミュニケーションについては、そのチャネルと質を確保するために、特にプロセスが必要になってくる。社内プロセスを整備しようとする場合、最初に採用面接のプロセスをつくってみるのがよい。採用というのは、典型的に複数の組織にまたがる作業だ（採用グループ、人的資源グループ、総務グループなど）。さらに社外の人々（応募者）も関与する。しかも会社にとって根本的な重要性を持つ。

では、採用プロセスは誰がデザインすべきだろう？　誰であろうと現在の採用担当者が責任者になるべきだ。彼らはコミュニケーションの相手と内容を知っている。採用作業をプロセス化し、スケールできるようにするには、現にその作業を行っている人々が最適だ。

それではどの段階でプロセス化を始めるべきだろうか。これはそれぞれの会社が置かれた状況によって大きく変わってくるので一概には言えないが、注意すべきなのは、既存のプロセスに新しい人々を慣れさせるほうが、新しいプロセスを既存の人々に慣れさせるより、ずっと楽だという点だ。現在やっていることを定式化した上で、新しい人々をそこに加えるのは簡単だ。

プロセス手法については多くの本が書かれているので、ここではいちいち繰り返さない。私はアンディ・グローブの『ＨＩＧＨ　ＯＵＴＰＵＴ　ＭＡＮＡＧＥＭＥＮＴ』の第1章が参考になると思う。スタートアップがプロセス化を進める場合の注意点をいくつか挙げておこう。

■**成果に集中すること。プロセス化によって何が得られるのか。**たとえば採用面接をプロセス化するのであれば、その成果は「優秀な社員を採用すること」であるはずだ。では、その目的を達成するためにはどのようなプロセスが必要か。

■ **プロセスのそれぞれのステップごとに、何が必要か、それが正しく得られているかを確認すること。** 十分な数の応募者を得られているか。応募者はその職に適格であるか。面接方法はその職にもっとも適した応募者を選択できるか。候補者を選択したあとで、相手が実際に入社してくれるか。採用者の入社後の生産性は期待通りか。採用者が生産性の高い社員になったとして、社に留まってくれるか。ステップごとに、達成度を評価しなければならない。

■ **アカウンタビリティを社内システムに組み込む。** 各ステップに責任を持つのはどの組織、または誰かを明確にする。社員のパフォーマンスを可視化するためにできる限り努力する。

最後に

会社をスケーリングさせるのは、製品をスケーリングさせるのに似ている。会社の規模が異なれば、会社のアーキテクチャに対する要求も異なってくる。たとえば会社のスケーリングの速さよりも、プロセス化のスピードが速すぎれば、会社は硬直化して効率が落ちる。プロセス化に着手するのが遅すぎれば、会社は大混乱に陥って自壊しかねない。自社の置かれている成長段階を正確に見極めて、社内アーキテクチャをそれに応じて修正していくことが肝心だ。成長を予期するのはよいが、成長に拙速に対応することは逆効果になる。

成長期待の誤り

先日、私はふたりの友達とミーティングした。ひとりはベンチャーキャピタリストで、もうひとりはCEOだった。そこでたまたまCEOの会社のある幹部についての話が出た。その幹部は極めて優秀だったが、大きくスケールしたあとの組織運営の経験を欠いていた。ベンチャーキャピタリストの友達はCEOに「その幹部が今後会社のスケールに合わせて成長するかどうか注意深く見守るのだね」と無邪気にアドバイスした。私は即刻、「冗談じゃない。そんなバカな話があってたまるか！」と激しく反論した。友達はふたりとも私の反応に仰天した。普段なら私は自分の感情を口に出す前に、いちおう頭でチェックする。それならなぜとっさに怒鳴ってしまったのか、というとそれはこういう理由だ。

CEOたるものは、もちろん経営チームのメンバー全員を常に評価していなければならない。しかしながら、理論的には将来起きるかもしれない必要性に照らして、現在の社員のパフォーマンスを評価するのはまったく不当であり破壊的だ。その理由は以下の通りだ。

■**スケーリングに対応するのは天性でできることではなく、実際の経験から学ぶ過程だ。**生まれたばかりの赤ん坊が1000人の部下を管理する方法を知っているはずはない。誰も次第に学ぶしかないのだ。

■**スケーリングにどう対応すべきか事前に知ることは不可能だ。** それならある幹部社員がスケーリングに対応できるかどうかも、事前に知ることは不可能だろう。ハーバードを中退した当時のビル・ゲイツを見て、何万人もの社員を擁する大企業を運営できるかどうかなど誰も判断できなかったはずだ。誰がそんな可能性を判断できるだろうか。

■**何かが実際に起きる前にある人の対応能力を決めつけてしまうことは、その能力の発達に悪影響を及ぼす。** ある幹部にもっと大きな組織のリーダーを務める能力がないと決めてしまえば、その社員に大きな組織のリーダーとなる訓練をするのは意味がないことになるだろう。それどころか、そういう問題があると指摘することさえしなくなるだろう。つまりその社員は、もう見捨てられてしまったのだ。

■**スケーリングに対応できる幹部社員を拙速に採用することも大きな失敗につながる。** あらゆる状況で偉大であるような経営者は存在しない。特定の会社の特定の段階で偉大であるような経営者は存在する。マーク・ザッカーバーグはフェイスブックのCEOとして圧倒的な成功を収めている。しかし、マークがオラクルのCEOだったら同じような成功はできなかっただろう。同様にラリー・エリソンはオラクルの経営者として大成功したが、フェイスブックの経営者にはおそらく向いていない。あまりに先走った基準で部下の評価をすると、まだその必要が生じない時期に、将来のニーズに基づいた能力を持つ社員を採用することになりがちだ。ところが、この場合、往々にして向こう1年で必要な能力が無視されることになる。その能力こそがスケーリング中の会社にとって重要な唯一の能力なのだが。かくして現在有用な幹部を将来は有能かもしれないが今は無能な幹部と交換するという過ちを犯すことになる。

それでも会社のスケールが新たな段階に達した時点を正しく見極める必要がある。 新たなスケールに対応できる幹部を採用するのが早すぎたり遅すぎたりするのを避けるだけでなく、予断を持つことも絶対に避けねばならない。Aという時点でどれだけ慎重に検討にして予測を立てたにせよ、その後のBという時点で新たに得られたデータに基づいて立てた予測のほうが、正確であるに決まっている。

予断を持つことは人生でも会社経営でも絶対に避けるべきだ。 現在懸命に働いており、会社に貢献している誠実な社員を(まったく不十分なデータに基づいて)3年後には役に立たなくなっているだろうなどと決めつけることは、諸悪の根源となる。その根拠のない決めつけは情報の隠匿、不誠実、偏ったコミュニケーションを生む。それは判断の代用に偏見を用いることだ。教育訓練の可能性を放棄することでもある。チームワークを破壊し、内部対立をかき立てるもっとも効果的な方法だ。絶対にそんな真似をしてはならない。

では、社員のスケーリングに対応する能力を予断と偏見で判断しないとすれば、何に基づいて判断すればよいのだろうか。チームのトップは四半期に一度は全員をさまざまな角度から評価しなければならない。このときスケーリングに関する予断から判断を誤らないために、次の2点に特に注意することが重要だ。

■**スケーリング問題だけを切り離さず、ほかの問題と一緒に扱うこと。**その社員が将来のスケーリングに対応できるかどうかが問題なのではない。その社員が現在の業務に対応できているかどうかが問題なのだ。社員を評価するときは、スケーリングなど特定の問題だけを評価せず、必ずパフォーマンスを全体として評価しなければならない。特定の側面だけに気を取られると誤った予断に陥りやすい。

■**評価は絶対的基準に照らしてではなく、相対的比較に基づいて行うこと。**ある部下が最優秀なエグゼクティブであるかどうかは、非常に判断の難しい問題だ。それよりもこう自問すべきだ。わが社で今この時点で、私が採用できる人間で、この幹部より優秀な候補者はいるだろうか。もしもっとも手強いライバル企業がその人物を採用したとしたら、どんな影響が予想されるだろうか。

以上、長く述べてきた通り、ある幹部社員が将来のスケーリングに対応できるかどうかを拙速に判断しようとすることは、単に不公正であるだけでなく、会社運営を混乱させ、失敗に導くものだ。

第7章

やるべきことに全力で集中する

HOW TO LEAD EVEN WHEN YOU DON'T KNOW WHERE YOU ARE GOING

ラウドクラウド事業をEDSに売却した直後に、またも危機に直面した。投資家は、売上と顧客のすべての源であるラウドクラウド事業を売却したあとは、われわれに投資する意味がないと思っていた。その結果、機関投資家はオプスウェア株をすべて売りに出し、株価は0・35ドルまで急落した。これは興味深い現象だった。というのも、この株価による時価総額はわれわれが銀行に預けているキャッシュ総額の半分以下だったからだ。これは投資家がオプスウェアの事業としての価値はゼロで、われわれが正気に戻って投資家に金を返す前に、キャッシュの半分を無駄遣いすると考えていることを示していた。さらに事態を悲惨にしたのは、ナスダックからの通告だった。90日以内に株価が1ドル以上にならなければ、上場は廃止されるという。われわれの株式はペニーストック〔店頭売買の小型株〕になってしまうのだ。

私は取締役会に、この気の滅入るニュースに対する対策として3つの案を説明した。

1　**株式併合。**10株を新1株とする株式併合を実施すれば理論上、株価は10倍になる。

2　**諦める。**ペニーストックに転落するのを受け入れる。

3　**外に出る。**私は外に出て営業活動を行い、株価が3倍になるまで新たな投資家を探す。

取締役会は同情的で、すべてのオプションを先入観なく検討してくれた。アンディ・ラクレフは、最近株式併合は数多く行われているので、悪い印象は大分減ったと指摘した。マーク・アンドリーセンは新聞記事の影響力が低下しているので、上場廃止というニュースもそう深刻な影響は与えないかもしれないと予測した。それでも私は株式併合には気が進まなかった。株式併合というのは、弱さを認めることであり、はっきりした降伏であると感じられた。株式併合は市場に対して「そうです、われわれは確かに銀行に預けてある金の半分の価値しかありません」と告げるに等しいだろう。

かといって座して上場廃止を待つつもりもなかった。マークの言うのにも理由はある。なるほど将来はそうなるかもしれない。しかし、ただ今現在、この国では多くの機関投資家がペニーストックの売買を禁じられている。私は外に出ることにした。

最初の問題は、「で、誰に会いに行くのか?」だった。ほとんどの機関投資家は10ドル以下の株には投資しなかった。まして1ドル以下では誰も投資しないだろう。そこでマークと私は人脈ネットワーキングの導師、伝説的エンジェル投資家のロン・コンウェイにアドバイスを求めた。私はコンウェイに経緯を説明し、年2000万ドルのEDSとの契約だけでもオプスウェア事業にはそれなりの価値があるし、優秀なエンジニアのチームがあり、知的財産も豊富だと加えた。そして手持ちキャッシュの半額などという評価額は不合理だと主張した。ロンはわれわれの話を注意深く聞いたあと、「きみたちはハーブ・アレンに会うといい」と言った。

私はハーブ・アレンの投資銀行、アレン&カンパニーの名前は知っていたが、本人についてはほとんど何も知らなかった。アレン&カンパニーは世界でもっとも権威あるビジネス・カンファレンスを毎年開催していることで有名だ。このカンファレンスは招待制で、ほかのカンファレンスには絶対現れないような著名人が集う。ビル・ゲイツ、ウォーレン・バフェット、ルパート・マードックといった人々が常連と言えば想像がつくだろう。世界中のこの種のカンファレンスを全部集めたよりも多くの重要人物を集めてきた――そう言ってもいいぐらいなのだ。

マークと私はマンハッタンのコカ・コーラ・ビルにあるアレン&カンパニーの本社を訪れた。アレン&カンパニーのオフィスを一言で表現するなら古典的と言えるだろう。インテリアは美しいがケバケバしいところはない。エレガントでありながらくつろげる雰囲気だった。オフィスと同様、ハーブも上品でくつろいだ雰囲気だった。ハーブはまずロンを賞賛した。ロンの言葉はなんであれ、個人的に重要なものとして受け止めているという。

マークと私は注意深くラウドクラウドの事情を説明し、サービス事業をEDSに売却し、ソフトウェアと主要な人材を社内に残したこと、ソフトウェアのライセンス料として年額2000万ドルがEDSから支払われると述べた。さらに、われわれの貸借対照表は極めて健全であり、間違いなく0・35ドルという株価以上の価値があると主張した。ハーブは終始注意深く耳を傾けたあと、「お手伝いさせてもらいたい。何ができるか検討してみよう」と言った。私はハーブが何を言おうとしているのか見当がつかなかった。これがシリコンバレーならその意味は普通、「あっちへ行け！　オレがペニーストックなんか買うわけないだろう」だ。それとも本当に何らかの助力が得られるのだろうか？

われわれはすぐに驚くべき結果を知った。次の数カ月にわたってアレン&カンパニーはオプスウェアの株を買い進めた。ハーブ・アレンも個人でオプスウェア株を買ったし、アレン&カンパニーの顧客も大口株主になってくれた。そのおかげでわずか3カ月の間に株価は0・35ドルから3ドルに回復した。オプスウェアは上場廃止を免れ、新たな株主を獲得し、社員に希望を与えることができた。その原因のほとんどはハーブ・アレンにただ1回会ったことだった。

後年私はハーブに、誰も見向きもしなかったオプスウェアに投資した理由を尋ねた。私はハーブに「あなたは当時はテクノロジー企業にはあまり関係しておらず、ましてやデータセンターの自動化については何も知らなかったはずですね」と指摘した。ハーブはこう説明した。

「もちろん私はきみたちの事業は全然理解していなかったし、テクノロジー業界についてもほとんど知らなかった。しかし、ほとんどの上場企業のCEOや会長は苦境に陥ると、デスクの下に潜り込んで風を避けようとするのが普通なのに、きみたちふたりは私に会いにきた。そして巨大企業の経営者連中よりもきみたちのほうがはるかに決意が固く、これなら成功するだろうと確信させるものがあった。勇気と決意に投資するのは私にとって簡単な決断だった」

これがハーブ・アレン流のビジネスのやり方なのだった。だから、チャンスがあれば絶対にハーブとビジネスをすべきだ。

私が起業家として学んだもっとも重要なことは、何を正しくやるべきかに全力を集中し、これまで何を間違えたか、今後何がうまくいかないかもしれないかについて無駄な心配をすることをやめるという点だろう。この章では、困難に際して、何に集中し、何を無視すべきかについて説明していく。

CEOとしてもっとも困難なスキル

私が経験から学んだCEOとしてもっとも困難なスキルは、自分の心理のコントロールだった。組織のデザイン、業務プロセスのデザイン、業務の計量化、採用と解雇などは、自分の心のコントロールに比べれば、比較的シンプルな課題と言える。私は自分が心理的にタフだと思っていたが、実際に経験してみると、とてもタフどころではなかった。私はとんでもなくソフトだった。私は長年の間に何百人ものCEOと話す機会があったが、みな口をそろえて同じ気持ちを味わったという。しかし心理的な困難について語るCEOはごくわずかだし、この問題について書かれた記事や本は皆無と言っていい。まるであの『ファイトクラブ』のルールのようだ。CEOの心理的困難についての最初のルールは、「語ってはならない」というものらしい。この神聖なルールを破ることになるが、私はあえてこの問題を取り上げ、CEOはどんな心理状態に陥るのかを描写し、それに対するいくつかの対策を紹介しようと思う。心理的問題は、CEOが直面する困難の中でもっとも個人的かつ最大のものだ。

うまく仕事をしているつもりなのに、なぜこんなに落ち込むのか？

そもそも、高い目的意識を持ち、自分の仕事に深くコミットしている人間でなければ、ＣＥＯにはならない。加えて、ＣＥＯは部下が信頼を寄せるだけの業務経験があり、また十分に賢明でなければならない。

無能なＣＥＯを目指す人間はいない。組織を崩壊させ、官僚主義を蔓延させ、会社が軋みながら止まってしまうような運営を目指す人間はいない。にもかかわらず偉大な会社をつくろうというＣＥＯの道が平坦だった試しはない。その道にはありとあらゆる障害と罠が待ち受けている。だが、そうした障害のほとんどは予見でき、避けられるのだ。

最初の問題は、ＣＥＯになるためのトレーニングが存在しないことだ。ＣＥＯのトレーニングは実際にＣＥＯになる以外にない。マネジャー、ディレクター、その他なんであれ管理職の経験は会社運営という職務には役に立たない。役立つ唯一の経験は、会社を経営することだ。どんなスキルが必要とされるのかも、そのスキルを自分が持っているかどうかも事前にはわからない。しかし誰もがＣＥＯはそれができると期待される――なぜならＣＥＯだからだ。

私が初めてＣＥＯになったとき、ある投資家に「資本政策表を送ってくれ」と言われた。私はその言葉を漠然と知っていたが、どんなフォーマットにすればよいのか、どの要素を入れ、どの要素は必要ないのかまったく見当がつかなかった。もちろんこれ自体はたいした問題ではない。しかし、もっと心配しなければならないことが山のようにあった。自分が何をしているのかはっきり知らない状態ではすべては恐ろしく困難に思える。私は資本政策表をまとめるためにバカバカしいほど長い時間、表計算ソフトと格闘しなければならなかった。

また、何をすべきか知っていても、うまくいかないことは始終ある。おそろしく競争が激しく、流動的な環境でさまざまな要素を組み合わせて組織づくりをするのだから、何がまずいことになるかわかったものではない。ＣＥＯの成績を統計に取れば、その平均値は１００点満点で22点くらいだろう。こんな低い点数は、大学時代にオールＡだった人間にとっては心理的に耐え難い。特に問題を難しくするのは、誰も平均点が22点だと教えてくれないことだ。10人の部下を管理するなら、あまりひどい誤りを犯さずに済むかもしれない。しかし１０００人の組織のＣＥＯになれば、誤りを犯さないなんてことはまったく不可能だ。組織がある程度の規模になると、自分がまさかそのような愚行に関係づけられようとは夢にも思わなかったような愚行を引き起こすものだ。金や時間の浪費、いいかげんな仕事ぶりは見ているだけでも気分が悪い。もし自分がその会社のＣＥＯだったら文字通り吐き気がしてくるかもしれない。

しかも傷口に塩をすり込むように、そうした愚行は結局すべてＣＥＯの責任なのだ。

誰にも責任を転嫁できない

私の会社で、なんであれ、たとえば経費請求のプロセスのような小さなことでも、うまくいっていないと苦情を言われると、私はいつも「それは私が悪いんだ」とジョークを言ったものだ。しかし、実際これはジョークではなかった。社内で起きるすべての問題は私の責任なのだ。創業者CEOである私は、すべての採用、すべての意思決定について責任がある。雇われマダムのような経営者であれば、悪いことはすべて前経営陣のせいにできるが、私の立場では責任を押し付けようにもその相手がいなかった。

誰かが能力もないのに重要な地位に昇進していたら、それは私の責任だった。会社が四半期の利益目標を達成できなかったら、それは私の責任だった。優秀なエンジニアが離職したら、それは私の責任だった。セールス部門が製品部門に理不尽な要求をしているなら、それは私の責任だった。製品にバグが多すぎたら、それも私の責任だった。非常につらい立場だった。すべてのことに責任を負い、その結果の成績が22点では、良心に非常な負担がかかる。

何もかもうまくいかない症候群

こういうストレス下にあるCEOは、次の2種類のミスを犯しやすい。

1　物事をあまりに個人的に受け取りすぎる。

2　物事をあまりに個人的に受け取らなすぎる。

最初の場合、CEOはすべての問題を恐ろしく真剣に考え、個人的に受けとめ、即刻猛烈な勢いで解決に向けて突進する。起こり得る問題の数の多さを考えると、このような行動は次のいずれかの結果に終わるだろう。CEOが外向的な性格だった場合、部下を酷使するあまり、誰もこの会社で働きたいと思わなくなる。CEOが内向的だった場合、問題の重みに押しつぶされて気分が悪くなり、朝起きて会社に行くのがやっとという疲労困憊（こんぱい）した状態になる。

2番目の場合、CEOは災厄に明け暮れる会社運営という仕事から自分を守るために、超楽天家の小説の主人公ポリアンナ的な態度を取る。これ自体はそう悪くない。この楽天的メガネを通して見ると、すべては「みかけほど悪いわけではなく」、それほど急いで対策をとる必要もないことになる。このように合理化することでCEOは精神の安らぎを得る。このアプローチの問題は、そうしている間に問題が何ひとつ解決されないという点にある。社員はいずれそのことに気づく。CEOがもっとも重要な問題に対して何の手も打たないことにより、社員の間でフラストレーションが蓄積する。最後には会社は組織として機能しなくなる。

理想的には、CEOは正気であって、かつ緊急に問題に対処する必要がある。また、CEOは、問題に関して個人的な罪悪感を過剰に抱いてはならない。問題の重要性とそれに対する自分の感情を切り離せれば、自分や社員の士気喪失を防げるはずだ。

孤独な仕事

CEOが経験する中でもっとも孤独で、もっとも暗い仕事は、会社の生死に関わる——そして当然社員の多くに悪い結果をもたらす可能性のある問題を冷たく客観的に検討することだ。こういう問題で取締役会や部外者に助言を求めても、おそらく無駄に終わるだろう。その問題に対するCEOとそれ以外の人々の知識の差は、いかんともしがたい。外部の人に役立つ助言をしてもらえるほどに詳しく事情を説明することは、おそらく不可能だ。CEOはまったく孤独である。

ドットコム・バブルの破裂と同時にラウドクラウドの顧客の大部分は倒産し、われわれのバランスシートは壊滅状態に陥った。あるいは、普通ならそう考えるしかない事態だった。しかし別の解釈もあり得た。公式の立場では、われわれは銀行に十分なキャッシュがあり、堅実な大企業を驚くべきスピードで新たな顧客に加えていた。どちらの会社が真実に近かったのだろうか？　私は誰にも相談することができないまま、この疑問をおそらく3000回は自分にぶつけたと思う（ちなみに、同じ疑問を3000回も自分にぶつけるのは非常に愚かな振る舞いだ）。ラウドクラウドの場合、特に判断の難しい問題がふたつあった。

1　「公式の立場」が間違っていたらどうなるか。私は社員と投資家を誤った道に引きずり込んでいることになる。そうであれば私は一刻も早くCEOの職から退くべきだ。

2　もし「公式の立場」が正しかったらどうなるだろう？　私が脳みそがばらばらになるほど苦しんでいるのはまったく無駄なのだろうか？　むしろ自己懐疑のために会社の進路を誤っているのではないだろうか？　そうならやはり、私は一刻も早くCEOの職から退くべきだ。

このふたつの解釈のどちらが正しいのか、これも事後でなければわかりようがない。それどころか、どちらの解釈も間違いだったという可能性さえあるのだ。新規顧客はラウドクラウドを救えなかったが、われわれは新たな活路を見出し、結局会社を成功させることができた。正しい結果を得る鍵は、楽観的、悲観的いずれかの極端な解釈に自分を縛り付けないようにすることだ。

私の友人のジェイソン・ローゼンソールは3年前にニング社〔ソーシャルネットワーク運営サービス〕のCEOを引き継いだ。就任早々、彼は資金繰りの危機に直面した。そして厳しい3つの選択肢のいずれかを選ばねばならないことになった。（1）会社の規模を大幅に縮小する、（2）会社を売却する、（3）大量の新株を発行し、外部資金を調達する。

それぞれの選択肢をさらに検討してみよう。

1 優秀な社員を多数レイオフしなければならない。それらの社員はジェイソンが自ら熱心に勧誘してスカウトした人たちだ。当然レイオフは、残された社員の士気にも深刻な悪影響を与えるだろう。

2 これまで何年も同僚として働いてきた人々をまるごと他人の手に渡すことになる（ジェイソンは内部から昇進してCEOとなった）。社員たちはこれまで抱いてきた目標を達成するチャンスを与えられないことになるだろう。

3　大量の新株を発行すれば社員の持ち株は大幅にシェアが低下し、社員のこれまでの懸命な努力が経済的にまったく報われないこととなってしまう。

こうした選択は、ひどい片頭痛の原因となりそうだ。起業家志望者へのヒントは、いずれも悲惨で破壊的な選択肢のどれかを選ぶ立場に置かれるのが嫌なら、CEOにはならないことだ。ジェイソンは業界でもっとも賢明な人々に相談したが、最終的には彼ひとりで決断した。誰にも答えはわからないし、その答えが何であっても、決めるのはジェイソン、その結果の責を負うのもジェイソンだった。先任順序にしたがって最近の採用者からレイオフするというジェイソンの決断は、当面効果を上げているようだ。ニングの売上は上昇し、士気も高まっている。彼が選んだこの選択肢が失敗だったら（あるいは将来、失敗したら）、それはジェイソンの失敗であり、別の選択肢を考え出すのがジェイソンの責任となる。私はジェイソンに会うたびに「CEOの世界へようこそ！」と言った。なお、ジェイソンは最終的にニングをグラムメディア〔現モードメディア〕に売却した。現在のテクノロジー企業が置かれている環境では、ほとんどすべての会社が存続の危機に何度か直面せざるを得ないと理解しておくことは重要だ。

アンドリーセン・ホロウィッツのパートナーのひとり、スコット・ワイスはこのことがいかに当たり前か理解させるために、WFIOという頭文字語をつくったほどだ。これは「オレたちはやられた。この会社はおしまいだ（We're Fucked, It's Over）」の略で、ウィフィオーと発音するのだという。ワイスによれば、どんな会社も少なくとも2回から5回まで「もうダメだ」という危機に直面するものだという（オプスウェアで私は十数回そういう目にあった）。そしてWFIOは、実際の状況よりも悪く感じられる。特にCEOにとってはそうだ。

心を静めるテクニック

心理的問題が難しいのは人それぞれの心理的メカニズムが大きく異なるからだ。その点には注意してもらいたいのだが、私の例で言えば、長年の間に危機に直面する際に役立ついくつかの心構えを育ててきた。あるいは読者にも役立つかもしれないので紹介してみよう。

友達をつくる。友達がいたからといって、難しい問題について質の高い助言を得られる可能性は低いが、それでも、同じように困難な決断をしなければならない経験を積んだ友達と話すことは心理的に極めて有益だ。

問題点を書き出す。ラウドクラウドで、顧客と売上のすべてを売却してビジネスモデルを根本的に変えるのが最良の選択肢だと私は考えた。しかし、われわれは上場企業だったし、取締役会にも納得させねばならなかった。この選択肢を最終的な決断にする前に、私はこの決断が正しいことを説明する論理を詳細に書き出した。すると、この書き出すという行為によって、私は自分の心理的呪縛から自由になり、決断を下しやすくなった。

側壁ではなくコースに意識を集中する。オーバルコースで時速360キロでレーシングカーを走らせるとき、もっとも重要なのは側壁ではなくコースそのものに意識を集中することだと教えられる。もしも側壁に意識を向けると、車は必ずそれに吸い寄せられ、衝突してしまう。コースに意識を集中すれば、車は自然とコースに沿って走る。会社の経営にも似たところがある。会社の経営には何百、何千もの障害があり、そのひとつでも間違えば会社を破綻させてしまう。しかしそうした障害にあまり気を取られると、やがて精神に変調をきたし、実際に会社を破綻させることになりかねない。何を避けるべきかに意識を向けず、これから何をなすかに意識を集中すべきなのだ。

怖気づかず、投げ出さず

ＣＥＯには「もうこんな仕事は投げ出したい」と思う瞬間が繰り返し訪れるものだ。実際、私は多くのＣＥＯがこの圧力に負けて酒浸りになったり、辞めていったりするのを見てきた。どの場合にも彼らは怖気づいたり、投げ出したりすることを合理化するもっともな理由を挙げた。しかし、もちろんそれでは優れたＣＥＯにはなれない。優れたＣＥＯは苦痛に耐えねばならない。眠れない夜と冷や汗――私の友達のアルフレッド・チュアン（ＢＥＡシステムズの共同創業者、ＣＥＯである伝説的起業家）はこれを「拷問」と呼んだ。私は成功したＣＥＯに出会うたびに「どうやって成功したのか？」と尋ねてきた。凡庸なＣＥＯは、優れた戦略的着眼やビジネスセンスなど、自己満足的な理由を挙げた。しかし偉大なＣＥＯたちの答えは驚くほど似通っていた。彼らは異口同音に「私は投げ出さなかった」と答えた。

恐怖と勇気は紙一重

私は子供たちに「英雄と臆病者の違いは何だと思う?」と尋ねる。何が卑怯者と勇者を分けるのだろうか。実は、人間には何も差はないのだ。差はそのなすことにある。両者ともに感じることは同じだ。どちらも死んだり傷ついたりするのは怖い。しかし臆病者は、直面すべきことに直面しようとしない。英雄は自身をしっかり制御し、恐怖を跳ねのけてしなければならないことをする。しかし、英雄も臆病者も感じる恐怖は同じなのだ。他人がやったことを見て判断する観客は、彼がどう感じたかを知らない。

——伝説的ボクシング・トレーナーのカス・ダマト

アンドリーセン・ホロウィッツのパートナーたちと私は投資候補の起業家を面接するときには、起業家の優秀さと勇気を判断するためにふたつの資質に注目する。CEOとしての私の体験からして、もっとも困難な決断は知性よりも勇気を必要とした。何が正しい選択肢であるかは多くの場合自明だ。しかし、間違った決断に向かわせる圧力も圧倒的なのだ。それはささいなことから始まる。創業者がわれわれの面接にやってくるとき、たとえばひとりがCEOでもうひとりが社長というような組み合わせとなることがある。すると会話はこんなふうに始まる。「この会社の責任者は誰だね？」「われわれふたりです」とふたりが答える。「最後の決定は誰がする？」「われわれふたりです」

「そういうやり方で今後もやっていくつもりなのかい？」

「ずっとこのやり方でいきます」

「すると、きみたちの社員は誰が最終的な決断を下すのかわからず、仕事が非常にやりにくくなるわけだが、それでいいというのだね？」

このあたりでたいてい相手は黙ってしまう。最終決定者がふたりの場合よりひとりの場合のほうが、社員にとって楽だというのはわかりきった理屈ではないだろうか。別に難しい話ではない。残念ながら、「明白にして実在する」圧力が、会社を正しく運営することを妨げる場合があまりにも多い。誰が最終決定権を持つのか創業者たちが決める勇気を持てないでいる間に、社員はどんな決定にも二重の承認を得なければならないという不便を被る。

それどころか、会社の規模が大きくなればなるほどこうした意思決定の二重性は危険なものになる。200万ドルの売上しかない状態でラウドクラウドを上場するという決断は、少なくとも理屈の上では、難しいものではなかった。そうしなければ倒産するしかなかったからだ。しかし、ほとんどの社員にとってこれは恐ろしい冒険だった。マスコミも投資家もこの時期に上場なんて、頭がおかしいのではないかと口をそろえて言っていた。

正しい決断には知性と勇気の両方が必要

時には意思決定そのものが、複雑な思考が必要になる場合がある。そのようなときは、勇気もまた一段と多量に必要になる。CEOは社員の誰とも異なった視点、データ、知識を持っている。多くの場合、社員や取締役の中にはCEOより経験豊富で知的にも優れた人間がいる。彼らよりCEOのほうが正しい判断が下せるとしたら、それは独自の情報と知識による以外ない。さらに事態を複雑にするのは、CEOが複雑な問題に直面したときに、程度の差こそあれ、どちらにすべきか、あらかじめ何らかの直感を得ていることだ。たとえばある製品の販売を中止するか否かを決めねばならないときに、CEOは54パーセント対46パーセントで中止に傾いているとする。もし取締役会や幹部社員がCEOの直感に反して継続を主張したとき、CEOが中止を決めるには日常以上の勇気が必要になる。自分でも確信があるわけではなく、社内の優秀な人々がこぞって反対しているときに、中止を決めるのは非常に難しい。その決断が間違っていれば、CEOは最良の助言に逆らって間違ったことになる。もし正しかったとしても、喜ぶ人間はあまりいないだろう。

最近ある大企業が、われわれが出資しているスタートアップのひとつを買収しようとした。この取引はスタートアップ企業の製品開発と売上の現状から考えて、十分有利なものだった。そのスタートアップの創業者、CEOを仮にハムレットと呼ぶことにしよう。彼はマーケットの巨大さから、今会社を売却するのは有利ではないと感じていた。ただ、株主と社員の利益のために最善となる決断をしたいと考えていた。ハムレットは買収の提案を断ることにした。ただし、確信があるわけではなかった。取締役会と経営チームの大部分が買収提案に賛成していたために、事態は非常に複雑になった。取締役会と経営チームのメンバーの多くはハムレットよりずっと経験豊富だったが、そんなことは例によってこのような決断を下す際に何の役にも立たない。ハムレットは自分の決断の正しさを疑いながら、何日も眠れぬ夜を過ごした。結局彼は、確かな結論を得るのは不可能なのだと悟った。この認識も不眠をいっそうひどくした。結局、ハムレットはもっとも勇気を必要とする決断をした。会社を売却できるチャンスがあったのに、あえて売却しないと決めたのだ。

これは彼の起業家としての人生にとって、決定的な意味を持つ出来事になっただろうと私は信じている。興味深いことに、ハムレットが「会社を売却しない」と決断したとたんに、取締役会と経営チームはこぞってその決断を支持するようになった。彼らが考えを変えた理由は？当初、CEOに夢を追うのを諦めるように勧めていた人々が、なぜそうも素早く意見を変えたのだろう？　実はなぜ取締役会や経営チームが売却に賛成したかというと、当初CEOが迷っていたときに、売却に傾いていると判断して、その方向を後押ししていたのだった。ハムレットはそのことに気づかず、彼らの意見はすべてのデータを客観的に分析した結果だと受け取っていた。関係者全員にとって幸運なことに、CEOは正しい決断をする勇気があった。CEOの決断と社会的圧力を巡る状況は、表1にまとめておいた。社会的な損得から言えば、コンセンサスに沿った決断はコンセンサスに反した決断よりも得だ。

表1

	決断が結果的に正しかった場合	決断が結果的に間違っていた場合
大勢に逆らって決断	誰が決断したのか誰も覚えていないが、会社は成功する	誰が決断したのか全員が覚えており、CEOは降格ないし追放される
大勢に従って決断	大勢となる意見を言った人間はみな、そのことを忘れない。そして会社は成功する	間違った決断をしたことを誰も責めないが、会社は損害を受ける

そこで一見すると、選択肢のどちらが正しいかそれほどはっきりしない場合には、大勢に従ったほうが安全だという結論になりやすい。しかし現実には、この罠に落ちると大きな危険が待ち受けている。いったん大勢の意見を気にするようになると、たとえば実際には70対30の選択肢であっても、大勢が30を支持していると、51対49の選択肢のように見えてくる。だから、勇気が決定的に重要なのだ。

勇気はほかのさまざまな性格と同様、努力によって発達させられる。ラウドクラウドとオプスウェアを運営していたとき、私は数え切れないほど多くの困難な決断をしたが、一度も自分には勇気があると感じたことはなかった。実のところ、ほとんどの場合に私は死ぬほど怯えていた。いつまでたってもこの怖さを感じたが、長い間の努力によって怖さを無視できるようになった。この学習過程は、「勇気を発達させるレッスン」と呼んでよいかもしれない。

実生活では誰でも、「人気があって容易だが、間違った決断」と「困難で人気がなく、しかし正しい決断」のどちらを

表２

私生活の弁解	CEO の弁解
ほかの頭のいい人達も同じ間違いをしている	ぎりぎりの選択だった
友達がみなそっちにしろと言った	チームが反対した。私はチームの意見を無視できなかった
だってかっこいいと思ったから	業界では標準的な手法だった。まさか違法だとは知らなかった
できが悪かったから競争するのは諦めた	その製品は市場に完全にマッチしていなかったので、あえてリリースを見送った

選ぶか迫られることがある。会社を経営していればそうしたジレンマは非常に深刻なものとなる。なぜならその結果は何千倍にも拡大されるからだ。私生活におけるのと同じく、ＣＥＯを待ち受ける間違った決断は無数にある（表２）。

困難だが正しい決断をするたびに、人は少しずつ勇気を得る。逆に安易な間違った決断をするたびに、人は少しずつ臆病になっていく。それがＣＥＯの決断なら、勇気ある企業と臆病な企業の差となる。

最後に

過去10年間にテクノロジーの進歩のおかげで、新企業を立ち上げるための資金的ハードルは大幅に下がった。しかし、優れた企業を築くために必要な勇気というハードルは、以前と変わらず高いままだということを覚えておくべきだろう。

「ワン」型CEOと「ツー」型CEO

ジム・コリンズはベストセラーとなった『ビジョナリー・カンパニー2』（日経BP社）の中で、膨大なリサーチと総合的な分析の結果、CEOの後任の選択に関して、社外からの採用よりも社内からの昇進のほうが圧倒的に好成績であると結論づけている。その主たる原因は知識だ。その企業に独特のテクノロジー、それ以前の決断、企業文化、人事その他に関する知識を得るのは、CEOとして大企業を経営するスキルを学ぶよりはるかに難しい。しかしコリンズはなぜ、社外からの採用が失敗しがちなのか、本当に詳しくは説明していない。

そこで、私がこの場を借りて説明してみよう。組織を運営するには2種類の本質的に重要なスキルが必要だ。ひとつは、何をすべきかを知ることであり、もうひとつは、そのなすべきことを実際に会社に実行させることだ。偉大なCEOとなるには、このスキルが両方とも必要だ。しかしたいていのCEOは、どちらか一方を得意とする傾向がある。私は会社の向かうべき方針を決めるのを得意とするCEOを「ワン」と呼び、決められた方針に沿って会社のパフォーマンスを最高にするのを得意とするCEOを「ツー」と呼んでいる。

「ワン」型CEOの得意と不得意

ワン型の人たちは社員、顧客、ライバルその他、内外のさまざまな情報源から情報を収集することに時間をかける。ワンは決断を下すことが好きだ。完璧に情報を集めようとするが、必要とあらば、ほんのわずかしか情報が得られなかった場合でも、決断をためらわない。ワンは戦略的思考に優れ、手強いライバル相手に8次元のチェスのような複雑極まる勝負をするのを楽しむ。しかしワンは、会社を運営する上で極めて重要なプロセスのデザイン、社員教育・訓練、組織づくり、責任分担、パフォーマンス管理といった日常実務には退屈してしまう傾向がある。大部分の創業CEOはワンだ。創業CEOが失敗する理由の多くはツー型の任務を果たせるよう自らを鍛えるために十分な時間を割かなかった点にある。その結果、会社は潜在能力を発揮できないままに混乱状態に陥り、CEOは交代を余儀なくされる。

「ツー」型CEOの得意と不得意

これに対してツー型は、会社を能率的に運営するプロセスを完成することに喜びを見出す。ツーは明確な目標を設定する。よほどやむを得ない事情がない限り、その目標を変えることを好まない。ツーも戦略的な議論に参加するが、自ら戦略的に思考するのは苦手だ。ワンは勉強、読書、思索のために週に丸一日くらい充てる。一方ツーにとって、そのような時間の使い方は

「仕事をしているような気になれない」ので落ち着かないものとなる。ツーにとって業務プロセスの改良、社員の責任分担の明確化、売り込みの電話などを一瞬の滞りもなく進めていくことが最優先で、じっと戦略を考えるなどは時間の無駄に思える。

ツーはワンよりも大きな決断を怖がる傾向が強い。ワンもツーも状況に迫られて不完全なデータから大きな決断を下さねばならないことが多々ある。それでもワンは、自信を持って決断を下し、その結果についてくよくよ思い悩むことは少ない。逆にツーはそのような状況に追い込まれると興奮しやすくなり、時には完璧な決断をしようと焦るあまり、問題を必要以上に複雑化して悩む傾向がある。

ツー型CEOは精力的で活動を好むように見えるが、決断が遅く、肝心のときに会社の動きを止めてしまうことさえある。

優れたCEOになるにはワンとツーの双方の能力が必要

生まれつきの性格としてワン型、ツー型であっても、長年のたゆまぬ自己鍛錬によってもう一方の型の能力を身につけることは可能になる。自分の苦手なタイプの業務を無視するCEOは失敗せざるを得ない。ワンは会社を混乱に陥れるだろうし、ツーは大胆な戦略的決断に失敗する。

ワンでありかつツーである

ツー型管理職の多くは、自分の担当分野についてはワン型として決定することを求められるが、経営チームの一員としてはツー型として行動する必要がある。たとえば、セールス部門の責任者は部門内の決定はすべて自分の裁量で実施するが、全社的な計画に関係する決定はさらに上部からの指示を得たいと考えるだろう。大企業におけるリーダーシップは常にこのように多階層化する。

大企業における組織化の傾向

組織を上下の階層構造として構築する主な目的は、意思決定の効率化だ。その結果、ＣＥＯは通常ワンとしての役割を求められることになる。組織のトップの人間が非常に複雑な問題に対して決断を下すことが苦手だったら、組織の動きは遅くなり、やがて身動きが取れなくなってしまうだろう。

ＣＥＯがワンである場合、直属の部下にワンがいると、彼らはＣＥＯの指示を無視して独自に決断しようとするので、生産性に悪い影響が出る。こうしたリーダーシップの不統一は組織を混乱させ、部下をばらばらの方向に走らせることになる。そのため、ワン型の優れたＣＥＯは部下に、ワンであるがツーとして機能する人を欲しがる。

CEOの後継問題

ここでCEOの後継問題を考えてみる必要がある。多くの企業のトップはワンなので、その部下はツーが多い。この場合のCEO後継問題は非常に難しいものになる。CEO直属の幹部には、ツー型が多いはずだ。マイクロソフトが2000年に典型的なワンであるビル・ゲイツの後任として、文字通り彼のナンバー・ツーを務めてきたスティーブ・バルマーを選んだのが、このケースだった。あるいは、ワン型を発見するまで組織階層をさらに下って候補者を探すべきだろうか?

ゼネラル・エレクトリック(GE)が1981年にジャック・ウェルチを選んだのがこの例だ。この選択はGEとして前例のない大胆なものであった。ジャック・ウェルチは組織図で2階層も下から抜擢されただけでなく、GE史上もっとも若いCEOとなった。現経営陣よりずっと下の階層に彼らより有能な人材がいるということを認めるのは、多くの取締役会にとって非常に困難だろう。実際、どちらの方法もそれぞれに問題を抱えている。現経営陣から後継者を選ぶという第一の方法では、後継者がほぼ間違いなくツーになる。会社が重大な岐路に差し掛かると決断は遅れ、会社は競争力を大きく失う恐れがある。それに加えて、マイクロソフトの例で言えば、ポール・マリッツやブラッド・シルバーバーグのようなワン型の優れた人材が会社を去ることになる。

GEの場合のように、現経営陣より下の階層からゴボウ抜きに人材を抜擢した場合、おそらく経営陣の総入れ替えが必要になるだろう。ウェルチがCEOに就いたあと、短期間でGEの経営チームのほとんどが会社を去った。GEのように多分野に広がった巨大企業なら、このような人事上の荒療治も可能だ。しかし日々激しく状況が変化するテクノロジー・ビジネスでは、経営陣の一新は大きな危険が伴う。

平凡な結論

明快な答えを求める読者は失望することになるだろうが、「簡単な答えなどない」というのが結論だ。CEOの後継者選びはそれほどの難問なのだ。しかも外部から人材を連れてきた場合、成功の確率は大きく下がる。内部昇進の場合、主として苦労するのはこれまでに述べた「ワン、ツー」問題だ。ワンを新たなCEOに任命し、現経営チームがそれを容認してくれるというのが理想的なシナリオだ。しかし、いつも理想的な展開を期待することはできない。

リーダーに続け

理想的なＣＥＯのタイプというものは存在しない。スティーブ・ジョブズ、ビル・キャンベル、アンディ・グローブはいずれも偉大なＣＥＯだが、彼らのスタイルにはほとんど共通点がない。偉大なＣＥＯに共通して必要とされる唯一の資質は、おそらくリーダーシップだろう。それではＣＥＯという職務においてリーダーシップとは何だろう？　偉大なリーダーは生まれながらのものだろうか？　それとも努力によって後天的になるものだろうか？　かつて米国最高裁のポッター・スチュワート判事はポルノグラフィについて「見ればわかる」と定義した。

多くの人々にとって、リーダーシップの定義もこれに近いだろう。ここではリーダーに従おうとする人々の数、質、多様性という側面から一般化してみる。人々がリーダーに従いたくなる要因にはどんなものがあるだろうか。私は次の３つの資質が重要だと考える。

■ビジョンをいきいきと描写できる能力
■正しい野心
■ビジョンを現実化する能力

ビジョンをいきいきと描写する――スティーブ・ジョブズ属性

興味深く、ダイナミックに、かつ説得力をもってビジョンを描写できるか？　さらに重要なことは、会社が危機にあるときにそれができるか？　もっと詳しく言えば、会社が財政的に行き詰まり、多くの社員が会社に留まる理由を見出せなくなっているときに、ＣＥＯは社員が会社に留まることを選ぶようなビジョンを語れるだろうか？

ビジョナリー・リーダーとしてのジョブズのもっとも偉大な達成は、ＮｅＸＴがビジネス上の失敗を長く続けたにもかかわらず、極めつけに優秀な社員たちを自分に従い続けさせたこと、また倒産まで数週間という危機に陥ったアップルで社員にビジョンを信じさせたことだと思う。こうした途方もなく難しいことを二度も続けて成功させることは、ほかのどんなビジネス・リーダーでも不可能だっただろう。これほど説得力をもってビジョンを描ける能力は「スティーブ・ジョブズ属性」と呼ぶほかない。

正しい野心を持つ――ビル・キャンベル属性

われわれの社会に行き渡っているひどい誤解のひとつは、ＣＥＯになるためには利己的、冷酷、非情な人間でなければならないというものだ。実際はそれとはまったく逆だ。その理由は明白だろう。CEOとして成功するには、第一に、人々がCEOのために働きたいと思うような人間でなければならない。賢明な人々は自分たちの利益に心を配らないような人間のために働こうとは思わないものだ。そういう人物をわれわれは何度か見聞きしているはずだ。つまり頭が良く仕事熱心なのに、誰もその人のために真剣に働こうとしない。このため、本人の能力のわりに少しも業績を上げることができないエグゼクティブだ。

真に偉大なリーダーは、周囲に「この人は自分のことより部下のことを優先して考えている」と感じさせる雰囲気をつくり出すものだ。こうした雰囲気は驚くべき効果を上げる。社員は会社を「自分たちのもの」と感じ、それに従って行動するようになる。会社が成長していくにつれ、こうした社員たちは優れた社風の中核となっていく。彼らはそれに続く社員たちの行動の規範となる。彼らは「このデータシートはもっとちゃんと仕上げてもらわないと困るな。われわれの会社がめちゃくちゃになってしまうぞ」と言う。

私が知る中でこういう社風をつくる能力において傑出している人物にちなんで、「ビル・キャンベル属性」と呼びたい。ビルがトップを務めた多くの企業の社員と話すと、彼らは一様に「私の会社」「ウチの組織」と呼ぶことに気づく。リーダーシップという点でビル・キャンベルが比類ない強みを発揮してきた大きな理由は、彼の強烈な無私の精神にある。ビルは社員のために自らに対する給与、名声、栄光、その他あらゆる報酬を犠牲にすることをためらわない。ビルと話をすると、彼が相手のことを気づかっているという感じがする——それは実際に彼が心の底から気づかっているからだ。それはその場だけでなく、後に続くビルの行動によって示される。

ビジョンを実現する――アンディ・グローブ属性

リーダーシップに必要な能力の3つ目は、純然たる経営能力だ。社員がリーダーのビジョンを理解し、リーダーが自分たちのことを気づかっていると信じたとしよう。最後の問題は、そのリーダーがビジョンを実現する能力があるかどうかだ。リーダーの後について地図もなければ戻る道もわからないようなジャングルの中へ分け入ったとして、リーダーは首尾よくそのジャングルからわれわれを連れ出してくれるだろうか？　私はこの能力を「アンディ・グローブ属性」と呼ぶ。

アンディ・グローブは、CEOの経営能力という点で常に私が理想とするモデルだ。アンディ・グローブは電気工学で博士号を取得し、世界で最高の経営書『HIGH OUTPUT MANAGEMENT』を書いた。この本を書いたあとも経営能力に磨きをかけ、CEOとしてのキャリアの全期間を通じてインテルの幹部を対象としたクラスでマネジメントを講義した。グローブはもう一冊の著作、『インテル戦略転換』（七賢出版）でメモリービジネスから撤退してマイクロプロセッサー・ビジネスへインテルを導いた劇的な過渡期を詳しく語っている。このときグローブはほぼすべての報酬を投げ打った。マイクロプロセッサーに転身するという戦略を最初に主張したのはほかの人物だとグローブは謙虚に述べているが、その戦略を迅速かつ断固として実行に移し、成功させたのはやはりグローブの力だ。創業16年目の巨大な上場企業が事業の内容を根本的に変えるという決断は、多くの批判や反対を呼び起こしたに違いない。

アンディはこの時期のそうした出来事を次のように述べている。「社員のひとりは猛烈な勢いで私に抗議した。『インテルがメモリービジネスから撤退してやっていけると本気で思っているのですか？』。私はぐっとこらえて答えた。『ああ、できると思うね』。それから大変な騒ぎが持ち上がった」。最優秀の社員にさえ大ショックを与えた決断だったが、結局インテルはアンディの戦略を支持した。インテルは、アンディがまったく新しい事業を中核として会社を再生させられると信じた。この信頼は極めて適切なものだったことがやがて判明する。

偉大なリーダーは生まれついてのものか、努力によって育つものか？

リーダーシップに必要な属性についてそれぞれ検討してみよう。

■**ビジョンをいきいきと描写する。**ある人々は生まれながらに優れたストーリーテラーの能力を持つ。しかし同時に、誰でも努力を重ねることによって、この分野の能力を大きく伸ばせるのも事実だ。すべてのCEOはビジョンを語るというリーダーシップ能力を伸ばすために十分な時間を使う必要がある。

■**正しい野心を持つ。**ビル・キャンベルのような偉大な無私の精神を得ることが努力によって後天的に可能なのかどうか私にはわからないが、そうした精神を持つよう教えるのが不可能なのははっきりしている。おそらくこの属性は「生まれながらのもの」と考えてよいだろう。

■**ビジョンを実現する。** この属性こそは「学んで得られる」ものだ。アンディ・グローブの無能に対する苛酷さは伝説的だが、彼が無能を容赦しないのはこの能力が努力の賜物だからだ。時によって、有能さに対する敵は根拠のない自信だ。CEOたるものは、自信過剰に陥って経営能力の改善の努力を止めるようなことがあってはは絶対にならない。

リーダーシップに必要な属性のうち、努力による改善効果の大きいものとそうでないものがある。しかしCEOは3分野すべて自己改善の努力を怠ってはならない。またひとつの属性を改善する努力は、ほかの属性にも好影響を与える。たとえば深く信頼されているリーダーは、たとえビジョンを語る能力に少々劣っていても、社員が真剣に耳を傾けてくれる。また圧倒的な経営能力を示す実績があれば、やはり周囲は耳を傾ける。強い説得力をもってビジョンが語れるなら、周囲はCEOが経営能力を学ぶ時間を与えてくれるものだ。

平時のCEOと戦時のCEO

ビル・キャンベルはよく「ベン、きみは私が一緒に働いた中で最高のCEOだよ」と言ってくれた。これは私には少しクレージーな褒め言葉だと思えた。なにしろ私の会社が木っ端微塵になりかけているころにビルは、アップルのスティーブ・ジョブズ、アマゾンのジェフ・ベゾス、グーグルのエリック・シュミットといったCEOと一緒に仕事をしていたのだ。

そこである日、「ビル、どうして私が最高だなんて言うんですか？　私はジョブズのようなすごい実績を残していませんが」と尋ねてみた。するとビルはこう答えた。

「平時のCEOとして優れた人間も多い。戦時のCEOとして優れた人間も多い。しかし平時、戦時のどちらでも優秀なCEOというのはまずいない。きみはその数少ないひとりなんだ」

実のところ、私の場合は平時のCEOを務めたのは3日くらいで、あとの8年はすべて戦時だった。今でも私は戦時のCEOとしての経験のフラッシュバックに悩まされることがある。こういう経験をしているのは私ばかりではない。位置情報に基づいたソーシャルネットワークのフォースクエアの創業者、デニス・クラウリーが戦時と平時が毎日絶え間なく入れ替わるつらさについて私に語ったことがある。これは私の会社やフォースクエアだけでなく、ほとんどのテクノロジー企業に共通することだろう。

たとえば、エリック・シュミットがグーグルのCEOの職を共同創業者のひとり、ラリー・ペイジに譲ったとき、多くのマスコミはペイジが「グーグルの顔」を務められるかどうかを議論した。社交的で率直な物言いをするシュミットと比べて、ペイジは表に出るのを嫌う内向的な性格だったからだ。読者の関心を引く記事にはなっただろうが、こんな問題はまったく枝葉のことだった。シュミットは単なる「グーグルの顔」だったわけではない。彼は平時のCEOとしてグーグルが世界最大のテクノロジー企業に成長するのを10年間にわたって着実に助けた。一方、ラリー・ペイジは明らかに戦時のCEOたらんとしており、グーグルをライバルとの容赦ない戦いに投げ込む決意を見せている。これはグーグルにとってのみならず、全テクノロジー産業に根本的な影響を与える一大転換だ。

戦時のCEOだったジョブズとグローブ

ビジネスにおける「平時」とは、会社がコア事業でライバルに対して十分な優位を確保しており、かつその市場が拡大しているような状況を指す。平時の企業は市場のサイズと自社の優位性の拡大にもっぱら注力していればよい。これに対して「戦時」は、会社の存亡に関わる危機が差し迫っている状態だ。そうした脅威にはライバルの出現、マクロの経済環境の激変、市場の変質、サプライチェーンの変化などさまざまな原因が考えられる。偉大な戦時のCEO、アンディ・グローブは『インテル戦略転換』で会社が平和な状態からいきなり全面戦争に投げ込まれる瞬間を迫真の筆致で描き出している。逆に、平時のテクノロジー企業の戦略の典型はグーグルが世界のインターネットの接続速度を向上させようとした努力だろう。グーグルの検索分野における優位は圧倒的だったので、エリック・シュミットはインターネット全体の高速化がユーザーの検索回数を増やし、したがってグーグルの売上を伸ばす方法だと判断した。市場のリーダーとしてかけ離れて優位な地位を占めていたので、グーグルは検索におけるライバルの存在などを気にせず、市場全体の拡大を優先した。

戦時の企業の行動の典型は、1980年代半ばにアンディ・グローブが日本の半導体産業の圧倒的な圧力を受け、インテルをメモリー事業から撤退させた決断に見られる。このときの競争圧力はインテルを破産寸前に追い込んでいた。インテルには売上の80パーセントを占めるコア事業から撤退する以外の選択肢が残されていなかった。

平時と戦時とでは、根本的に異なる経営スタイルを必要とすることを私は経験から学んだ。多くの経営書は平時のCEOの経営技術にほとんどのページを割いており、戦時についてはほとんど言及されない。たとえばたいていの経営書で「決して部下を公の場で叱責してはならない」と絶対の原理であるかのように説かれている。ところがアンディ・グローブは、大勢の出席者がすでに着席している会議に遅れて入ってきた社員を「この世の中で私が持っているのは時間だけだ。その時間をきみは無駄にさせている」と叱った。どうしてこれほど異なった経営スタイルが必要になるのだろうか？

平時のCEOは会社が現在持っている優位性をもっとも効果的に利用し、それをさらに拡大することが任務だ。そのため、平時のリーダーは部下からできる限り幅広く創造性を引き出し、多様な可能性を探ることが必要となる。しかし戦時のCEOの任務はこれと逆だ。会社にすでに弾丸が一発しか残っていない状況では、その一発に必中を期するしかない。戦時には社員が任務を死守し、厳格に遂行できるかどうかに会社の生き残りがかかることになる。

スティーブ・ジョブズがアップルに復帰したとき、会社は倒産まで数週間という厳しい状態にあった。典型的な戦時のシナリオだ。社員全員がジョブズの再生プランを厳密な正確さで実行しなければならなかった。こうした場合には、個々人の創造性が発揮される余地はほとんどない。

逆に検索市場で覇権を確立したあとのグーグルは、幅広いイノベーションを目指すという平時の例の典型だ。グーグルの経営陣は社員が創造性を発揮することを許しただけでなく、すべての社員に就業時間の20パーセントを自分の好む新プロジェクトに割くよう命じた。平時の経営テクニックと戦時の経営テクニックは、それにふさわしい状況で適応されればそれぞれ大きな効果を発揮する。だがこの両者はまったく異なった経営スタイルだということに注意しなければならない。平時のCEOと戦時のCEOは別人格だ。

平時のCEOと戦時のCEOは全然違う

平時のＣＥＯは「勝利の方程式」を知っており、それに従う。一方戦時のＣＥＯはそういった既成概念を打ち破らねば勝利できない。平時のＣＥＯは広い視点で大局を見るが、実施の詳細については部下に大幅に権限を移譲する。戦時のＣＥＯは、根本的な問題に関わるのであればチリひとつ放っておかない。平時のＣＥＯは大量の人材を採用できる効率的なリクルート・マシンを整備する。戦時のＣＥＯも同じことをするが、同時に人事部門は大規模なレイオフを断行しなければならない。

平時のＣＥＯは企業文化の育成に務める。戦時のＣＥＯは生き残りを賭けた闘争に自ら企業文化をつくらせる。戦時のＣＥＯは突発的非常事態に対応するプランを用意する。戦時のＣＥＯは、『バトルスター・ギャラクティカ』のアダム提督ではないが、サイコロを投げて「３のゾロ目に賭ける」しかない場合があることを知っている。平時のＣＥＯは自社の優位性の活かし方を知っている。

戦時のＣＥＯは偏執的だ。平時のＣＥＯは野卑な罵（ののし）り言葉を使わずに済む。戦時のＣＥＯは意識して罵り言葉を使う場合がある。平時のＣＥＯはライバルは、大洋を航行する別の船——目に見えるような距離には一度も近づかずに済むかもしれない存在——と考える。戦時のＣＥＯはライバルを夜中に家に忍び込んできて子供たちを誘拐しようとする敵と考える。平時のＣＥＯは市場全体の拡大を図る。戦時のＣＥＯは、なにがなんでも市場シェアを獲得しようと考える。

平時のCEOは部下が創造性を発揮して真剣に努力している限り、指示に反する行動も許す。戦時のCEOは命令からの逸脱をわずかでも許さない。平時のCEOは大声で怒鳴ったりしない。戦時のCEOは穏やかな調子でしゃべることのほうが少ない。平時のCEOは紛争を最小限に抑えようとする。戦時のCEOは対立を極限まで推し進める。平時のCEOは広く支持を集めようとする。戦時のCEOはコンセンサスづくりなどに時間を割かず、反対も許さない。

平時のCEOは目覚ましい、大胆な目標を設定する。戦時のCEOは目前の敵を追いかけるのに必死なので、レモネードの屋台でさえ経営した経験のないコンサルタントの書いた経営書などは読まない。平時のCEOは社員の自己実現と適切なキャリアパスのために研修を提供する。戦時のCEOは戦いに負けて会社がなくなってしまうことがないよう社員を鍛える。平時のCEOは「市場で1位ないし2位が獲得できないならその市場からは撤退する」というようなルールを設けることができる。戦時のCEOにはそもそも市場で1位や2位になっているような事業がないので、そんな贅沢なルールに従う余裕はない。

平時と戦時のCEOをひとりで兼ねるられるのか

ひとりのCEOが平時と戦時の経営スキルを身につけることは可能だろうか？

私自身は戦時のCEOとしては成功だが、平時のCEOとしては失敗だと言われそうだ。ジョン・チェンバースは平時のシスコ・システムズのCEOとして大きな功績を上げたが、ジュニパーネットワーク、HPその他、新たなライバルとの戦争が始まると苦闘する破目になった。アップルが1980年代に長い平和の時代を迎えたとき、スティーブ・ジョブズは追放された。その後アップルの倒産の危機に際して典型的な戦時のCEOとして復帰した。そしてもっとも困難な戦いに歴史的な目覚ましい勝利を収めた。

ひとりのCEOが戦時と平時双方のスキルを兼ねることは可能だが、非常に困難だろうと思う。ふたつのまったく異なる経営スタイルを身に着けるということは、ふたつのルールの組をマスターし、いつ一方の組の規則を適用して他方の組の規則を無視するか、常に正しく判断できなければならないということだ。コンサルタントが書く経営書のほとんどは、成功した企業の平時の経営スタイルの研究を基にしていることに注意しなければならない。

そのためこうした経営書で説かれる例のほとんどは、平時のCEOにしか適用できない。実際、アンディ・グローブの著書を唯一の例外として、グローブやジョブズのような戦時のCEOの経営スタイルを分析した経営書を私は読んだことがない。

初心に返る

どうやらグーグルには「軽い戦争」という良薬が必要だったようだ。ラリー・ペイジの精密で着実なリーダーシップは、アンドロイドからグーグルグラスまで伸び広がってしまったグーグルの製品ラインの枝葉を刈り込んで集中させ、グーグルとしてのアイデンティティを再確立する上で大きな効果を上げつつある。企業が活力を維持するには、ときおり小さな戦争が必要なのだ。

自身をCEOとして鍛える

先日、ある友達に「CEOの能力は生まれついてのものか、後天的に育てられるものか?」と尋ねられた。「CEOというのは非常に不自然な職業だから答えようがないね」と私は答えた。

多くの人々は優れたCEOは生まれながらの才能だと信じているようだ。実際私はベンチャーキャピタリストやスタートアップの取締役たちが創業者を「CEOの器でない」とあっさり決めつけるのを何度も見てきた。しかし私は、そんなに素早く「CEOの器」であるかどうかを判断できるものではないと考えている。創業者がCEOとして能力を開花させるには通常、数年はかかるものだ。そして数年後に創業者がそれに成功するかどうかを予測することは非常に難しい。

運動選手の場合でも、たとえば短距離選手などは比較的早い時期に適性が判断できる。短距離走は人間の自然な動作に近いので、練習で能力に磨きをかけるにしても、その伸び代はそれほど大きくない。しかしボクシングのような競技では、人間の自然な動きに逆らうような複雑な動きが必要とされ、テクニックの習得にはるかに長い時間がかかる。前にも書いたが、ボクシングでは後ろに下がるときは後ろ足から先に動かさねばならない。もし普通の動作で——つまり前足から下がると、相手のパンチを避けられず簡単にノックアウトされてしまう。こうした不自然な動きが自然にできるようになるには、長期間の練習が必要になる。もしＣＥＯが「自然な動作」を繰り返していれば、あっという間にノックアウトされてしまうだろう。

ＣＥＯという職はボクシングと同様、数多くの「不自然な動作」を必要とする。進化論的な見地からは人が周囲に好かれたいと考えるのは自然だ。周囲に好かれていることは生存競争で生き延びるチャンスを増やすことにつながる。しかし良きＣＥＯであろうとするなら、つまり長期的に人々の支持を得ようとするなら、時には短期的に人々を怒らせるような行動を取らねばならない。つまり不自然な行動を必要とする。

もっとも初歩的なＣＥＯのスキルでさえ、当初は不自然に感じられるものだ。たとえば友達がジョークを言ったとする。普通であれば笑っているだけでよいが、ＣＥＯとして部下のジョークのパフォーマンスまで評価しなければならないとしたら、ずいぶん奇妙な経験となるだろう。ＣＥＯはまずいジョークを言った部下に、「きみのジョークは笑えなかったぞ。潜在的には面白いジョークだが、前振りがお粗末な上にオチを完全にしくじった。これから細部を練り直して十分練習してきたまえ。その上で明日もう一度聞こう」などと言わねばならないのだ。

これは極端な例だが、大なり小なり常に社員のパフォーマンスを評価しフィードバックを与えることは、ＣＥＯにとって必須の仕事だ。もしそれができなければ、報告書を書いたり、責任分担を決定したり、社内政治に対処したり、昇給を決定したり、社員を解雇したりといったもっと重要な業務を適切に処理できないことになる。社員の行動にいちいちフィードバックを与えることは、当初いかに不自然に感じられようと、CEOの業務の基礎となるブロックのひとつずつだ。その基礎の上に経営スキルという不自然な能力が構築されるのだ。しかしどうやって不自然さを克服したらよいだろう?

小言のサンドイッチ

部下にフィードバックを与えねばならないとき、簡単だが、かなり効果的な方法がある。ベテランのマネジャーたちが「小言のサンドイッチ」と呼ぶテクニックだ。このテクニックはケン・ブランチャードの古典的ベストセラー、『1分間マネジャー〈実践法〉』(ダイヤモンド社)で巧みに説明されている。これは「人は肯定的評価を聞いたあとのほうが、フィードバックを受け入れやすい」という事実に基づいている。最初の肯定的評価が「1枚目のパン」だ。次に難しいメッセージ、つまり否定的な評価が来る(これがサンドイッチの「具」)。続いて「しかし全体としてきみには大いに期待しているのだ」といった類の肯定的な励ましで締めくくる(2枚目のパン)。この「小言のサンドイッチ」は、部下に対して期待していることを印象づけることで否定的なフィードバックを社員の人格ではなく、特定の行動に向けるという副次的な効果もある。

これが否定的なフィードバックを与えるときの鍵だ。この「小言のサンドイッチ」は下位の社員に対する対応としては有効であるものの、いささか形式的に過ぎるという欠点がある。

■どのようなサンドイッチをつくるか、事前にシナリオを考えておかねばならない。そのため相手側には形式的で断定的な物言いに聞こえがちだ。

■何回も繰り返すと自然らしさが消えてしまう。社員は「またボスがお世辞を言い出したな。次は小言が来るのだろう」と思うようになる。

■経験を積んだ上級幹部の場合は最初の一回で即座に「小言のサンドイッチだな」と見抜いてしまう。その結果、軽視されたり反感を持たれたりすることになる。

新米のCEOだったころ、私も慎重に組み立てた「小言のサンドイッチ」を上級幹部に向かって試したことがある。すると相手は私を子供を見るような目で眺め、「ベン、お世辞はいいから、私が何を間違ったのかはっきり言ってください」と返された。そこで私は生まれてついてのCEOではないことを思い知らされた。

重要な点

社員にフィードバックを与える達人になりたければ、「小言のサンドイッチ」のような初歩的なテクニックに頼ろうとしてはならない。自分自身の性格と価値観に合ったフィードバックのスタイルをつくり上げていかねばならない。この際に重要な点をいくつか挙げてみよう。

■**権威を持て。**内容に強い自信を持てるフィードバックを与えよ。相手の社員の感情を和らげようとする言葉を加えてはならない。叱責を別のものに誤魔化すことはできない。

■**正しい動機からフィードバックを与えよ。**フィードバックを与えるのは相手の成功を助けるためであり、失敗を願うからではない。相手の成功を願っているなら、それを相手に感じさせよ。感情を伝える努力をせよ。相手があなたは味方だと感じられれば、あなたの言葉に真剣に耳を傾ける。

■**個人攻撃をするな。**誰かを解雇すると決めたら解雇すべきだ。しかし、策を練って相手を解雇に追い込むようなことをしてはならない。あくまで成功を助ける努力をすべきだ。もっとも相手がフィードバックに耳を傾けないのであれば話は別だ。

■**部下を同僚の前で笑いものにしてはならない。**グループを対象にフィードバックを与えることは構わないが、絶対に社員を同僚の前で笑いものにしてはならない。そんなことをすると、フィードバックの内容は相手の頭を素通りし、相手は恥をかかせたあなたを心の底から憎むようになる。

■**フィードバックはひとつ覚えの型ではいけない。**人はそれぞれに異なる。ある人々は批判や叱責に対して過敏だが、やたらに面の皮が厚く、石頭な人間も多い。フィードバックのスタイルは、自分の気分によるのではなく、相手の性格によって変えよ。

■**単刀直入であれ。**部下のプレゼンがダメだと感じときに、「すごくいいプレゼンだった。しかし結論を出す過程がちょっと弱かったから、そこを少し手直ししたほうがいいかな」などと言ってはならない。一見乱暴に聞こえるかもしれないが、「この点とこの点が理解できなかった。その理由はこうだ」と指摘するほうがはるかに良い。水で薄めたあいまいなフィードバックは相手を混乱させ、対処を迷わせるだけなので、いっそフィードバックを与えないほうがましだ。ただし、意地悪くあってはならない。鈍感であるのもいけない。不必要に権威を振りかざしたり、欠点を執拗に指摘したりするのは、慎まねばならない。フィードバックというのは双方向の会話でなければならない。居丈高な態度は会話を不可能にし、独白にしてしまう。

フィードバックは会話であり独白ではない

CEOは部下の意見に反対したり、提案を却下したりできる。だからといってCEOが常に正しいわけではない。部下は自分の業務に関してCEOよりもよく知っているはずだ。もっとデータを持っているだろう。CEOのほうが間違っている可能性は常にある。だからフィードバックは単なる叱責であってはならず、オープンな対話でなければならないのだ。フィードバックの結論や理由づけに部下が積極的に異を唱えることを奨励する必要がある。徹底的に議論した上で高い基準を設定するという企業文化を育てなければいけない。CEOは正しい結論に達するために最大限の努力をしなければならないが、同時に自分が間違っているときはそれを認められるオープンさが必要だ。

フィードバックはできるだけ頻繁に行え

フィードバックについてこうした基礎をマスターしたあとは、できるだけ頻繁に実践して練習を重ねるべきだ。CEOというものは、社内外の文字通り森羅万象に自分なりの判断を持っていなければならない。すべての将来予測、すべての製品計画、すべてのプレゼン、すべての批評に対して自分の意見を持たねばならない。かつ、自分がどう考えているかを社内に周知させる必要がある。社員のある提案を良いと思ったら、本人に早速そのようにフィードバックすべきだ。

その提案に反対でも、やはりフィードバックが必要だ。思っていることを伝えよ。考えたら表現しなければならない。この習慣には非常に重要なふたつのメリットがある。

■**フィードバックは個人的なものではないという企業文化がつくられる。**CEOが常にフィードバックを発信し続けていれば、全社員がそのことに慣れる。「ボスにああいうことを言われたが、どういう含みがあるのだろうか？　ひょっとしてCEOは私を嫌っているのかもしれない」などというような疑心暗鬼を生まずに済む。誰もがフィードバックで指摘された内容に集中するようになり、個人に対する抜き打ちの業績評価だとは考えなくなる。

■**悪いニュースであっても社員が自由に語れる雰囲気が育つ。**そうなれば社員同士でお互いの間違っている点を安心して議論できるようになるだろう。社員は会社が間違っているところを恐れずに指摘するようになる。高度な企業文化を育てようとするなら、データネットワークのルーティング・プロトコルが参考になる。悪いニュースはネットワーク全体に素早く伝わる。良いニュースが伝わるのはずっと遅い。それと逆に、悪い企業文化は経営陣に『オズの魔法使い』の「西の悪い魔女」よろしく「私に悪いニュースを聞かせるな」という態度をはびこらせる。

自らをCEOとして鍛える

優秀なCEOに必要とされる能力はさまざまだ。繰り返すが、生まれながらCEOであったかのように自らを鍛え上げる基礎能力は、「不自然さに耐える」ことだ。もしあなたが創業者CEOで、自分がCEOとして無能だという意識を振り払えず、会社がどんどん成長していったらいったい何をしていいのかわからないと感じるなら、CEOクラブへようこそ。誰もがその恐怖を抱くのだ。私もまったく同じ感情を抱いた。私が会ったほかのCEOも例外なくそうだった。これは避けて通れない過程なのだ。それこそがCEOがつくられるプロセスだ。

CEOを評価する

会社にはCEOより重要な職は存在しない。それゆえ、CEOほど周囲からの厳しい目に晒（さら）される職もない。CEOの職務の定義はまったく漠然としているので、くだらない助言――「CEOは最高のセールスパーソンでなければならない」など――を真に受けるなどして、人は容易にありとあらゆるばかげたことをやり始める。

残念ながらCEOに対する周囲の評価のほとんどは、CEO自身の耳に入らないので、CEOのメリットになることはほとんどない。そこで、私は逆方向に考えてみたい。私はCEOを評価する際には、同時にCEOの職務がどういうものであるかを考える。鍵となる判断基準は以下のようなものだ。

1 そのCEOは自分が何をすべきか明確に意識しているか？

2 そのCEOはなすべきことを会社に実行させる能力があるか？

3 そのCEOは適切に設定された目標を達成できたか？

1 そのCEOは自分が何をすべきか明確に意識しているか？

この質問は、できる限り広い範囲を含むように解釈してよい。そのCEOは常に何事に対してもどうすべきか知っていなければならない。対象は人事、財務、製品戦略、目標設定、マーケティング、その他企業活動のあらゆる側面を含む。マクロのレベルではCEOは正しい企業戦略を立てる必要がある。さらにその実施にあたって生じるあらゆる影響を考慮しなければならない。私は大きく分けてふたつの側面からCEOを評価する。

■**戦略**　成功する企業では戦略とはストーリーだ。すべての戦略的決定は誰にも納得のいくストーリーとして提出されねばならない。

■**意思決定**　戦略の実施レベルでは、CEOの意思決定の質とスピードが問われる。

戦略とストーリー

CEOはストーリーによって、社員のあらゆる活動のバックボーンとなるコンテキストを与えねばならない。コンテキストとは、社員のさまざまな活動がどんな意味を持つのか、全体を見通せるような背景情報だ。これによって社員は自分たちが何を目指しているのかを理解できるし、意思決定の指針を得られると同時にモチベーションを高めることができる。適切に設定された目的や目標は、このコンテキストを明確化するのに役立つ。しかし目的、目標だけがすべてではない。達成目標そのものはストーリーではない。企業にとってストーリーとは四半期決算、年間決算の結果以上のものだ。それは「なぜ」を説明できなければならない。

社員一人ひとりの「自分はなぜこの会社で働くことを選んだのか？」という根本的な疑問に答えを与えるのがストーリーの役割だ。社員なら「この会社で働くべき理由」、顧客なら「この製品を買うべき理由」、投資家なら「この会社に投資すべき理由」に答えられなくてはならない。さらには世界の人々に対して「われわれの会社が存在することで世界がより良い場所になる理由」を語れなくてはならない。こうしたストーリーを明確な言葉で語ることが、社員、顧客、投資家、パートナー企業、メディアに対して自社の行動のコンテキストを与えることになる。明確なストーリーを与えることを怠る企業からは、こういう不満が出やすい。

- この記事を書いた記者は何もわかっちゃいない。
- この会社で戦略を担当しているのは誰なんだ？
- わが社のテクノロジーはすばらしいのに、マーケティングが弱い。

CEOは必ずしも将来ビジョンを自ら発案する必要はないし、会社のコンテキストを伝えるストーリーを自ら書く必要もない。しかしCEOは、ストーリーとビジョンの守護者であり続けなければならない。つまりCEOは、常に自社のストーリーが明確で説得力のあるものであるようにしておかねばならない。企業のストーリーというのは、事業計画書ではない。したがって、事業計画書のように具体的である必要はない。だからストーリーと呼ばれるのだ。企業はストーリーを語るのに、それが説得力のあるものである限り、どれほど時間をかけてもよい。ストーリーのない会社はほとんどの場合、戦略のない会社だ。

もっとも説得力のある企業ストーリーの例としては、ジェフ・ベゾスが1997年に株主宛てに書いた3ページの覚書がある。アマゾンのこのストーリーはかなり長い。社是でもないし、キャッチフレーズでもない。ジェフはアマゾンに関係ある人々すべてに向けて書いている。

意思決定

ある社員は製品をつくるのが仕事だ。ある社員は製品を売るのが仕事だ。CEOの仕事は意思決定だ。それゆえCEOのパフォーマンスを一番正確に評価する要素は、意思決定の質とスピードだ。知性と論理と勇気の最高水準の組み合わせから、偉大な意思決定が生まれる。

前にも述べたように、その中でも勇気は格別に重要だ。というのもCEOの意思決定はいつも不完全な情報に基づいて行わねばならないからだ。CEOが現実に意思決定するときに使える情報は、ほとんどの場合、ハーバードのビジネス・スクールの事例研究で学生に示される情報の10パーセントもない。その結果、CEOはそれが正しい方向であるかどうか絶対の確信なしに会社をある方向に導くという賭けをしなければならない。もっとも重要な意思決定は、CEOにとってもっとも重要な人々（社員、投資家、顧客）から激しい反発を呼び起こすため、もっとも困難なものとなる。

振り返ってみれば私がCEOとして行った最良の意思決定は、ラウドクラウド事業をEDSに売却して会社をオプスウェアに再編したことだったが、当時私がこの決断を社員、株主、顧客の投票にかけていたら、地滑り的敗北を喫していたことだろう。CEOが意思決定に際して必要十分な情報が得られるということは決してない。CEOは毎週、大小いく百もの意思決定をしなくてはならない。それゆえCEOは意思決定のたびにほかの仕事を放り出して得心がいくまで関連情報を集めて検討するなどという余裕はない。それゆえ意思決定が必要になったとき、できる限り詳しい情報を基に判断できるようCEOは継続的かつ組織的に自社の日々の活動に関する知識を得ていなければならない。どんな意思決定が必要になるか、あらかじめ知ることはできないのだから、あらゆる情報を知っておく必要がある。たとえば、

■ライバルは今後どう動くだろう？
■技術的に可能な範囲はどれほどだろう？　実現までにどれくらいの期間がかかるだろう？
■自社の本当の能力はどれほどだろう？　それを最大化するにはどうしたらよいだろう？
■この決断に関連する財務リスクはどれほどだろう？
■現在の製品構成における問題点は何だろう？
■今回のキャンペーンによって社員の士気は鼓舞されただろうか？　それとも落胆が広がっているだろうか？

偉大なCEOは、必要な情報を継続的に収集するために、それぞれ独創的な戦略を考案している。彼らは顧客との会議、社内会議、個人面談その他日常のあらゆる機会を情報収集の手段とする。社員であれ、顧客であれ、パートナーであれ、投資家であれ、CEOが人と接する機会はすべて意思決定のための情報収集に生かされねばならない。

2 そのCEOはなすべきことを会社に実行させる能力があるか？

CEOが説得力あるビジョンを得て、迅速で的確な意思決定ができたとしよう。ではそのCEOはその結果を会社に実行させる能力があるだろうか？　ここでまず必要とされるのは、私が本章の「リーダーに続け」で述べたリーダーシップだ。

それに加えて、効果的な実施に向けて、会社運営のあらゆるスキルが必要になってくる。組織が大きくなればなるほど必要とされるスキルは多種多様になる。企業が広範な意思決定を実行に移すには、当然ながら、次の条件が必要になる。

■**その能力があること。**つまり企業が新戦略を実行する際には、それをなし得る適切な人材を適切な部署に配置してなければならない。

■**すべての社員が任務を果たせるような環境をつくること。**社員には十分な動機づけが与えられ、コミュニケーションも活発化され、大量の知識が共有されている必要がある。そして全体のコンテキストを明確にしなければならない。

CEOは世界的にトップクラスのチームづくりに成功しているか?

CEOは経営陣全員の行動に対して直接の責任を負う。同時に社員候補者の面接と採否の決定もCEOの責任だ。CEOは採用にあたって最良の候補者を集め、才能と技術のもっとも高度な組み合わせを持つ候補者が選択できるような選抜プロセスを用意しなければならない。社員のレベルをトップクラスに保つことが、企業運営を成功に導く根本だ。偉大なCEOは常にこれを意識していた。

その努力の結果が、社員の質となって現れる。この場合、重要なのは、社員に必要とされる能力はその時点で会社が挑戦している課題によって変わるという点だ。そのため、上級幹部が何度か変わることは大いにあり得る。その場合でもチームの高いレベルは維持され、大量離職などの問題は起きない。

社員が問題解決に貢献しやすくなっているか?

CEOの評価にあたって次の段階は、CEOが効果的に会社を運営しているかどうかだ。これをテストするために私は、次のような質問をしてみる。「社員たちが会社の直面する問題の解決に貢献しやすい環境となっているか?」

効果的に運営されている会社では、社員は現実の仕事に集中できる（社内政治や官僚的手続きに煩わされないという意味だ）。そして社員は「仕事をうまくやり遂げれば、自分にも会社にも良いことが起きる」と確信できる。運営がうまくいっていない会社では、社員は縄張り争いや非効率な手続きに多大な時間を奪われている。正しく運営されている組織を描写することは簡単だが、それを現実につくり上げるには極めて高度なスキルを必要とする。これには組織のデザインから実績評価基準の設定までさまざまな能力が必要となる。また全社員をカバーするインセンティブやコミュニケーションのあり方の枠組みをつくらねばならない。

企業が成長するときに「スケールに失敗する」のは、このような面における場合が多い。実のところ、この面で評価にAを得られるCEOはごく少ない。ネットフリックスのCEO、リード・ヘイスティングスは社員が最大の力を発揮できるシステムづくりに多大の努力を払った。ヘイスティングスはこの努力を「自由と責任を基調としたわが社の企業文化へのレファレンス・ガイド」というプレゼンにまとめた。このプレゼンでは、ネットフリックスが社員に求める価値基準、面接でその基準に合致する社員を選ぶプロセス、価値基準の強化、社員の増大にともなって価値基準をスケールさせる方法などが紹介されている。

3　そのCEOは適切に設定された目標を達成できたか？

目標の達成度を検討するにあたっては、まずその目標が適切に設定されているかどうかを確認しなければならない。取締役会の操縦に長けたCEOは目標をわざと低く設定することで「成功」を演出することができる。優秀だが取締役会に対して十分な注意を払わないCEOは目標を高く設定しすぎて、結果として「失敗」と評価されることがある。

そもそも会社の成長の初期段階では前途にどれほどのチャンスが広がっているのか、誰にも予測がつかない。この段階で設定された目標は結果的に間違っていたとわかることが多い。それゆえCEOを評価するにあたっては、まず設定された目標が正しいかどうかの検討が欠かせない。また成長の潜在的余地は会社ごとに大きく異なる。ハードウェア企業は一般向けインターネット企業よりはるかに大きな資本を必要とする。レストランなどのローカルビジネスのクチコミ評価サイトのイェルプにツイッターのような爆発的成長を期待するのもナンセンスだ。CEOは会社一般ではなく、あくまでその会社の潜在的成長チャンスを基準にして評価されるべきだ。

CEOがどのように目標の達成に成功するか、興味あるエピソードを紹介しよう。これは中国最大の検索サービス、百度（バイドゥ）のCEO、ロビン・リーが2009年にスタンフォード大学での講演で述べた話だ。ロビンによれば、百度の株式上場の日——普通なら起業家にとって人生最高の日だ——彼はデスクの前で恐怖に震えていたという。その理由は？　ロビンはこう語った。

2004年にわれわれは、最後のベンチャー資金調達ラウンドを実施した。シリコンバレーの名門ベンチャーキャピタル、ドレイパー・フィッシャー・ジャーベットソンがリーダーとなり、この業界の覇者グーグルも出資していた。1年後の2005年に百度は株式上場に踏み切った。売り出し価格は1株27ドルだったが、公開初日の引値はなんと122ドルに跳ね上がっていた。百度の社員と投資家にはすばらしいニュースだ。しかし私はこの上なく惨めな気持ちでいた。上場を決めたとき、私は決算予測を売り出し価格の24ドル、あるいはやや値上がりしたとして30ドル、せいぜい40ドルまでの範囲で作成していた。だから初日に122ドルの値がついたとき、私は激しいショックを受けた。つまり私は、この恐ろしく高い株価に見合う業績を上げなければならなくなった。いずれにせよ前進する以外に道はない。私は業務の運営方法、テクノロジー、ユーザー体験の改良に集中し、幸いにも結果を出すことに成功した。

こうした要素を考えると、単純に目標と実績を比較するだけでは済まないことがわかる。実績というのはいわば飛行機のブラックボックスのようなもので、いつも事後にしか内容が判明しないことに注意しなければならない。ミューチュアル・ファンドの目論見書の警告文の通り、「過去の実績は将来の運用成績を保証するものではありません」なのだ。

これに対して「CEOは自分が何をすべきか明確に意識しているか?」「CEOはなすべきことを会社に実行させる能力があるか?」は、現状のままで判断できる。つまりこれらの評価基準のほうが、過去の実績よりもCEOの将来のパフォーマンスを予測するのにずっと的確な結果をもたらす。

まとめ

ＣＥＯの評価は、勘に頼った職人芸のようなものであってはならない。ここで述べたような基準を用いれば、ＣＥＯ自身を含めて誰でも将来に向けた精度の高いパフォーマンスの予測が可能だ。

第 8 章
起業家のための第一法則
――困難な問題を解決する法則はない

FIRST RULE OF ENTREPRENEURSHIP: THERE ARE NO RULES

われわれがオプスウェアを売却しようとしたとき、HPの最初の値付けは1株14ドルだった。一方、BMCは14・05ドルと競ってきた。HPは14・25ドルに上げた。ジョン・オファレルと私はこの競り上げに決着をつけるための戦略を練った。われわれは、適正価格は1株15ドル以上であり、適切に対処すればこの価格を引き出せると考えた。関係者全員が興奮していた。

そこへ突如、災厄が襲った。われわれの会計監査を受け持っていたアーンスト&ヤング会計事務所が取引をめちゃくちゃにしかけたのだ。

BMCのデューディリジェンス〔適正評価手続き〕の過程で、過去の3つの取引内容が問題となった。これらの3つの取引にはソフトウェア業界で「CA条項」と呼ばれる条項が含まれていた。CA条項というのは、大手ソフトウェア企業のコンピュータ・アソシエーツ（CA）が発明した悪名高いビジネス慣行への対抗策だった。CAは顧客と販売したソフトウェアのメンテナンス契約を結ぶ。このときCAは「X」という名称のソフトウェアに関して将来、無期限の無料アップグレードを約束する。ところがCAはアップグレードの際にソフトウェアの名前を「X」から「Y」に変えてしまい、本来なら無料であるはずのアップグレードを有料で顧客に売りつけるという仕組みだ。非常に巧妙で、非常に汚い策略である。

そこで賢明な顧客は、ソフトウェアベンダーに対して「CA条項」を含めることを求めるようになった。この条項は「ソフトウェアベンダーが以前に販売したソフトウェアの機能をすべて備え、さらに新しい機能をいくつか付け加えた新しいバージョンをリリースした場合、それを旧バージョンのアップグレード版とみなし、旧バージョンに適用された契約が新バージョンにも適用される」というものだ。旧バージョンの契約で無料アップグレードを約束している場合は、たとえ新バージョンが別の名前でも無料でアップグレードしなければならない。

このCA条項には2通りの解釈があり得る。ひとつはその沿革の通り、CAの悪質なトリックへの対抗策とみなす考えだ。これと別に、ソフトウェアベンダーが将来の新機能の追加を約束しているという解釈もあり得る。前者で考えれば、ソフトを顧客に売った時点で全収入を売上として計上することが求められる。後者なら、売上は契約の全期間にわたって分割計上されることになる。もちろんどちらの立場でも、会社が得るキャッシュの額には変わりはない。

われわれももちろんCA条項にふたつの解釈があることは知っていたので、アーンスト&ヤングのオプスウェア担当のパートナー、デイブ・プライスに相談した。プライスは契約内容を調べた上で、売上の計上方法についてアドバイスをくれた。プライスは条項の沿革をよく理解していたので、これら3つの契約からの収入はそれぞれ入金の時点で一括計上するのが適切だとした。ところが同じアーンスト&ヤング所属であるにもかかわらず、BMC担当のパートナーは「分割計上すべきだ」という正反対の結論に達した。判断の食い違いに気づいたBMC担当パートナーは、この問題をアーンスト&ヤング（E&Y）の全国本部に持ち出した。

アーンスト&ヤングの全国本部のパートナーが私に電話をかけてきた。彼はプライスの判断を退け、売上の分割計上を要求した。48時間以内に新たな売上ガイドラインを提出しなければならないというのだ。私は自分の耳を疑った。分割計上すれば予想される売上は減少し、株価は急落する。オプスウェアの買収交渉は頓挫してしまうだろう。売上の計上方法はキャッシュフローには何の影響も与えない。そもそもわれわれのとった計上方法はアーンスト&ヤングのパートナーの判断に基づいているのだ。仮に最初から分割計上していても、株価は現在と同じだっただろう。だが、売上ガイドラインを買収交渉の土壇場で減少させるのは死の宣告だった。
くそったれが！　私は気持ちを落ち着けてアーンスト&ヤングの全国パートナーに尋ねた。

ベン：会計は会社・顧客双方が契約に込めた意図を正確に反映する必要があると思うが、どうか？

E&Y：その通り。

ベン：ではこうしよう。われわれはこれから問題の3社の顧客に電話して、彼らの意図を尋ねる。顧客の意図が、デイブ・プライスが判断した通りであれば、われわれは売上計上の方法を変える必要はないはずだ。そうでないというなら、われわれは計上方法の変更に同意する。

E&Y：いや、それでは不十分だ。もし一括計上を維持しようとするなら、オプスウェアは3社の顧客との契約内容を、明文でそのような内容に改定する必要がある。

ベン：しかしこの3社はいずれも大手銀行だ。それぞれリスク管理部門があり、その審査を待つ必要があるからすぐに契約内容は変更できない。しかも都合の悪いことに、われわれは16億ドルの買収交渉中だ。アーンスト&ヤングはこの買収を失敗に終わらせようとしている。

E&Y：それはわれわれに関係ないことだ。やらねばならないことはやらねばならない。

ベン：われわれは何年もアーンスト&ヤングのクライアントで数百万ドルの報酬を支払って

きた。しかも一括計上という判断はそちらのパートナーがしたものだ。なぜアーンスト&ヤングがわれわれと顧客が口頭で了解し合った内容に介入して、ひいては買収交渉を破壊しなければならないのだ？

E&Y：契約内容を改定するか売上予測を改定するかのいずれかだ。48時間以内だ。

デイブ・プライスは涙にくれる寸前の様子だった。アーンスト&ヤングの全国本部は契約の精神には無関心だった。関心があったのは契約の文字面だけ。彼らは会計の原則からしてもビジネス慣行からしても、正しいことをするのを拒んだ。ただただアーンスト&ヤングにとって、面倒の少ない道を選ぶことしか考えていなかった。オプスウェアの最高財務責任者、デイブ・コンテは幽霊のように真っ青だった。数百人の社員が8年間営々と築き上げてきた会社が、コンテが自ら選んだ会計事務所のために下水に流されようとしている。コンテがアーンスト&ヤングを選んだのは、オプスウェアに加わる前に彼自身がそこで15年も働いていたからだった。普段は社交的で陽気なコンテがほとんど口もきけないほどショックを受けていた。

私もまわりの全員に対して激怒していたが、ここで私が怒鳴り散らしても問題解決には何の役にも立たないし、デイブの気持ちをさらに傷つけるだけだということもわかっていた。私はオプスウェアの主席顧問弁護士のジョーダン・ブレスロウに尋ねた。「この問題を即刻、買収交渉の相手に開示する必要があるのだろうね？」。ブレスロウはその通りだと答えた。

われわれはHPとBMCに、会計手法に齟齬（そご）があったことを伝え、48時間以内に3つの大手銀行の契約を改定するつもりだと言った。両者とも「そんなことはできるはずがない」という態度だった。私自身もできるとは信じていなかった。とんでもない話だった。

その間、デイブ・コンテとマーク・クラニーと私は契約改定に取り組んだ。財務部門の会議室に陣取り、知り合い全員を書き出して、誰に連絡を取るのがもっとも効果的か知恵を絞った。買収交渉を救うには一刻を争う。私は取締役全員に電話をかけ、問題の銀行と取引していないか、その銀行に影響力のある人物を知らないかと尋ねた。クラニーは取引先に電話をして同じことを尋ねた。ジョーダンとデイブは契約内容の改定案を10種類つくった。われわれは徹夜で作業にあたった。その間ずっとデイブはひどい心臓発作に襲われているような表情を浮かべていた。奇跡的にも、翌日の午前11時に3社すべての契約改定に成功した。数えてみると24時間もかからなかった。われわれは売上ガイドラインを変更せずに済んだ。

しかしこの騒動はBMCをすっかり怖気づかせてしまった。彼らは買収提案を引っ込めた。BMCは、短時間でわれわれがこの問題を解決できるとは信じなかったのだ。彼らを責める訳にはいかない。HPは怖気づかなかったが、「契約内容に瑕疵（かし）があった」として買収価格を1株当たり13・75ドルに下げた。

その夜、会社で取締役会を開き、われわれはBMCの脱落とHPの新提案を説明した。取締役会は全会一致でHPの13・75ドルの提案を受け入れるべきだと結論した。しかし私は「買収価格を当初の14・25ドルから1セントたりとも下げるつもりはない」と言った。ビル・キャンベルは私を心配そうに眺めた。私は寝不足だった。私はビルたちが正しいのか間違っているのかはっきり判断ができなかったが、自分のほうが正しいと絶対に確信していた。ここが勝負所だと感じた。

私は気を取り直して自分の立場を繰り返した。「HPは14・25ドルの値を付けた。これは直近1年間の売上の16倍に当たる。その理由はひとつしかない。われわれが重要市場における極め付きの優良企業だからだ。買収交渉の核心はそこにある。1セントでも値引きに応じた瞬間、われわれは自ら最優秀企業ではないと認めたことになる。そうなればこの買収交渉は破綻する」

ジョン・オファレルが同意してうなずいた。取締役会は不安を残しながらも、私の主張を受け入れた。私はHPに出向き、「14・25ドルか交渉決裂か、いずれかだ」と告げた。HPに待たされる間、コンテの顔に血の気は戻らなかった。2時間後、HPは受け入れた。売却に成功したのだ。パートナーの忌むべき裏切りがなければ、買収価格はあと1億ドル高かったはずだ。しかしともかく買収交渉は成立した。私は今の今でも、アーンスト&ヤングを憎み嫌っている。

私がこのエピソードを詳しく語ったのは、ビジネスでは「何もかも順調」と思った瞬間、天地が崩れるようなことが起こると説明したかったからだ。そんなときに「理不尽だ」と言っても始まらない。とにかく全力で対処し、しばらくはこっけいに見えても、気にしないことだ。

責任追及と創造性のパラドックス

あるソフトウェア・エンジニアが、現行製品のアーキテクチャーに、放置すれば今後、規模の拡大に対応できなくなるような重大な弱点があることを発見したとしよう。エンジニアはアップデートのスケジュールを3カ月遅らせればこの問題を修整できると見込んだ。社内では全員が「この問題が修整できるなら3カ月の遅れはやむを得ない」と同意した。もっとも、作業は当初の見込みより難航し、スケジュールは9カ月遅れた。ただし、問題は修整された。

さて、会社はこのエンジニアの創造性と勇気を賞賛すべきだろうか。それともスケジュールの9カ月の遅れの責任を問うべきだろうか。

CEOが当初の3カ月という見込みを盾に取って、被告人を訴追する検事のようにスケジュール遅延を責めたら、エンジニアは将来起きる重大な問題を防ぐためにリスクを取って行動しようと考えなくなるのは確実だ。CEOがこのような態度を取り続けるなら、社員は自分が責任を問われないようにしようと気をつかうあまり、重大な問題を解決する時間も。やる気もないということになっていく。

逆に、スケジュール遅延の責任をまったく問わなかったら、努力してスケジュールを守った社員はばかをみたと感じるだろう。自分は連日徹夜して締め切りを守ったのに、CEOは締め切りに半年も遅れたエンジニアを賞賛している、となれば誰も心穏やかではいられない。社内でもっとも勤勉でもっとも生産性の高い社員が「ばかをみた」と感じるようでは、わざわざ災厄を招いているようなものだ。CEOの重要な任務は部下に行動の責任を取らせることだ。そういうわけで、責任追求対創造性というパラドックスが生じる。

この問題を解決しようとするなら、まず一番基本的な前提から検討していかねばならない。この会社の社員は、全体として創造性があり、知的で、モチベーションが高いだろうか？　それとも、部下たちは怠け者で、ずる賢く、終業時間になるのをずっと待っているタイプだろうか？　もし後者であるなら、そのような会社には創造性は無用だし、決してイノベーションは起きないだろう。そんな会社は失敗を運命づけられている。だから、後者だと信ずるに足る証拠が出てくるまでは、社員は善意であり、やる気があると信じるべきなのだ。

だが、「働き者がばかをみる」という事態を防ぐために必要な限度で責任追及は行わねばならない。ではこの「責任」という問題を、約束、結果、努力という3つの側面から考えてみよう。

努力と責任

これは比較的簡単だ。世界でトップクラスの企業になろうと思ったら、世界でトップクラスの努力をする必要がある。誰かの努力がそのレベルに達しないようなら責任を問われるべきだ。

約束と責任

正しく運営されている多くの企業では「約束したことは守られねばならない」という原則を厳しく貫いている。社員が何かを約束し、その約束が守れなかったら、社員全員に迷惑をかけているのだ。こうした無責任さは拡散しやすい。物事を正しくやり遂げるには、全員に約束を守る責任を負わせることが必須だ。

ただし、責任追及の度合いは約束した目標の困難さによって変わってくる。マーケティングのために統計を調べるとか、得意先に連絡のメールを出すといった仕事は、コンピュータ・サイエンス上の困難な課題を伴う製品開発スケジュールを決めるのとは訳が違う。前者の場合には厳しく期日を守らせねばならないが、後者の場合は問題の性質と得られた成果によって、複雑な考慮が必要になる。

責任と成果

ここが、物事が込み入ってくる個所だ。誰かが当初約束した成果を出せなければ、責任を問われるべきだろうか。これは次のように「場合による」としか言えない。

■**社員の経験年数**——経験豊富な社員のほうが、経験の浅い社員よりスケジュールを予測しやすいだろう。

■**任務の困難さ**——ある種の仕事は極端に難しい。自社の製品品質がライバルに劣っている上にマクロ経済が不況に陥っていたら、どんな腕利きのセールス担当者でも売上を改善するのは難しい。連続する問題を受け付けて、自動的かつ効率的に並列化でき、規模が拡大しても柔軟に対応できるようなプラットフォームを開発することは難しい。こうした問題では開発スケジュールの予測が難しく、そのスケジュールを守って開発することはさらに難しい。約束された期日までに成果が上がらなかった場合、その仕事の困難さを考慮する必要がある。

■**愚かなリスク**——ある種のリスクはどうしても取らざるを得ず、そのことで社員を責めるのは間違っている。しかしすべてのリスクがそうではない。たとえば、リスクの見返りが少ない、あるいは全然ないようなリスクは取る意味がない。バーボンを一びん空けてから車を運転するのは非常にリスクの高い行為だし、そんなリスクを取ったところで得られる利益はない。部下が結果を出せなかった場合、勇気をもって意味のあるリスクを取ったがうまくいかなかったのか、それとも短絡的に何のメリットもない愚かなリスクを取ったのかを見極める必要がある。

最初の問題に戻る

ここで最初の問題に帰って、約束を守れなかった社員について考慮すべきことをリストアップしてみよう。

1 社員の経験と職位。 期日までに成果を出せなかったのがチーフアーキテクトなら、その働きぶりを厳しくチェックする必要がある。そのまま放置すれば、会社の将来にとって大きな問題となるだろう。一方、もっと低い職位の社員だった場合は、叱責より指導するほうが適切だ。

2 ともかく怒鳴るべきではない。 初級の社員であれば、担当している業務もそれほど重大なものではなかったはずだ。期日を過ぎたとしても会社を危うくするようなことはない。小さな課題にそんなに長くかかったとすれば、どこかに問題があったわけで、そのことに気づき、修整する機会を与えてくれたと考えたほうがいい。

3 当初のリスクの取り方は適正だったか。 最初の例に戻って考えよう。エンジニアが発見した製品の弱点は、短期的、中期的に製品を大きく損なうような重大なものだっただろうか。その答えがイエスであれば、3カ月にせよ9カ月にせよ、既定のスケジュールを遅らせるリスクを取るだけの必要性があったのだ。将来、また同じような状況に直面したとして、CEOは今回と同一の対応をすべきだろう。スケジュールの遅れをいつまでも気に病むのはやめるべきだ。

まとめ

テクノロジー・ビジネスでは、事前に予想ができることは非常に少ない。凡庸な製品と魔術的に素晴らしい製品との差は、往々にして、社員にあまりに厳しく責任を求める会社運営と、社員が創造性を発揮するためなら必要なリスクを取ることを許す経営との差にある。社員の約束に責任を持たせることは重要だが、重要なことはほかにもたくさんある。

対立部門の責任者を入れ替える

数年前になるが、私は会社経営上、非常に微妙な状況にぶつかった。どちらも優秀な2チーム、カスタマーサポート部門とセールス・エンジニアリング部門が内戦を起こしてしまった。セールス・エンジニアたちはカスタマーサポート部門の反応が遅すぎる、製品のバグを修整しない、顧客満足度を無視しているなど、苦情を次第にエスカレートさせていった。一方、カスタマーサポート側ではセールス・エンジニアチームは不正確なバグ報告を上げて来る、バグ修整の方法を提案しても耳を傾けない、物事の優先順位を考えず、あらゆる問題を緊急だとして騒ぎ立てる、と反論した。

そうこうしているうちに、実際の問題点以上に、双方が人間的に憎み合うような状態に陥った。悪いことに、この2チームが常に協調して働くことがわが社の運営に必須だった。幸か不幸か、両チームともマネジャー以下、人材は極めつけに優秀だった。つまり、誰かを解雇したり、降格したりするわけにはいかなかった。私は途方にくれた。

ちょうどそのとき、奇跡的めぐり合わせで、私は『フリーキー・フライデー』を観た。実力があるのに評価されないバーバラ・ハリスと元気いっぱいの若きジョディ・フォスターが主演したホーム・コメディの傑作だ（ちなみに、元祖お騒がせ女優だが才能あるリンジー・ローハンとベテラン、ジェイミー・リー・カーティス主演のリメイク『フォーチュン・クッキー』も名作だ）。この映画では、母と娘がお互いに相手が自分の苦労を理解してくれないとイライラを募らせ、立場を入れ替わりたいと考える。そして映画の魔術でそれが実現してしまう。精神はそのままで体が入れ替わってしまった母と娘は、お互いの立場とその苦労を理解するようになる。そして体の入れ替わりが元に戻ったふたりは親友になる。私はオリジナルとついでにリメイクも見て大いに楽しんだ。そして「これが解決策になるかもしれない」と気づいた。私は『フリーキー・フライデー』式マネジメント術を試してみることにした。

私は翌日、会社に出るとセールス・エンジニア部門の責任者とカスタマーサポート部門の責任者を呼び出し、職務を入れ替わるよう命じた。両部門はジョディ・フォスターとバーバラ・ハリスよろしく、体はそのままで頭が入れ替わってしまうのだ。ただし、これは一日では終わらない。無期限にだ。ふたりの最初の反応は映画のリンジー・ローハンとジェイミー・リー・カーティスの反応によく似ていた――ほとんど恐怖で叫び声を上げるところだった。

しかし部門を入れ替わって一週間もすると、ふたりの責任者はこの問題の原因を理解し始めた。ふたりはいくつかのルールとプロセスを定め、問題を一掃した。両部門は短期間のうちに見事に協力し合うようになった。その日から会社の売却の日まで、両部門は会社内の大規模組織としてはもっとも協調の度合いの高い関係を維持した。『フリーキー・フライデー作戦』は大成功だった。この映画はたぶん経営テクニックの教育映画としても最高だろう。

最高を維持する

トップクラスの人材のチームがなければ、どんなCEOといえどもトップクラスの企業はつくれない。しかし、どうしたら幹部社員がトップクラスの人材だと判断できるだろうか。さらに、トップクラスだと判断して採用したとしても、その後もトップクラスのままでいてくれるだろうか。その社員が調子を落としたあと、かつての輝きを取り戻すことはできるだろうか。

これらは複雑な問題だが、リクルートの際のバイアスのために、いっそう難しくなっている。CEOたるもの、最高の人材を求めてあちこちを探し、そういう候補者を発見すると全力で口説きにかかる。そして入社に同意してくれれば「大当たりだ」と喜ぶ。

要するに、われわれは自分が採用した社員はまだ一日も勤務しないうちから、全員が最高の人材だと信じたがる。なお悪いことに、当初はトップクラスの人材だった幹部社員の多くは時間とともに劣化する。スポーツファンなら世界のトップ選手がそう長い間世界のトップに留まっていられないという厳しい現実をよく知っているだろう。アメリカン・フットボールのスーパースターだったテレル・オーウェンスも引退して今や41歳だ。エグゼクティブはアスリートほど速く衰えないが、企業、市場、テクノロジーはフットボールの何千倍も速く変化する。その結果、今年社員100人のスタートアップのスター・エグゼクティブも、翌年は社員が400人、売上が1億ドルを超すと凡庸な幹部に劣化しているといった事態が起きがちだ。

基準

最初に覚えておく必要があるのは、面接のときに印象的で身元照会の結果もすばらしかった候補者が、入社してから期待通りの能力を発揮するとは限らないという事実だ。世の中にはふたつの文化がある。ある文化では、すべからく人は「何をなすか」で判断される。別の文化では人は「誰であるか」で判断される。CEOは前者でなければならない。後者では失敗する。

CEOは常に高い基準に照らして社員の実績を判断しなければならない。しかしその基準というのは、どんなものであるべきだろうか。私はこの点について第6章の「経験ある大人」という文章で論じた。加えて、次のような点に留意する必要がある。

■**採用時、その人のすべてを知ることはできない。**居心地の悪い思いをするが、業界の競争激化にともなって社内基準を高める必要が出てくるのは、まったく当然のことだ。

■**新採用または昇格させた幹部に対し、当初は職務になじませるためオリエンテーションに時間を割くのは普通だ。**ただし採用前、あるいは昇格前にオリエンテーションをしたのに、その後も教育を続けなくてはならないようだったら、その幹部の能力は基準を満たしていない。

■**CEOは部下の育成に割ける時間がほんのわずかしかない。**私がCEOになってもっとも失望したのは、直属の部下に対しても、育成の時間を持てないことだった。状況は常に差し迫っており、部下は独力で職務遂行の準備の99パーセントを終えなければならない。私自身がゼネラルマネジャー・クラスの職に就いていたとき、自分の能力向上に割ける時間はゼロだった。会社にはそういう余裕のある部署や職務も存在するだろう。しかしトップ・エグゼクティブの場合は、職に就いてから能力を磨くなどという余裕はない。トップ・エグゼクティブ職に就くためにトレーニングが必要だったら、その候補者は基準を満たしていない。

ただし、基準を上げすぎるという失敗もあり得る。前にも論じたが、「将来を考えすぎる誤り」もある。2年後に必要とされるかもしれない能力の基準で、現在その職にある社員を評価するのは、必要でもなければ望ましくもない。橋は、そこに着いてからでなければ渡れない。社員を評価する際には、常に「今、ここ」で必要とされる能力に照らして判断しなければならない。

期待と忠誠心

会社への忠誠心も能力も高いエグゼクティブを解雇しなければならないという状況が、発生する。そのときにどう伝えたらよいのか。その幹部社員はこれまで大変な努力をしてきた。すばらしい実績も上げている。しかし市場環境は激変中で、その幹部が変化について行けないようなら、来年は解雇しなければならないかもしれない。

私は部下の幹部社員に職務評価を伝えるとき、よくこう表現した。「きみは現在いい仕事をしている。しかし計画では社員数は来年2倍になり、きみの職は今とはまったく違ったものになる。そこで今後はきみの職務評価は、新たな基準で実施される。念のために言っておくが、これはきみ個人の問題ではなく、私を含めて社員全員に新たな基準が適用される」

社員が2倍になれば、全幹部の職務内容が変わるという点を明確にすることが重要だ。全員が新たな職に就くことになるのだ。今までうまく行っていたやり方が新しい職でもうまくいくという保証はまったくない。それどころか、状況の変化に対応できず、漫然と旧来のやり方を続けることが、エグゼクティブが失敗するもっともありふれた原因だ。

ただし、会社への忠誠心の評価はどうなるだろうか。創業以来会社を10倍にまで成長させる原動力となってきた忠誠心に篤い現在の幹部社員たちを、10倍になった会社に付いてこられないとして、簡単に解雇してよいものだろうか。

その答えは、CEOの忠誠心は会社全体に向けられるべきだという点にある。忠誠心は直属の部下との関係ではなく、直属の部下の部下――つまり全社員との間に存在すべきものだ。エンジニアリング、マーケティング、セールス、財務、人事などの各部門で会社の日々の業務を実行している人々に対してCEOは責任を負っている。全社員の利益のために、CEOはトップクラスのエグゼクティブ・チームを用意しなければならない。優先順位を誤ってはならない。

会社を売却すべきか

CEOにとってもっとも困難な決断のひとつが、会社の売却に関するものだ。理屈の上からは、独立企業として運営するより他企業の傘下に入ったほうが長期的に見て繁栄すると予想されるなら売却すべきだ。ただし、この予想には考慮すべき要素が非常に多く、しかもその多くは内容不明または不確定だ。しかもCEOが創業者であれば、論理以外の問題がからんでくる。それでなくとも困難な決断が心理的、感情的要素のためにいっそう複雑になる。もっとも、会社の売却は常に心理的、感情的、個人的な問題となる。

買収の種類

テクノロジー企業の買収については、次の3つの類型に分けて議論するのが便利だ。

1　人材・テクノロジー目的——特許やノウハウを含め、会社が保有するテクノロジーまたは（それと同時に）会社に所属する優秀な人材の獲得が主たる目的であるような買収だ。この種の買収の場合、金額は500万ドルから5000万ドル程度となる。

2 製品目的――買収の目的が会社の事業そのものではなく、特定製品の獲得であるような場合だ。買収企業はその製品を概ね現在の形のまま引き続き販売しようとする。ただし販売にあたっては自社のセールス、マーケティング部門、既存の販売チャネルを主に使う。この種の買収では、金額は5000万ドルから2億5000万ドル程度だ。

3 事業目的――会社の事業そのもの（つまり売上と利益）が買収目的の場合だ。買収側は製品、セールス、マーケティングを含めた会社全体を入手しようとする。こうした買収の場合、金額は財務内容に（少なくとも部分的には）比例する。場合によってはおそろしく巨額となる（マイクロソフトがヤフー買収を計画したときには300億ドル以上が提示された）。

私が次に議論するのは、主としてこの最後の場合、事業そのものを目的にする買収だ。この議論は製品目的の買収の場合にも多少参考になる部分があるかもしれない。ただし、人材・テクノロジー目的の買収についてはほとんど参考にならないだろう。

論理的な判断

買収に応じるべきかどうかを判断する際に、基本として考慮すべき点は以下の通りだ。

（a）非常に巨大な市場にいて、会社は非常に若い段階にある

かつ
（b）その市場でナンバーワンになれるチャンスが十分にある

のであれば、独立企業として留まるのが賢明だ。というのも潜在的な成長力がいくら巨大でも、誰もその潜在性に見合った金額を支払ってはくれないからだ。

わかりやすい例としてグーグルを考えてみよう。グーグルは創業直後、10億ドルを超える買収の申し出をいくつも受けたという。創業間もない無名のスタートアップに対して、投資額の何十倍ものリターンが得られるこの申し出は破格の条件だと当時は考えられた。しかしその後の検索市場の爆発的成長を考えれば、グーグルが買収に応じなかったのはまったく正しい判断だった。実際、誰がどんな金額を提示しようと、グーグルが会社を売却するのは間違いだった。その理由は簡単だ。グーグルが参入したインターネット検索市場の潜在的規模は、グーグルを買収しようと考えた全企業よりはるかに大きかったからだ。しかもグーグルはすでにライバルが絶対に太刀打ちできない検索テクノロジーを確立していた。グーグルが検索市場でナンバーワンになることはすでに約束されていた。

これと対照的な例がポイントキャストだ。今では覚えている人も少なくなったが、ポイントキャストはインターネットサービスで最初にブームを起こした企業のひとつだ。ユーザーが指定したウェブサイトを巡回して情報をダウンロードし、オフラインで読めるようにするこのアプリは当時、シリコンバレーの話題をさらい、テクノロジー業界全体から大いに注目を集めた。彼らは10億ドル級の買収の申し出を受けたがすべて拒絶した。しかし、この製品が本質的に持つ弱点が明らかになるにつれて、ユーザーが離れ始めた。一夜にして市場は崩壊し、回復しなかった。ポイントキャストは結局、はした金で買収された。

そこで買収に関して正しい判断を下すためには、次の質問に答えねばならない。

(a) 市場の潜在的規模は現在より少なくとも一桁以上大きいか？

(b) そこでナンバーワンになれるか？

もし答えが(a)、(b)ともにイエスでないなら、買収に応じることを検討すべきだ。両方ともイエスなのに買収に応じるなら、自分と全社員を安売りすることになる。

残念ながら、これらの質問に正しく答えることは見かけよりずっと難しい。たとえば「わが社は正確に言ってどんな市場にいるのか。またライバルはどう動くか」という質問にも答えねばならない。グーグルがいたのは検索市場だったのだろうか、それともポータル市場だったのだろうか。現在の視点からは検索市場にいたことが明白だが、当時は多くの人々がグーグルはヤフーなどと同じポータル市場にいると考えていた。そのヤフーはポータル市場で強力な地位を築いていたが、検索市場での地位はさほどでもなかった。もしグーグルが本当にポータル企業であるなら、売却するのが合理的だったかもしれない。ポイントキャストはウェブサイトからの巡回ダウンロード市場の規模を実際よりはるかに大きく見積もっていた。興味深いことに、ポイントキャストの製品のできばえ（というよりできばえの悪さ）が市場の崩壊に寄与した。

次に、われわれのオプスウェアの例を考えてみよう。私はなぜオプスウェアを売却したのか。あるいは、こう言い換えてもよい。私はなぜそれまでオプスウェアを売らなかったのか。

オプスウェアはサーバー管理を自動化する製品としてスタートした。買収に関する最初の接触があったとき、われわれのサーバー自動化の顧客は50社弱だった。当時私は、この分野の顧客となる企業は最低でも1万社はあり、われわれがこの分野でナンバーワンになる可能性は十分あると考えていた。それに加えて（もちろん市場環境の激変があり得るとは知っていたが）、オプスウェアをネットワークとストレージの自動化（つまりデータセンター運営の自動化）分野へライバルに先駆けていち早く拡張し、市場を制覇できると信じていた。

将来オプスウェアがこれらの市場の30パーセントのシェアを獲得できる能力があるとするなら、われわれの現在価値の60倍を支払ってもおかしくないはずだ。しかし当然だったが、そういう申し出をする会社は現れなかった。

その後、われわれは数百の顧客を得るまでに成長し、データセンター運営の自動化に進出し、そこでも計画通りナンバーワンになった。過去の買収の申し出のどれよりも、オプスウェアの企業価値は高くなっていた。この時点ではオプスウェアと主要なライバルのブレードロジックは世界各地に販売網、プロフェッショナルなサービスネットワークなどを備える本格的ビジネスに成長していた。

これはわれわれのビジネスにとって重要な転換点だった。つまり、大企業がわれわれ2社のうち1社を買収して巨大な事業部に成長させられる可能性が出てきたのだ（スタートアップの成功の鍵は製品販売の手法にある。それが確立される前の小さすぎるスタートアップを買収しても、大企業には自力で新たなセールス手法を開発することは難しい）。

ＢＭＣがオプスウェアかブレードロジックか、どちらかを買収せざるを得ない状況が見えてきた。その結果、オプスウェアがこの業界のトップシェアを握っていることに対する新たな意味付け、あるいはその事実を組み込んだ新たな方程式が必要になった。

1 われわれはデータセンター運営自動化の市場よりも、まずシステムとネットワークの運営自動化市場でナンバーワンになる必要があった。というのも、ワープロソフトがより大きな市場の生産性ソフト市場に吸収されたように、データセンター自動化はやがてシステムとネットワークの自動化の一部となるはずだったからだ。

2 この市場でナンバーワンになるためには、オプスウェアはＢＭＣとブレードロジックの双方を打ち負かさねばならない。これはＩ社ずつに勝つよりはるかに難しい。

また当時、市場には仮想化というコンピューティング・テクノロジー上の大きな革新が生まれつつあった。仮想化は個々のコンピューティング資源を抽象化してユーザーから隠す技術で、その影響はコンピューティングの全分野を根本的に変えそうだった。そこでわれわれは仮想化されたネットワークとシステムの運営の自動化という新しい研究開発レースに参入しなければならなかった。財務的に見ると、これは長期間にわたって利益率が下がることを意味した。

こうした要素をすべて勘案すると、われわれにとって大企業による買収は合理的な選択となるかもしれなかった。少なくとも、われわれがＭ＆Ａの可能性に興味を示していることを早急に市場に知らせる必要があった。

すると早速11社が買収の提案をしてきた。これほど多数の会社から申し出があったことで、私はオプスウェアの市場価値が、最大かどうかはともかくその時点で極大値を取っていると確信した。これほど多くの大企業がこの市場が極めて重要だと考えていることは、われわれにとって最高の追い風だった。分析と内省を繰り返したあと、私は現在オプスウェアに付けられている価格は今後5年以内に期待できる最高値より高いだろうと結論した。

私はオプスウェアをＨＰに16億５０００万ドルで売却したが、私としてはこの決断が最終的に正しかったと証明されることを今も祈っている。

感情的な問題

経営上の決断には否応なく感情的な側面が伴う。興味深いのはそれが非常に混乱し、矛盾したものであることだ。社員一人ひとりを自らリクルートして築き上げた会社を人手に渡す？自分の壮大なビジョンを込めた独立企業を売却する？　自分の生涯の夢を売り渡す？　自分と自分の家族を経済的に自立させ、家族も同様の社員たちの生計を支えてきた会社から立ち去る？　これらはいずれも感情的に耐え難いことだ。

一方では「ビジネスとは金儲けではないのか？」という声も聞こえる。ジキル博士は「この道を迷わず進め」と命じるし、ハイド氏は「売って金に換えろ」とささやく。どうしたら自分の気持ちを整理できるのだろうか。こうした矛盾は本質的なものなので、解消できない。しかし、感情を落ち着かせる方法はいくつかある。有効な感情のコントロール方法を述べよう。

■**適正な給料をもらう。**多くのベンチャーキャピタリストはポーカーの用語で「オールイン」している起業家を好む。つまり、起業家が会社に全資産を賭けており、会社が失敗したあとにはほとんど何も残らないような状態だ。「オールイン」の創業CEOの給与はゼロに近いくらい低く留められる。

一般論としてこれは良いアイデアだ。スタートアップの経営は、苦しさのあまり途中で投げ出したくなる誘惑が強い。投げ出せば一文無しになるほど経済的にコミットしていれば、投げ出すことを思い留まらせる効果があるだろう。しかし、ひとたび会社がビジョンやアイデアの段階を卒業し、ビジネスとして成立し始めたら、CEOに相場並みの給料を支払うほうがよい。説明したように会社が事業として成立する段階になり、買収の対象となったとき、会社を売却するか否かの判断にCEOの個人財政が直接影響しないようにするためだ。CEOが相場並みの給料をもらっていれば「会社を売るべきではないと思うが、何しろ夫婦と子供ふたりでちっぽけなアパートに住んでいるので、もっと広いアパートに引っ越すか離婚かだと迫られているんだ」といった状況を予防できる。

■**意図を社内に明確に伝える。**スタートアップのCEOが社員に必ず聞かれる質問がある。それは「会社を売るつもりですか?」というものだ。この質問は答えるのが途方もなく難しい。

はっきりした返事をしなければ、社員は「今、会社は売りに出ているな」と解釈する。「適当な値段なら売ってもいい」と答えれば「その値段はいくらなんですか」と聞き返されるだろう。そして会社評価額がその値段に近づけば、社員は「会社は売りに出る」と考える。

こういう際の決まり文句である「会社は売りに出ていない」と答えれば、ストックオプションで得た株式の売却益を当てにしている社員は裏切られたと考えるかもしれない。さらに厄介なことに、CEO自身が社員を裏切っているような気持ちを抱きかねず、そうした後ろめたさはCEOの意思決定に悪影響を及ぼす。

この問題を避ける方法のひとつは、この章で前に述べたような客観的基準に照らした分析を行うことだ。自社が巨大な市場でナンバーワンになれる見込みが十分あるなら、独立のまま成長を狙うべきだ。そうでないなら、有利な時点を選んで買収に応じるべきだろう。大きな市場でナンバーワンとなれば、株式の価値は何十倍にもなる。また株式上場の可能性も出てくる。このような判断は経営的に正しいだけでなく、社員の利害とも一致する。

最後に

買収に応じるか否かはCEOとしてもっとも難しい決断だ。簡単に答えが出る問題ではない。とはいえ、論理面、感情面を含めてこの問題に準備しておくことは、大いに役に立つ。

第 9 章

わが人生の始まりの終わり

THE END OF THE BEGINNING

オプスウェアをＨＰに売却した後、私は一年間、ＨＰのソフトウェアビジネスの大半を運営する仕事を担当した。それから、人生の次の段階で何をしたいのか考えてみた。別のスタートアップを始めるか？　他人が始めた会社のＣＥＯに雇われるか？　引退するか？　それとも今までとは完全に違うことを始めるか？

将来を思うほど、過去が思い出された。もしビル・キャンベルに出会っていなかったら、私はどうなっていただろう？　ＣＥＯとして数々の苦難を耐え抜くことは到底できなかっただろう。起業家に必要な知識はなぜこれほど手に入れにくいのだろう？　私のような苦労をした人は多いに違いない。なぜ起業の実態について誰も書かないのだろう？　ベンチャーキャピタリストを含めた助言者たちに、スタートアップの経営経験者がほとんどいないのはなぜだろう？

こう考えているうちに、私にアイデアが生まれた。私はマーク・アンドリーセンにインスタント・メッセージを送った。「われわれはベンチャーキャピタルを始めるべきだと思う。そのベンチャーキャピタルは『ゼネラルパートナーには一定の経験を求める』ことをモットーにしたい。実際に会社を起業し、経営した経験がある者だけが起業して会社を経営する人々に助言する資格がある」。驚いたことにマークは「自分もまさにそれを考えていた」と返事してきた。

一定の経験が必要

この点を考えているうちに、私自身が最初にベンチャーキャピタリストと最初に出会った経験を思い出した。

それは1999年のことだった。ラウドクラウドの最初のベンチャーキャピタル資金調達ラウンドが完了したあと、共同創業者と私はそのベンチャーキャピタルの本社を訪問してチーム全員と初顔合わせをした。創業CEOだった私は、新たなパートナーからすばらしい会社を築くための助言をもらえるものと期待して興奮していた。ところが会話はあっという間に不快な方向に脱線した。シニア・パートナーのひとり、デビッド・バーンが、私たち共同創業者に向かって「きみらはいつ本物のCEOを雇うのだ？」と尋ねた。

私は驚きのあまり言葉を失った。われわれの最大の投資家が、私のチームの面前で私をニセモノのCEOだと宣言したのだ。相手が発言を撤回し、私の顔をつぶさないでほしいと期待して「どういう意味です？」と私は尋ね返した。しかし相手は容赦なく押してきた。「大きな組織をつくった経験者、顧客企業の経営者をよく知っていて、顧客関係を安定させられる人物だ。要するに自分がやっていることがわかっている人間を雇わねばならないということだ」

私は怒りでほとんど息ができないほどだった。私にCEOの能力がないと言われたのも腹が立ったが、さらに悪いのは、薄々、私自身も相手の言うことが理にかなっているのではないかと思える点だった。なるほど私には、相手が指摘したような経験とスキルがなかった。私はたしかに組織づくりもしたことがなく、大企業のトップとも交友がなかった。私は創業CEOであっても、プロのCEOではないのだ。私は自分の会社でCEOとしての時間がおそろしく限られているのを知った。時計のチクタクいう音が聞こえる思いだった。私は会社を失う前に自分自身のネットワークを素早く築けるだろうか？　その後何カ月もこの問いに苦しめられた。

幸か不幸か、私はその後何年もCEOとして留まることができた。自分でも信じられないほど無我夢中で働き、みんなが期待するようなCEOになろうと努めた。友人たちの努力とメンターたち、特にビル・キャンベルのアドバイスのお陰でビジネスは成功し、会社の価値は高まった。しかしその間も私は一日としてデビッド・バーンの言葉を忘れられなかった。私はどこまで成長しなければならないのだろう？　CEOとしてのスキルを磨くための助けはどこから得られるのだろう？　重要な人々とのコネはどうやって得られるのだろう？

その後、マークと私はこの逆説について何度も議論した。起業家は、いったいなぜ投資家に対して自分たちが経営者として適格であると一点の曇りもなく証明しなければならないのだろう？　投資家のほうこそ、創業者が会社を運営できるはずだと信頼すべきではないのか？　デビッド・バーンとの会話がアンドリーセン&ホロウィッツを生むインスピレーションだった。

われわれはベンチャーキャピタルをスタートさせるにあたってその業界を研究した。その結果、ここには大きな問題が潜んでいることに気づいた。歴史的に見て、ベンチャーキャピタルの利益のほとんどは大成功を収めたごく少数の投資先から上がっている。しかもそうした大成功を引き当てるのは、ごく少数の同じ顔ぶれのベンチャーキャピタルだ。ベンチャーキャピタルは800社以上存在するが、巨額の利益を得ているのは6社くらいしかない。さらに研究を進めると、その理由がわかってきた。

最優秀の起業家は最優秀のベンチャーキャピタリストとしか仕事をしたがらないのだ。ベンチャーキャピタルというのは昔から秘密主義で悪名高い。彼らが広報、宣伝活動をすることはまずない。自分たちの現在の活動さえ、最小限しか公表しない。外部からうかがい知れるのは、過去の投資実績だけだ。そこで投資実績がトップクラスのベンチャーキャピタルは、いつまでもトップクラスの投資実績を収めることになる。過去の投資実績がない新規参入組がトップクラスになることは不可能に近いのだ。

われわれがベンチャーキャピタルを成功させたいなら、この悪循環を断ち切り、最優秀な起業家を惹きつけるブレイクスルーを生み出す必要があった。

まずそれにはどうにかして、起業家がベンチャーキャピタルを評価する基準を変える必要があった。時代は急速に変化しているので、われわれにはチャンスがあると考えた。マーク・アンドリーセンと私が起業家になったのは1990年代半ばで、自分たち以外の起業家にはほとんど会ったことがなかった。われわれは無我夢中でやるべきことをやっただけで、テクノロジーの世界でスタートアップが大きな流れをつくり始めていることには気づかなかった。われわれはインターネット産業における起業家のはしりで、まだフェイスブックもツイッターもその他どんなソーシャルネットワークのプラットフォームもなかった。ほかの起業家を知るチャンスがほとんどなかったが、それは起業家のコミュニティが存在しなかったからだ。われわれは自分たちの事業だけに没頭していた。しかしこうした状況は10年前くらいから大きく変わり始めた。起業家は社交的になった。起業家同士が積極的に友達になり、頻繁に会って食事をしたり飲んだり議論したりするようになった。つまりコミュニティができてきたのだ。われわれの投資条件が起業家に有利であれば、そのことはこの新しいこのチャネル――クチコミで広まるに違いない。

投資条件が良いのはもちろんだが、われわれはほかのベンチャーキャピタルとは違っている必要があった。優秀であり異色でもあるベンチャーキャピタルをつくるにはどうすればいいかと検討するうちに、われわれはふたつの基本的な方向性が重要だと気づいた。第一に、テクノロジー企業を経営するのに最適な人々は、テクノロジー系の創業者自身だ。長期にわたって成功を続ける尊敬すべきテクノロジー企業、HP、インテル、アマゾン、アップル、グーグル、フェイスブックはいずれも創業者によって経営されている。さらに詳しく言えば、イノベーションに積極的な人物が経営することが必要だ。

第二に、それとうらはらになるが、創業者が会社をスタートさせたあとでCEOのスキルを学ぶのが、どんどん困難になっている（私がその典型だ）。ところが、大部分のベンチャーキャピタルは創業者がCEOとして経験を積み、成長するのを待たず、性急に創業者を追い出してプロの経営者と入れ替えようとする。

マークと私はエンジニアが創業者であるスタートアップを専門とする独自のベンチャーキャピタルならば、過去の実績がなくても評判になり、ブランドを確立してトップクラスのベンチャーキャピタルと対等にわたり合えるのではないかと考えた。しかし創業者CEOは、プロのCEOに比べてふたつの側面で大きな弱点を持っている。

1　CEO特有のスキル　幹部社員の管理、会社の組織づくり、販売チャネルの構築と運営などは創業者CEOが欠きがちな能力だ。

2　CEOの人脈　プロのCEOは人脈が豊富だ。重要なエグゼクティブを大勢知っている。潜在的顧客、提携相手、メディア、その他重要分野に友人、知人がいる。それに対してテクノロジー系創業者はプログラミングと少数の優秀なエンジニアぐらいしか知らない。

そこで、われわれはこう自問した。ベンチャーキャピタルがテクノロジー系創業者の抱えるこうしたハンディキャップを埋める手助けはできないものか？

すでに詳しく述べたように、CEO特有のスキルを身につける唯一の方法はCEOとして経験を積むことだ。残念ながら、この面でわれわれが手助けできることは限られている。教室の講義でCEOとしてのスキルが身に着くなら、教室の講義でNFLのプロフットボール選手が養成できるだろう。いかに名コーチが教えたところで、実地の経験なしに試合に出たら即座に打ちのめされてしまうだろう。

それでもわれわれは、創業者CEOが必要なスキルを身に着けるプロセスを速めるようなメンターにはなれるだろう。そこでわれわれのベンチャーキャピタルのゼネラルパートナーは、全員が投資先の創業者がCEOのスキルを学ぶのを助けるメンターの役割を果たさねばならないと決めた（もちろんすべての創業者がCEOになるべきだというわけではない。一部のスタートアップでは最初からプロのCEOを呼んでくるのが適当な場合もある。その場合、われわれは創業者が適切なＣＥＯを選び、さらに採用されたＣＥＯが会社になじむ手助けをする。また、ＣＥＯが創業者とのパートナー関係を正しく保ち、創業者特有のメリットを活かせるよう配慮する）。そのため、われわれは大半のゼネラルパートナーを創業者とＣＥＯの経験者から選んだ。ゼネラルパートナー全員は、創業者が優秀なＣＥＯとなれる手助けをしようと意欲に燃えている。この方針はしごく簡単明瞭なので、うまくいかないわけはないと思えた。

次にわれわれは、創業者ＣＥＯの人脈ネットワークづくりをシステム化することにした。この面では、われわれは古い友人であり、オプスウェアの取締役でもあったマイケル・オービッツのアイデアとシステムを取り入れることにした。34年前にマイケルはクリエイティブ・アーティスト・エージェンシー（ＣＡＡ）を設立し、ハリウッドでトップのタレント・エージェンシーとなった。マイケルがＣＡＡを始めたころ、タレント・エージェンシーはビッグビジネスとは考えられていなかった。タレント代理人はボードビルの時代から存在していたが、その後の75年間に、そのビジネスはほとんど進歩しなかった。マイケルは当時のトップ・エージェンシーであるモリス・エージェンシーのスター・エージェントとして頭角を現した。その職を捨てて独立するというのは、風車と戦うドン・キホーテよろしくの愚行だと周囲は考えた。しかし、マイケルには明確なビジョンがあった。自分が世界中のトップ・タレントを集める魅力あるエージェンシーをつくり上げれば、エンターテインメント・ビジネスの構造を企業中心からタレント中心へと、本来そうあるべき姿に変革することができるとマイケルは信じていた。

当時のタレント・エージェンシーというのは組織的ビジネスではなく、エージェントたちのゆるい集まりに過ぎなかった。エージェントは名目的にエージェンシーに所属していたが、実態は個人商店同然だった。それぞれのエージェントはクライアントのタレントをそれぞれ独自の人脈を使って売り込んでいた。たとえば、Aというエージェントがダスティン・ホフマンをワーナー・ブラザースの社長に売り込んだとする。この場合、ダスティン・ホフマンとワーナー・ブラザースの関係はAというエージェントが完全に仕切る。同じウィリアムス・モリスに所属していても、ほかのエージェントはダスティン・ホフマンにもワーナー・ブラザースにも手が出せない。この伝統的タレント・エージェンシーの構造は、伝統的なベンチャーキャピタルの構造によく似ている。ベンチャーキャピタリストは、ベンチャーキャピタル組織に属しているものの、それぞれが個人営業であり、独自の人脈ネットワークを使って動いている。

オービッツのブレイクスルーは、タレント・エージェンシーを個人商店の集まりから、本当の組織に変えたところにあった。所属するすべてのエージェントのネットワークを統合して会社全体のネットワークを構築し、エージェント全員が他のエージェントが開拓したネットワークを自由に使えるようにした。その結果、CAAのエージェントはクライアントのタレントに対して、従来とは比べものにならない大きなチャンスを提供できるようになった。ひとりのエージェントのネットワークしか提供できない他のエージェンシーに比べて、CAAは100倍も強力になった。このアイデアを実現するのに、オービッツを始め創業パートナーたちは最初の数年、報酬を受け取らず、収益をすべて「フランチャイズ」と呼ぶ経営基盤づくりに投資した。フランチャイズというのは、出版、国際化、音楽、映画、その他各分野でネットワークとクライアントを運営する専門家を指す。オービッツのビジョンは正しかった。15年のうちにCAAはハリウッドのトップ・タレントの90パーセントのエージェントを務めるまでに成長した。その結果、映画産業におけるタレントの発言権は大きく高まり、売上の分配率も向上した。

われわれはCAAのビジネスモデルをほとんどそのまま採用することにした。実際、アンドリーセン・ホロウィッツの社員はCAAと同様、パートナーと呼ばれる。マイケル・オービッツはわれわれのアイデアを賞賛したが、そうしたのはマイケルだけだった。ほかの全員は多かれ少なかれ、こういう意味の忠告をした。「ここはシリコンバレーだ。ハリウッドじゃない。きみらはここでのビジネスのやり方がわかっていない」

しかしマイケルの賛成と熱心な応援があれば十分だった。オービッツの戦略をベンチャーキャピタルに応用するにあたって、次のようなネットワークを構築することにした。

■**大企業**　すべてのスタートアップは製品を大企業に売ったり、パートナーとして提携したりする必要がある。

■**エグゼクティブ**　スタートアップがあるところまで成長すれば、プロのエグゼクティブを採用する必要が生じる。

■**エンジニア**　テクノロジービジネスの根幹は優れたエンジニアをできる限り集めることだ。

■**メディアとアナリスト**　「売るためには見せなければならない。保持するためには隠さねばならない」という言い方がある。それには、プレスとアナリストにコネクションが必要だ。

■投資家、M&A専門家

ベンチャーキャピタリストであろうとするなら、金の出所を確保しなければならないのは当然だ。

組織のデザインができると、次には起業家に広くわれわれの独自性を知ってもらう必要があった。これは難問だった。これまでベンチャーキャピタルは、マーケティング活動など一切して来なかったからだ。ベンチャーキャピタルがマーケティングやPRを嫌うのは何か理由があってのことだろうと、われわれはいろいろ探ってみた。そうしてついにマーク・アンドリーセンが理由を発見した。ベンチャーキャピタルがスタートしたのは1940年代から50年代にかけてで、彼らはJ・Pモルガンやロスチャイルドのような投資銀行をモデルにしていた。こういう投資銀行もまたPR活動をしようとしなかったのだが、それにはもっともな理由があった。投資銀行は伝統的に戦争の資金を出していた。しかも往々にして、戦っている双方に金を貸していたのだ。そういう事情ではPR活動が賢明でないのは明らかだ。こうした発見と、なんであれ既成勢力がやっていることの反対をやりたがるわれわれの性分が合わさって、われわれはアンドリーセン・ホロウィッツのスタートを派手なファンファーレで飾った。

われわれのベンチャーキャピタルの最大の問題は、われわれがベンチャーキャピタリストとしてゼロだったことだ。実績ゼロ、投資中のポートフォリオ企業ゼロ、なにもかもゼロからの出発だった。しかしテクノロジー業界ではわれわれ——特にマーク・アンドリーセンの名前は非常によく知られていた。そこで私は「新しいブランド名をつくるより、われわれの名前というブランドを使ったらどうだ？」とマークに勧めた。マークもそれは良い考えだと認めた。しかし、「アンドリーセン・ホロウィッツ（Andreessen Horowitz）」という長い名前ではＵＲＬをタイプするのがおそろしく面倒だろう。そこで思い出したのが、コンピュータ言語が内部的に国際化をサポートする前によく使われた略語だった。プログラムを別言語で作動させようとすれば、プログラマーは手作業でコードを国際化（internationalization）しなければならなかった。われわれは単語の始めと終わりの文字を取って「I18N」と略した。Ｉの文字のあとに18文字続いて最後がＮの文字という意味だ。同様にローカル化（localization）なら「L10N」と略された。そこでわれわれはアンドリーセン・ホロウィッツの愛称を「a16z」とすることにした。Ａで始まり、16文字が続いてＺで終わるというわけだ。

われわれはマーケティング・エージェントとしてアウトキャストと契約し、敏腕の創業者、マーギット・ウェンマカーズにメディア対策を任せた。「ＰＲをしない」という伝統的なベンチャーキャピタルのあり方に反旗を翻したわれわれは、何をしようとしているのかできるだけ多くの人々に知ってもらわねばならないと考えた。マーギットはドイツ生まれで豚を飼っている農家の娘だったが、とうていそういう背景は想像できなかった。頭が切れて洗練されているマーギットは、言ってみればＰＲのベーブ・ルースだった。彼女は２００９年にアンクル・サムに扮したマーク・アンドリーセンをフォーチュン誌の表紙に登場させ、大きなカバーストーリーにしたことがある。そうした努力の甲斐があって、アンドリーセン・ホロウィッツは一夜にして大反響を巻き起こしたが、依然として社員はマークと私のふたりだけだった。

ラウドクラウドとオプスウェアで合わせて8年の経験を積んだおかげで、チームづくりの重要性と難しさは嫌になるほど知った。私は採用は強さを伸ばすために行うべきで、弱さを補うために行うべきではないことを学んだ。また、人間には相性があることも学んだ。頭がいい人間が世の中に大勢いるが、頭の良さだけがすべてではない。私が必要とする面において、私が尊敬できるような資質を備えた人物を探した。自分が就いた職をとことんやり抜く意欲のある人物が必要だった。シリコンバレーをこれまでより起業しやすい場所にするという使命に心から共感し、その実現に打ち込んでくれる人物が必要だった。

私が最初に採用したのはオプスウェアの財務部長、スコット・クーパーだった。スコットは8年近く私と一緒に働いた。苦労が多かったと思うが、驚くべき業績を上げてくれた。スコットは、カスタマーサポート、企画、テクニカルサポートなどの責任者を務めたが、そのどれも彼がすっかり満足するような仕事ではなかった。スコットが好きなのは、物事の責任者になること、戦略を立てること、取引をまとめることの3つだった。

スコットはこういう仕事に取り組み始めると寝食を忘れた。しかしオプスウェアでは、3つの得意分野のうちふたつしか担当できなかった。現場の指揮を執れないことはスコットにとっては拷問で、檻(おり)に入れられた獣のように欲求不満になる。私は彼を8年もの長い間檻に閉じ込めてしまった。そこで、私がアンドリーセン・ホロウィッツの組織づくりを始めたとき、最初に考えたのが「これでやっとクーパーにぴったりの仕事をつくれる」だった。スコットはわれわれのCOO(最高業務責任者)として活躍中だ。

次いで、われわれはポストを埋めていった。オプスウェアのセールス部門の責任者、マーク・クラニーが大企業ネットワーク担当になった。同じくオプスウェアで採用と人事管理の責任者だったシャノン・キャラハンがエンジニア・ネットワーク、前述のマーギット・ウェンマカーズがマーケティング・ネットワーク、われわれの知る限り最優秀のエグゼクティブ・ヘッドハンターであるジェフ・スタンプがエグゼクティブ・ネットワーク、オプスウェアの製品管理の責任者、フランク・チェンがリサーチ・グループの責任者をそれぞれ務めている。

「ベンチャーキャピタルはこうあるべきだ」というわれわれの理論は、世界のスタートアップ界に大反響を呼んだ。創立以来わずか4年でアンドリーセン・ホロウィッツはゼロから世界でもっとも尊敬されるベンチャーキャピタルに成長することができた。

最後のレッスン

私は実際にCEOを務めていたころよりも、今のほうがCEOとして評判が良いようだとジョークを言うことがある。アンドリーセン・ホロウィッツを始めてから「スタートアップ経営のグル」と呼ばれることがあるが、オプスウェアCEOのころは誰もそんなふうには呼んでくれなかった。妻のフェリシアがよく言うように、「映画『チャイルド・オブ・ゴッド』の主人公のような異常者と呼ばれないだけめっけもの」だった。

では、何が起きたのだろう？　私が変わったのか、それとも周囲の見る目が変わったのか？

私が経験から大いに学んだことは間違いない。CEOになりたてのころの行動を思い出すと、恥じ入るばかりだ。しかし私は、次第に巧みに会社を経営できるようになった。その点については証拠がある。すでに上場したあとだったにもかかわらず、私はオプスウェアのビジネスを根本的に変えることに成功した。しかも会社評価額を5年間で2900万ドルから16億5000万ドルに増加させた。オプスウェアの社員の多くは、現在アンドリーセン・ホロウィッツないしその投資先の会社で働いている。だから彼らは、私と一緒に仕事をするのを嫌ってはいないのだろう。HPによるオプスウェア買収はこの分野における最大の買収だった。だからわれわれはこの市場を制覇したと言ってもよい。

にもかかわらず、私が現にオプスウェアを経営していた2003年から2007年までの間、インターネットの掲示板であろうとブログであろうと、私について好意的な記事や書き込みはひとつとしてなかった。当時メディアは、オプスウェアは死んだと宣言し、株主は私の辞任を求めて大騒ぎしていた。私はお世辞にも評判のいいCEOではなかった。

振り返ってみると、私に対する評価が好転したのは、HPへの売却が成功し、私がブログに記事を書くようになってからのことだ。CEOから降りると、それまでより自由になった。ベンチャーキャピタリストになって初めて私は、他人の思惑を気にせずに本当に思っていることを言う自由を得た。CEOにはそのような贅沢は許されない。CEOは「周りはどう思うだろうか?」と常に考えていなければならない。特に公に弱みを見せることは許されない。それは社員、経営陣、株主の利益に反する。CEOは常に絶対の自信を見せていなければならない。

謝辞

なによりもまず、25年間連れそってきた美しい妻、フェリシア・ホロウィッツに感謝する。彼女に謝意を表するのは少々奇異ではある。なぜなら、あまりにもこの物語の中心にいて、共著者と呼ぶほうがふさわしいからだ。妻は私の最大の支持者であり、私とこの本にとって、彼女の信頼はなによりも大切だった。彼女がいなければこの本が生まれることはなく、彼女のいない私はあり得ない。フェリシアは伴侶であるとともに生涯の恋人であり、私の持っている物すべて、私自身のすべては彼女のおかげである。この感謝の気持ちの大きさを言葉で表すことはできない。愛している。そしてありがとう、フェリシア。

さまざまな困難なときに助けてくれた人たち、そしてそれを明確な言葉に代える手助けをしてくれた人たちに、本当に感謝している。この本が、少しでも恩返しになれば幸いである。

母、エリッサは、私のやりたいことは何であれ——フットボールをプレイすることからこの本を書くことまで——とことん追求するよう勇気づけてくれた。たとえ誰も信じなくても、母は私を信じ、ほかの誰よりも私を理解してくれた。ありがとう、ママ。父、デビッドは、この本を書くことが良いアイデアだと私に確信させ、長い時間を費やして編集を手伝ってくれた。

長年のビジネスパートナー、マーク・アンドリーセンが、私の中にほかの誰にも見えないものを見つけていなければ、何も始まらなかった。なんといっても、彼と18年間一緒に仕事ができたことは、驚きと言うほかない。いつも刺激を与えてくれた。彼は私が書いた最初の16本のブログ記事の編集者を務め、この本でも非常に有能な編集者だった。彼ほどの器量の持ち主と日々一緒に働けることは驚くべき特権である。

わが友ビル・キャンベルは、困難を乗り越える方法について実に多くのことを教えてくれた。彼ほどの経験を積んだ人は稀であり、ましてやそれを話してくれる人などまずいない。ビル、あなたの誠実さと勇気に感謝する。マイケル・オービッツは、私がこの本の結末を書き直すのを手伝い、10倍良くしてくれた。ほかにも、彼は思いつく限りサポートしてくれた——誰も買わないときにオプスウェア株を買ってくれたことも、そのひとつだ。彼は真の友達である。

ラウドクラウドやオプスウェアで働いた人たち全員に、心から感謝している。みんなが私を信じてくれたことがいまだに信じられない。チームの中で、ジェイソン・ローゼンソール、マーク・クラニー、シャーミラ・マリガン、デイブ・コンテ、ジョン・オファレル、ジョーダン・ブレスロウ、スコット・クーパー、テッド・クロスマン、アンソニー・ライトの面々には、この本に登場してもらったことを特に感謝している。大きく間違ったことを書いていないことを願う。エリック・ビシュリア、エリック・トーマス、ケン・ティンズリー、そしてピーター・ソープ、当時を思い出すのを助けてくれてありがとう。レイ・ソーサ、フィル・リュー、そしてポール・イングラムにも、会社を救ってくれたことを感謝している。シャノン・カラハン、本当にありがとう。私は今でもきみを解雇したことが信じられない。デイブ・ジャゴダには、何が大切か私に思い出させてくれて感謝している。ラウドクラウドとオプスウェアの共同創業者であり、心を許せる友のティム・ハウズに感謝する。きみとの会話が私の正気を保っていたことはわかっている。最初から最後まで、いつも一緒にいてくれてありがとう。

編集者兼コーチのカーライ・アドラーがいなければ、この本を書き終えることはもちろん、始められたかさえ定かではない。彼女ほど、私が面白いことを書けば喜び、つまらないことを書けば悲しんだ人はいない。おかげで思っていたよりはるかに良い本になった。ホリス・ハイムブッシュには、フェイスブックで私を見つけ、この本を書かせてくれたことに感謝している。これ以上の出版社は思いつかない。ハーパーコリンズのチーム全員に感謝する。ビンキー・アーバンは、世界一の著作権代理人であり、彼のクライアントになれたことを本当に幸運に思う。一流の中の一流と仕事ができたことは大きな喜びだ。

友達のナジール・ジョーンズとカニエ・ウェストの実に感動的な仕事ぶりのおかげで、表現不可能と思えた私の感情を文字にできた。ふたりがこんなファンを舞台裏に通してくれたことにも感謝している。スティーブ・スタウトはずっと私を励まし、この仕事が重要だと教えてくれた。最古の友、ジョエル・クラーク・ジュニアには、43年間かけがえのない友でいてくれたこと、ふたりの出会いについて書くことを承知してくれたことに感謝している。クリス・シュローダーは編集に驚くべき情熱を持ち続けてくれ、その関心にはつくづく感心する。ありがとう、ハーブ・アレン。すばらしい友であり、あなたについて書くことを快諾してくれた。本来あなたが好まないことを私は知っている。アンドリーセン・ホロウィッツのパートナー、社員全員に感謝している。執筆の間、私の愚痴と度重なる無礼によく耐えてくれた。会社の創業CEOにとっての夢を実現させてくれてありがとう。

私には何かを言いたいことがあると信じ、それを聞いてくれる人々を探してくれたマーギット・ウェンマカーズに、本当に感謝している。こんな偉大な存在の下で仕事ができたことは実に幸運だった。グレース・エリスは、執筆中ずっと私の側にいて、想像を超える厄介な作業を残らずこなしてくれた。最後まで彼女の口からひと言の苦情を聞くこともなかった。なによりも、彼女は重要なアドバイスを与えると共に、最高の友でいてくれた。

ケン・コールマン、私に初めての仕事を与え、30年近くすばらしい師でいてくれてありがとう。義弟のカーシュー・ジョーダン・ジュニアには、私の人生の重要人物でいてくれることに感謝している。ジョン・ワイリー、ロレッタ・ワイリー夫妻は、私が何をするときにも支えになってくれた。本当にありがとう。

兄のジョナサン・ダニエル、妹のアン・リションとサラ・ホロウィッツには、いつも私を見守ってくれてありがとうと言いたい。いつも愛しているよ、サラ。

今は亡き偉大なマイク・ホーマーの英知、力添え、そして愛に感謝する。偉大なる紳士で友人のアンディ・ラクレフに感謝する。サイ・ローン、私をトラブルから守ってくれてありがとう。マイク・ボルピには、非常に恐ろしい会社の取締役でいてくれたことに感謝したい。

最後に、ブーチー、レッド、ブーギー。最高の子供たちでいてくれてありがとう。

訳者あとがき

本書『ＨＡＲＤ　ＴＨＩＮＧＳ〈ハード・シングス〉』は分類すれば経営書に入るが、しかしまったく異色の経営書だ。ここには著者が創業者ＣＥＯ（最高経営責任者）としてＩＴ系ベンチャー企業を経営した際に経験したありとあらゆる艱難辛苦が生々しく語られている。

マーク・ザッカーバーグの成功を描いて大きな反響を呼んだ『フェイスブック 若き天才の野望』（日経ＢＰ社）がいわばファンタスティックなシンデレラ・ストーリーだとするなら、ベン・ホロウィッツの本書は魔女、人喰い鬼、火を吐く龍などに、繰り返し絶体絶命の窮地に追い詰められながら仲間を率いて暗い森から脱出に成功するリーダーの冒険物語だ。

ホロウィッツが詳しく語る危機のエピソードはすさまじい。会社が軌道に乗った直後にバブルが破裂し、資金があと３カ月で底をつくことが判明する。全売上の９割を依存している相手から突如契約解除を通告される。信頼していた会計事務所に買収交渉の土壇場で裏切られる。経営者なら一生に一度でも経験したくない悪夢のような事態が連続する。いったいこの窮地をどう乗り切るのだろうと読むほうも思わず手に汗握ってしまう。

そうした経営書としての本書のポイントについては、日本を代表するベンチャーキャピタリストのひとりである小澤隆生氏の序文に譲り、ここでは本書を読む際に参考となる背景について触れてみたい。

スカイプ、フェイスブックなどへの投資で超有力ベンチャーキャピタルに

ベン・ホロウィッツが共同創業者、ゼネラル・パートナーとして指揮を執るアンドリーセン・ホロウィッツはシリコンバレーに本拠を置くベンチャーキャピタルだ。調達資金総額は40億ドル以上と大型で、２０１１年にはＣＮＥＴのアメリカのベスト・ベンチャーキャピタルに選ばれている。

ただ、ベンチャーキャピタルという存在はわが国ではＩＴ業界以外ではまだ馴染みが薄いかもしれないので、その仕組みを簡単に紹介する。

ベンチャーキャピタルは他の投資家や富裕な個人から資金を募り、有望な未公開ベンチャー企業の株式を購入してハイリターンを狙う投資ファンドだ。たとえばベンチャーキャピタルＡがベンチャー企業Ｘの株式の10パーセントを10万ドルで購入したとする（Ａはこの時点でＸの企業価値を１００万ドルと評価したことになる）。Ｘが急成長し3年後に株式上場に成功し、時価総額が２０００万ドルになれば、Ａの株式持ち分は２００万ドルの価値となる。つまり10万ドルの投資に対して20倍のリターンだ。しかし逆にＸが事業不振で倒産すればＸの株式は紙くずとなり、Ａの投資は全額が損失となる。

ベンチャーキャピタリストは、機関投資家のように数字をにらんでいるだけでは務まらない。投資先の成功の可能性をいち早く、正確に見抜く能力が必須だが、それに加えていったん投資したあとも自ら投資先企業の取締役となるなどして経営に関与し、成長を助けねばならない。

アンドリーセン・ホロウィッツは2009年にインターネット通話サービスのスカイプが親会社のイーベイから分離した際に5000万ドルで2パーセントの株式を取得した。当時のスカイプには問題が多く、この投資は無謀として業界から強い批判を受けたが、スカイプは2011年にマイクロソフトに買収され、アンドリーセン・ホロウィッツの株式持分は一躍1億5700万ドルとなった。わずか1年半で1億700万ドルの利益を得たことになる。この記録的な成功で、アンドリーセン・ホロウィッツは一挙に有力ベンチャーキャピタルと認められるようになった。

アンドリーセン・ホロウィッツの投資先にはソーシャルネットワークのフェイスブック、ツイッター、共同購入のグルーポン、ソーシャル写真共有のインスタグラムなど短期間で爆発的に成長して上場ないし巨額で買収された企業がきら星のように並ぶ。投資先のソーシャル宿泊紹介サービス、エア・ビー・アンド・ビーは未上場だが、企業評価額100億ドル以上だ。現在ではアンドリーセン・ホロウィッツは、シリコンバレーを代表するベンチャーキャピタルの地位を確固たるものにした。

波乱万丈の経営者時代

だがベン・ホロウィッツとパートナーのマーク・アンドリーセンがこうした成功を収めるまでの道のりは、文字通り波乱万丈だった。

ホロウィッツの長年の盟友、マーク・アンドリーセンは世界で最初のウェブブラウザ、モザイクを開発した天才プログラマーにして起業家だ。わずか22歳のアンドリーセンがモザイク商用化のために共同創業したネットスケープ社は、翌1995年に上場して時価総額30億ドルとなり、インターネットが巨大ビジネスとなる時代の幕を開いた。アンドリーセンはタイム誌の表紙になるなど、一躍時代の寵児となった。

一方ベン・ホロウィッツは1966年生まれで、アンドリーセンより5歳年上だ。サンフランシスコ郊外のバークレーで育ち、コロンビア大学とカリフォルニア大学ロサンゼルス校大学院でコンピュータ科学を学び、シリコングラフィックス社を経てネットスケープに参加する。

ところがその直後にマイクロソフトが自社のブラウザ、インターネット・エクスプローラーをウィンドウズ95に無料で組み込んできたため、ネットスケープは苦境に陥り、1999年にAOLに買収される。これを機にアンドリーセンとホロウィッツらはネットスケープを去り、世界最初のクラウド・コンピューティング・サービス企業、ラウドクラウドを創立する。

それまで企業のコンピュータ処理は社内あるいはレンタルの専用サーバーで行われてきたが、クラウドコンピューティングではユーザーはインターネット回線を介してサービス・プロバイダーのデータセンターのコンピュータ処理能力だけを利用する。ユーザーは多数のサーバーを購入し自ら管理する必要がなくなる。その後アマゾン、グーグルなどが参入して一挙にコンピューティングの主流となったクラウド事業の先鞭（せんべん）をつけたのがホロウィッツたちだった。

ラウドクラウドは急成長を遂げるが、本書に詳しく描写されているような事情から経営状態は危機の連続となり、ホロウィッツはクラウドサービス事業を売却してデータセンターの管理ソフトウェアを提供するソフトウェア会社に生まれ変わらせることを決断する。この間の事情も本書のハイライトのひとつだ。新会社、オプスウェアの道のりも平坦ではなかったが、最終的に16億ドル超でHPに売却することに成功する。ホロウィッツはHPで社員3000人、売上28億ドルのソフトウェア事業担当副社長を1年間務めたあと、ベンチャーキャピタリストに転じる。こうして1999年から2007年までCEOとしてラウドクラウド／オプスウェアで経営の指揮を執ってきた経験が本書のベースとなっている。

企業経営の環境が日米で違っても役立つ

本書を読む上では、日米の企業経営環境の相違点も念頭に置いておくとよいだろう。相違点は多々あるが、そのうちでも目立つのは労働慣行と企業統治における取締役会の役割だ。

第二次大戦後から高度成長期にかけて確立した終身雇用制により、わが国では企業間で人の移動がほとんどない特異な労働市場が形成された。アメリカでも鉄鋼、航空、自動車などの伝統産業では終身雇用制に近い企業もあるので一概に言えないが、シリコンバレーでは数年も続けて同一企業に勤務するほうがむしろ珍しいと言われる。そのため本書でも、正しいレイオフの心構えや社外からの幹部の採用にかなりの部分が割かれている。日本の企業人の感覚からはやや違和感を覚えるかもしれない部分だ。しかし日本でも新興インターネット企業などでは転職は普通だし、伝統的産業分野でも終身雇用制は今後急速に崩れていくことが予想される。その意味で本書は今後の人事、雇用制度の将来を先取り体験するのに役立ちそうだ。

日米の株式会社における取締役会の役割は、アメリカの取締役会に監査役が置かれないなどの点はあるが、形式的にそれほど大きな違いはない。またアメリカでも、CEOへの権限集中が進んで取締役会の形骸化が起きているという指摘も繰り返されている。そうであっても一般的にはアメリカのほうが取締役会の権威は高い。

特に社会的に注目を浴びるような大企業の場合、取締役には企業の倫理的、社会的な行動を監視する責任が強く求められる。大企業や急成長企業の社外取締役は名目的な報酬しか受け取らないことも珍しくない。アメリカでは大企業の取締役に就任するのは、ビジネス、アカデミズム、政治などの分野で成功し、社会的地位や資産を十分に築いた人物が多く、公共奉仕活動の一環という意識が強い。

また、取締役会はその決議により、いつでも随意にCEOを解任できる。日本ではほとんどの取締役が社内からの昇進組であり、代表取締役との間に長年の上下関係が生じているためもあって、取締役会が代表取締役を解任するという事態はめったに起きない。しかしアメリカ、特にシリコンバレーのベンチャー企業の場合、社内取締役は創業者のみで、公共性を担保する取締役やベンチャーキャピタルの代表など社外取締役が多数を占めるのが普通だ。そのため業績が悪化すると、CEOはあっさり解任される。

実はこの点が、ベン・ホロウィッツがベンチャーキャピタリストになった大きな動機だった。最初の起業の際にベンチマーク・キャピタルという名門ベンチャーキャピタルから資金を調達することに成功し、期待に胸をふくらませてベンチマークに出向くと、ホロウィッツに対して担当パートナーが「きみらはいつ本物のCEOを雇うのだ?」と言い放つ。「われわれの最大の投資家が、私のチームの面前で私をニセモノのCEOだと宣言したのだ」。この苦い経験がホロウィッツを「創業者CEOをあくまで盛り立て、育成していくベンチャーキャピタル」の創立に駆り立てた。

本書のあちこちでホロウィッツが回想する危機感、焦燥感は「取締役会にいつ解任されるかわからない」という頭上に剣を糸で吊るされたようなアメリカのベンチャー企業のCEOの置かれた状況を知ると、いっそうリアリティが増すだろう。一方、日本でも東京証券取引所が上場企業に対し、独立性が高い社外取締役をふたり以上選ぶように促す上場規制案をまとめたと報じられている。労働慣行同様、わが国の企業統治のあり方も、本書で描かれたような緊張感の高いものになっていくことが考えられる。

ホロウィッツは「〔会社経営という〕困難なことの中でも、もっとも困難なことには、一般に適用できるマニュアルなんてないのだ」と言う。しかし「困難を経験してきた者のみが得られる教訓もあるし、それに基づいた有益な助言もある」と考えて本書を書いた。舞台はシリコンバレーの最先端ＩＴ企業だが、業種、組織を問わず、「自分がまず動き、決断しなければ何も始まらない」という地位に置かれたすべての人に参考になる知恵が凝縮されていると思う。

なお翻訳はイントロダクション、1章、6章から9章までを滑川、2章から5章までを高橋が担当した。編集を担当された日経ＢＰ社出版局の中川ヒロミ部長には今回も企画の段階から内容を的確に要約する小見出しまで絶大なお世話になった。中川部長は大学に入って使うようになったモザイクが、当時大学生だったアンドリーセンが開発していたことに改めて感慨を覚えていたようだ。また高畠知子前日経ＢＰ社出版局長（現日本経済新聞社人材教育事業局次長）にも温かい励ましをいただき、長丁場の作業中大いに元気づけられた。深く感謝いたします。

２０１５年４月　滑川　海彦

■著者

ベン・ホロウィッツ（Ben Horowitz）

シリコンバレー拠点のベンチャーキャピタル、アンドリーセン・ホロウィッツの共同創業者兼ゼネラルパートナー。次世代の最先端テクノロジー企業を生み出す起業家に投資している。投資先には、エア・ビー・アンド・ビー、ギットハブ、フェイスブック、ピンタレスト、ツイッターなどがある。それ以前はオプスウェア（元ラウドクラウド）の共同創業者兼CEOとして、2007年に同社を16億ドル超でヒューレット・パッカードに売却した。ホロウィッツは、コンピュータサイエンス専攻の学生、ソフトウェアエンジニア、共同創業者、CEO、投資家という経歴から得た体験と洞察をブログに書き、1000万人近い人々に読まれている。サンフランシスコのベイエリアに、妻のフェリシアと共に暮らしている。
ツイッターアカウントは @bhorowitz、ブログは http://www.bhorowitz.com/

■日本語版序文の執筆者

小澤 隆生（おざわ・たかお）

1995年に早稲田大学を卒業後、CSK（現SCSK）に入社。新規事業を企画し、1999年にビズシークを事業化、2001年に楽天へ売却。以降、楽天オークション担当役員や楽天野球団の創設に従事。2006年楽天グループを退社し、スタートアップへの投資やコンサルティングを行う。2011年にクロコスを設立し取締役就任後、2012年にクロコスをヤフーに売却し、ヤフーグループの一員に。YJキャピタル設立に伴い、取締役COOに就任。2013年7月よりヤフー株式会社執行役員、ショッピングカンパニー長。個人投資家としても多くのベンチャーに投資している。

■訳者

滑川 海彦（なめかわ・うみひこ）

千葉県生まれ。東京大学法学部卒業後、東京都庁勤務を経てIT分野の著述、翻訳業。ITニュースブログ「TechCrunch Japan」翻訳チーム。著書に『ソーシャル・ウェブ入門 Google, mixi, ブログ・・・新しいWeb世界の歩き方』(技術評論社)など。訳書に『フェイスブック若き天才の野望』『Yコンビネーター』(いずれも共訳、日経BP社)など。

高橋 信夫（たかはし・のぶお）

東京都生まれ。学習院大学理学部修士課程修了。富士通等勤務を経て翻訳、著述業。ITニュースブログ「TechCrunch Japan」翻訳チーム。訳書は『フェイスブック 若き天才の野望』『Yコンビネーター』(共訳、日経BP社)、『Mad Science』(オライリー・ジャパン)など。科学教材の開発も手がけオリジナル製品に『トンでも吸盤』がある。東京農業大学非常勤講師。

HARD THINGS（ハード・シングス）

答えがない難問と困難にきみはどう立ち向かうか

2015年4月21日　第1版第1刷発行
2024年11月18日　第1版第21刷発行

著　者　ベン・ホロウィッツ
訳　者　滑川 海彦、高橋 信夫
序　文　小澤 隆生
発行者　中川 ヒロミ
発　行　株式会社日経BP
発　売　株式会社日経BPマーケティング
〒105-8308　東京都港区虎ノ門4-3-12
https://bookplus.nikkei.com
装　幀　小口翔平（tobufune）
編　集　中川 ヒロミ
制　作　アーティザンカンパニー株式会社
印刷・製本　TOPPANクロレ株式会社

ISBN 978-4-8222-5085-0
2015 Printed in Japan